Üben im Rechtschreibunterricht der Grundschule

Systematische Vorschläge für die Klassen 2 – 4

Annegret von Wedel-Wolff

D1698209

westermann®

Die Reihe Praxis Pädagogik wird herausgegeben
von der Redaktion GRUNDSCHULE.

Das Titelbild gestaltete *Ute Ohlms*, Braunschweig.

1. Auflage   Druck 5 4 3 2 1
Herstellungsjahr   2007 2006 2005 2004 2003

© Westermann Schulbuchverlag GmbH, Braunschweig 2003

Lektorat: Inge Meyer-Öhlmann, Hamm
Herstellung: Günter Steinwachs, Braunschweig
Illustrationen: Gabriele Altevers, Berlin
Druck und Bindung: westermann druck, Braunschweig

ISBN 3-14-**162054**-7

Inhalt

Pädagogische Aspekte des Übens im Rechtschreibunterricht

Übungsprinzipien im Rechtschreibunterricht

„Ich verstehe das nicht. Jetzt habe ich so viel mit meinem Kind geübt und dann macht es doch wieder so viele Fehler im Diktat. Ich weiß gar nicht, was ich noch machen soll." Trotz vieler, wohl gemeinter Übungen, trotz Anstrengung von Mutter und Kind hat es keinen Erfolg gegeben. Neben vielen Ursachen kann dies auch an der Art des Übens liegen. Man kann durchaus falsch üben und statt Sicherheit Unsicherheit schaffen. Es gilt also nicht nur zu üben, sondern, wie es *Horst Speichert* sagt, *richtig* zu üben.[1] Rechtschreiben wird nur über wiederholtes Üben gelernt. Dabei gilt es die Übungsprinzipien zu berücksichtigen.[2]

Die Bereitschaft zum Üben soll erhalten oder geweckt werden.

Kinder benötigen im Rechtschreiben in erster Linie sie persönlich ansprechende, überschaubare und klar strukturierte Übungen. Die einzelnen Übungsabschnitte müssen von den Kindern selbst bezüglich der Übungsmenge und des Schwierigkeitsgrades in angemessener Zeit als leistbar eingeschätzt werden. Rechtschreibunterricht stellt sich stattdessen leider häufig noch als „Abarbeiten" von Arbeitsblättern oder Arbeitsheften dar. Die Aufgaben selbst folgen häufig wenigen formalisierten Übungsmustern. Solche, meist mit Text überfüllten Seiten, schrecken Kinder eher ab. Der zu übende Wortschatz und das Schreiben selbst haben nichts mit dem Kind zu tun; die vorgefertigten Texte und Übungen stellen weder einen persönlichen Bezug zum Kind her noch greifen sie spezifische rechtschriftliche Probleme des Kindes auf und berücksichtigen meist zu wenig das individuelle Arbeitstempo der Kinder. Um Übungsbereitschaft zu wecken und zu erhalten gilt es, insbesondere Kindern, die noch Schwierigkeiten im Umgang mit Schrift haben und für die Schreiben schon negativ belegt ist, handlungsorientierte, überschaubare und abwechslungsreich gestaltete Übungen anzubieten und die Übungen individuell auszurichten (siehe S. 39).

Übungen sollen so gestaltet sein, dass sie Übungserfolg ermöglichen.

Für den Rechtschreibunterricht bedeutet dies, Kinder immer wieder die Erfahrung machen zu lassen, dass sie schon etwas können. Dazu müssen die im Rechtschreibunterricht so häufig auftretenden Misserfolgskreise, die durch die leider immer noch tradierte Diktatpraxis in Gang gesetzt werden, verhindert und stattdessen Erfolgskreise aufgebaut werden (siehe S. 19 ff.). Erwachsene müssen allen Kindern etwas zutrauen und sehen lernen, was Kinder auf dem Weg zum richtigen Schreiben schon können, um darauf gezielt die Übungen aufzubauen. Auch „Nichtkönnen" anzunehmen und individuell unterschiedliche Leistungsanforderungen im Rechtschreiben zu stellen, sind wichtige Herausforderungen für Erwachsene. Sich selbst etwas zuzutrauen und die Erfahrung, durch die Anstrengung des Übens Fortschritte zu machen, sind ein entscheidender Motor für den Willen zur Übung und für selbstständiges Üben. Für den Stützunterricht sollte der Ansatz „Vorüben statt Nachüben" gelten, der den Kindern zur Erfahrung des Könnens verhelfen kann.[3]

Übungen sollen auf ein Ziel ausgerichtet sein und sich auch in Produkten niederschlagen.

Kindern aufzuzeigen, wozu und warum sie das jeweilige Übungsmaterial bekommen, schafft hohe Motivation. Konzentriertes Tun stellt sich ein, wenn Übungen mit Anwendungssituationen verbunden werden und beispielsweise eigenes Übungsmaterial selbst hergestellt wird. Kinder beschriften die Karten für ihren Wörterkasten mit besonderer Sorgfalt oder stellen ein Rechtschreibspiel mit Genauigkeit und Ausdauer her. Dass gerade dieses Spiel dann auch erprobt werden muss, versteht sich von selbst. Bei der Anwendung und dem Üben durch „Gebrauch" fallen Übung und Ziel zusammen. Der eigene Entwurf wird selbstverständlich nochmals rechtschriftlich richtig geschrieben, wenn ein Brief an die Klassenkorrespondenzklasse, eine Einladung oder ein gemeinsames Geschichtenbuch entstehen sollen.

Übungen sollen in einer entspannten, angstfreien, vom Zutrauen in die Fähigkeiten der Kinder getragenen Atmosphäre angesiedelt sein.

Üben verlangt ein konzentriertes, bewusstes Tun. Dafür benötigen Kinder Zeit. Hektik sollte in jedem Fall verhindert werden. Es ist sinnvoller nur wenige Übungen in Ruhe durchzuführen, als ein größeres Übungspensum unter Zeitdruck anzugehen. In Verbindung mit Übungsphasen sollten immer wieder Entspannungsübungen eingefügt werden. Individuell ausgerichtete Übungen (siehe S. 39), die dazu führen, dass nicht jedes Kind die gleiche Übung durchführt, verhindern einen möglichen Konkurrenzdruck, der sich besonders auf Kinder mit Lernschwierigkeiten fatal auswirken kann.

Übungen sollen so gestaltet sein, dass sie von Kindern selbstständig ohne Hilfe von Erwachsenen durchgeführt werden können.

Dieses Übungsprinzip verlangt einfache, klare, gut verständliche Arbeitsanweisungen sowie Übungen, die kindgemäß auf die Voraussetzungen des Kindes zugeschnitten, überschaubar und mit Selbstkontrollmöglichkeiten versehen sind.

Übungen sollen grundlegende Lern- und Arbeitstechniken einbeziehen und einüben.

Arbeitstechniken vermitteln Kindern eine sachgerechte Strategie für komplexe Handlungen. Sie helfen, den Übungsvorgang zu verkürzen. Im Rahmen des Rechtschreibunterrichts sind Arbeitstechniken als Grundlage für selbstständiges Üben gezielt zu erarbeiten und einzuüben.

Basis für das selbstständige Erarbeiten sind das *Gewusst wie* und das Vermitteln, die Kenntnis und sichere Beherrschung bestimmter Arbeitstechniken. Erst die Arbeitstechniken lassen selbstständiges, exemplarisches Lernen und damit die Möglichkeit der Übertragung auf andere selbst gewählte, neue Lerngegenstände sowie außerschulisches, individuelles Weiterlernen zu. Arbeitstechniken sind nach *Wolfgang Menzel*[4] als grundlegende Fähigkeiten und Fertigkeiten zu verstehen, die das Lösen komplexer Aufgaben vorbereiten, unterstützen und erleichtern. Ihre entlastende, ordnende, unterstützende und erleichternde Funktion können sie aber nur erfüllen, wenn sie weitgehend automatisiert sind. Dazu müssen sie systematisch eingeführt und wiederholt in sinnvollen Anwendungssituationen geübt werden.

Der Einführung von Arbeitstechniken im Unterricht liegen folgende Überlegungen zu Grunde:
- Arbeitstechniken sind ein eigenständiges Arbeitsgebiet, das gelernt werden muss.
- Arbeitstechniken nehmen ernst, dass der Lernende selbst Agent seines Lernens werden muss.
- Arbeitstechniken fördern selbst instruierendes Üben und Lernen und damit Selbstständigkeit.
- Arbeitstechniken sind Grundlage für eine selbstständige Wissenserweiterung und selbstständiges Üben und haben damit eine über die Schule hinausgehende Bedeutung.

Kinder lernen im Einzelnen bei der Anwendung von Arbeitstechniken ein Verfahren,
- Arbeiten und Aufgaben selbstständig sachgerecht auszuführen,
- Arbeitsvorgänge zu systematisieren,
- Arbeitsvorgänge rationell zu gestalten,
- sich Arbeitsvorgänge zu erleichtern und
- sich dadurch zu entlasten.

Damit Kinder Arbeitstechniken tatsächlich anwenden, müssen diese leicht von Kindern abrufbar sein. Dafür ist die Art der Gestaltung der Arbeitstechnik von entscheidender Bedeutung. Arbeitstechniken für Kinder sollten
- in der Ich-Form formuliert werden,
- auf wenige Schritte zusammengefasst werden, damit sie überschaubar bleiben,
- mit Beispielen versehen werden und
- für das schnelle Abrufen und Einprägen nicht nur verbal formuliert, sondern auch visualisiert werden (siehe z.B. S. 31).

Im Sinne einer Selbstinstruktion ist es entscheidend die Arbeitstechnik in der Ich-Form zu verfassen. Heißt es „Du sprichst dir das Wort mehrmals deutlich vor", dann ist von außen die Aufforderung einer Handlung formuliert. Sagt ein Kind dagegen zu sich selbst: „Ich spreche mir das Wort deutlich vor", instruiert es sich unmittelbar selbst und führt parallel dazu die Handlung aus. Die Reduktion auf nur wenige Schritte, die leicht wieder abrufbar sind, ist besonders hervorzuheben. Wenige Schritte können schnell überschaut und in ihrem Ablauf gelernt und auswendig behalten werden. Für schwache Leserinnen und Leser darf das Lesen der einzelnen Schritte nicht so viel Zeit in Anspruch nehmen, dass ihnen weder Zeit noch Kraft für die eigentliche Handlung bleiben. Eine zu ausführliche, alle Details und möglichen Schwierigkeiten aufgreifende Darstellung erfüllt für Kinder nicht den Zweck, den komplexen Arbeitsvorgang klar zu strukturieren und damit zu erleichtern.

Mehr als vier Schritte sollte eine Arbeitstechnik für Grundschülerinnen und Grundschüler möglichst nicht enthalten. Es ist sinnvoller, statt alle Probleme in eine Arbeitstechnik aufzunehmen, diese gemäß den Anforderungen in den verschiedenen Schuljahren in einzelnen Arbeitstechniken schrittweise mit steigendem Schwierigkeitsgrad zu vermitteln (siehe beispielsweise die Kopiervorlagen, S. 124 und 127).

Falls einzelne Kinder Schwierigkeiten haben, die verbale Aussage genau zu verstehen, hilft ihnen ein Beispiel, den Inhalt nachzuvollziehen. Die Visualisierung der einzelnen Schritte durch Vignetten unterstützt in hohem Maße das schnelle Erfassen und das Lernen der Schritte. Dies greift aber nur, wenn die Vignetten bei allen Arbeitstechniken für die jeweilige Handlung gleich bleiben. Mit Hilfe dieser in der Bedeutung gesicherten Vignetten können leicht Arbeitsmittel beschriftet werden, mit denen die Arbeitstechnik geübt werden soll. So müssen nicht jedes Mal die Schritte verbal ausgeführt werden.

Im Rahmen des Rechtschreibunterrichts sind in der Grundschule folgende Arbeitstechniken zu erarbeiten:
- Abschreiben lernen (siehe S. 66)
- Aufschreiben lernen (siehe S. 80)
- Einen Wörterkasten einrichten (siehe S. 116)
- Sich selbst einen Text diktieren (siehe S. 31)
  Würfeldiktat (siehe S. 35)
  Laufdiktat (siehe S. 35)
  Dosendiktat (siehe S. 33)
  Kassettendiktat (siehe S. 36)
- Sich gegenseitig einen Text diktieren (siehe S. 37)
- Selbst Rechtschreibfehler finden (siehe S. 84)
- Im Wörterbuch nachschlagen (siehe S. 124 und 127)

Übungen sollen so in den Unterricht einbezogen werden, dass Kinder zunehmend Verantwortung für ihr Üben übernehmen.
Um Verantwortung für das eigene Üben zu übernehmen, müssen Kindern Erfahrungsräume dafür gegeben werden. Es ist Geduld aufzubringen, bis Kinder sich selbst entscheiden lernen und selbst erfassen, dass sie z. B. die selbst gewählte schwierige Aufgabe noch nicht bewältigen können. Dazu gehört auch zuzulassen, dass Kinder eine bestimmte Rechtschreibübung wiederholt durchführen, weil sie dies für ihr Selbstvertrauen brauchen. Offene Unterrichtsformen wie die Arbeit mit dem Wochenplan, Lernzirkel oder Freie Arbeit greifen dieses Prinzip auf. Es dürfen dem Kind nicht alle Übungen vorgeschrieben werden, sondern es muss selbstständig aus einem Angebot auswählen können. Variationen von Übungen durch die Kinder sollten angeregt und zugelassen werden. Mit Möglichkeiten der Selbstkontrolle zum Beispiel in Eigen- und Partnerdiktaten kann das Kind nach und nach ein Gespür dafür entwickeln, was es üben muss und wo es noch unsicher ist. Die Einführung der Arbeit mit einem Wörterkasten gibt dem Kind Anregungen, wie es „Fehlerwörter" selbstständig üben kann (siehe S. 118 ff.).

Übungen sollen auf der Analyse des Könnens und der Schwierigkeiten der Kinder aufbauen.
Häufig wird im Rechtschreibunterricht unspezifisch geübt. Die individuell sehr unterschiedlichen Vorgehensweisen von Kindern werden dabei zu wenig berücksichtigt. Um ein genaues Bild über die schon erfassten rechtschriftlichen Prinzipien und über „Fehlbereiche" im Rechtschreiben beim einzelnen Kind zu erhalten, muss eine differenzierte Fehleranalyse (siehe S. 136 ff.) durchgeführt werden. Erst auf dieser Grundlage kann ein Kind gezielt gefördert werden.

Übungen sollen individuell auf das Kind ausgerichtet sein.
Eine individuelle Ausrichtung von Übungen (siehe S. 39) meint zum einen die individuelle, direkte Ansprache des Kindes. Inhaltlich sind dazu die Übungen auf die Interessenbereiche des Kindes, auf seine Wünsche und seine außerschulischen Erfahrungen auszurichten.[5] Da sich die emotionale Bedeutung eines Wortes für das Kind positiv auf das Erfassen und Behalten auswirkt, sollte versucht werden, eine affektive Bin-

dung an die zu schreibenden Wörter bzw. den Text herzustellen. Individuelle Ausrichtung von Übungen meint zum anderen auf Grund der Fehleranalyse dem Kind individuell spezifische Übungsangebote zu machen.

Übungen sollen auch soziales Lernen berücksichtigen.

Manche Kinder üben lieber und besser mit anderen zusammen, weil das ihnen Sicherheit und einen Motivationsschub gibt. Antriebsschwache Kinder werden von aktiveren Partnern, die sie mögen, mitaktiviert. Andere üben lieber oder besser alleine, weil sie sich leicht ablenken lassen, sich schwer auf andere einlassen können oder sich zu sehr von anderen abhängig machen. Pädagogisch sinnvoll sind Angebote, die in unterschiedlichen Sozialformen durchgeführt werden können.[6]

Übungen sollen möglichst viele Sinne einbeziehen.

Die Kognitionspsychologie hat deutlich gemacht, dass durch multisensorisches Einprägen ein Wortschema aufgebaut werden kann. Je stärker mit der Bedeutung eines Wortes die akustischen, artikulatorischen, motorischen, visuellen, morphematischen und spezifisch orthographisch geregelten Merkmale des Wortes verbunden werden können, umso besser prägt sich ein Wort ein.[7] Dies ist besonders bei Übungen zur wortspezifischen Sicherung eines Grundwortschatzes (siehe S. 59 ff.) und bei der Arbeitstechnik „Abschreiben lernen" (siehe S. 66) zu beachten.

Übungen sollen das wiederholte Üben des Lernstoffs anregen und zulassen sowie handelndes und spielerisches Lernen in besonderem Maße berücksichtigen.

Um ein Wort rechtschriftlich zu sichern, reicht es nicht aus, das Wort mehrmals zu lesen und ein- oder zweimal zu schreiben. Bewusstes Einprägen und wiederholtes Schreiben sind notwendig, um die Schreibung des Wortes bis zur Automatisierung zu führen. Dabei sollen die Übungen nicht immer nach dem gleichen Muster gestaltet werden, sondern auf vielfältige Weise das Erarbeiten und Einprägen des Rechtschreibwortschatzes anregen und unterstützen. Handelnde und spielerische Übungen lassen durch bewegliches Material und durch den Spielablauf das wiederholte Tun zu und regen auch zu Varia-

tionen an. Wenn Wiederholungen sinnvoll gestaltet werden und nicht zu rein mechanischem Tun führen, dienen sie zum einen der wortspezifischen Einprägung und der Regelbildung. Zum anderen ermöglichen sie Kindern, sich erneut zu erproben und ein Gefühl von Sicherheit aufzubauen. Häufig erlebt man, dass Rechtschreibwortschatz, der vor wenigen Wochen geübt und von Kindern im anschließenden Diktat beherrscht wurde, nach einiger Zeit nicht mehr verfügbar ist. In diesem Fall wurde der Rechtschreibunterricht nicht systematisch aufgebaut und der neu zu lernende Wortschatz nicht wiederholend mit dem schon gesicherten verknüpft.

Übungen sollen auf einer gut durchdachten Einführung aufbauen.

Üben im Rechtschreibunterricht setzt voraus, dass das Kind weiß, worauf es achten muss. Die Einführung einer Arbeitstechnik, eines rechtschriftlichen Problems oder einer Regelmäßigkeit soll Kinder sensibel dafür machen, das selbstständige Entdecken der rechtschriftlichen Aspekte gezielt anregen und die Wahrnehmung auf diese Bereiche schulen. Bei der Einführung ist von der Lehrerin oder dem Lehrer ein Sinnzusammenhang herzustellen, der als Anker für das jeweilige rechtschriftliche Phänomen dienen kann.

Übungen zur Umsetzung der Übungsprinzipien am Beispiel „Wörter mit doppeltem Vokal"

Am Beispiel einer Unterrichtseinheit zum Thema „Einprägung von Wörtern mit doppeltem Vokal" werden im Folgenden der Aufbau von Übungsangeboten und die damit verbundenen Übungsprinzipien sowie Übungsgesetze in ihrer konkreten Umsetzung im Unterricht aufgezeigt. *Karl Odenbach* hat in seinem grundlegenden Werk „Die Übung im Unterricht"[8] folgende allgemeine Übungsgesetze aufgestellt, die auch heute noch Gültigkeit haben und Lehrerinnen und Lehrern gezielte Hinweise für das Üben im Unterricht geben:

- Ohne *Übungsbereitschaft* kein Übungserfolg.
- Das *Erlebnis des Erfolgs* weckt neue Übungsbereitschaft.
- Das Üben in *sinnvollen Zusammenhängen* ist

erfolgreicher als das bloße Üben zerstückten Tuns und Wissens.

- Von der *Klarheit und Intensität des ersten Eindrucks* hängen Behalten und Aneignen weitgehend (nicht völlig) ab.
- Das durch *Selbsttätigkeit* Erworbene wird erst wahrhaft angeeignet, nicht das *bloß* vom Lehrer Übernommene (Rezipierte).
- Beim Einprägen muss auf die Vorstellungs- und Lerntypen der Kinder Rücksicht genommen werden – *visuell, akustisch, motorisch* –, indem Auge und Ohr, Sprechen und Bewegung, wo immer es möglich ist, beteiligt werden.
- Schleichen sich mit der Übung *Fehler* ein, so sind sie *sofort zu korrigieren.* Anderenfalls werden die Fehler im Verlauf des weiteren Übens bestärkt und beeinträchtigen den Lernerfolg oder heben ihn auf.
- Der Übungserfolg wird durch Wiederholungen gesichert. Diese sollen nicht Abzüge vom gleichen Klischee sein, sondern den Lernstoff in möglichst *verschiedene Situationen oder Sachverhalte* transponieren.
- Wenn auch jüngere Kinder in monotoner Weise lange üben können, so weckt doch ganz allgemein der *Wechsel in der Übungsform* neue Übungsbereitschaft und bringt daher auch größeren Übungserfolg.

Bei der Gestaltung der folgenden Unterrichtseinheit wird deutlich, dass die den Übungsprinzipien zu Grunde liegenden lernpsychologischen Gesetze schon in der Einführung Berücksichtigung finden. Gleichzeitig lernt das Kind schon mit der Einführung Ideen, Formen, Abläufe und Materialien kennen, die es für das selbstständige Üben des Wortschatzes benötigt.

Grundüberlegungen zum Thema
In den Lehrplänen sind die Behandlung und Einübung von Wörtern mit doppeltem Vokal (*aa, ee, oo*) je nach Bundesland für das zweite oder dritte Schuljahr vorgeschrieben. Es gilt dabei, häufig gebrauchte Wörter in Sinnzusammenhängen zu erarbeiten, auf vielfältige Weise rechtschriftlich zu sichern und lernbereichsintegrierend zu arbeiten.

Wörter mit doppeltem Vokal gehören rechtschriftlich in den Bereich der Abbildung langer betonter Vokale. Lange betonte Vokale werden im Deutschen auf verschiedene Weise abgebildet[9]: nur durch den Vokal (*Tal*), mit *h* (*Bahn*), durch Verdopplung des Vokals (*Saal*); das lang betonte *i* wird abgebildet durch *ie* (*Wiese*), *i* (*wir, Tiger, Maschine*), *ih* (*ihr*) und *ieh* (*Vieh*). Eine Verdopplung von *i* und *u* sowie der Umlaute und Diphthonge, die bereits einen langen Vokal darstellen, gibt es nicht. Für die jeweilige Kennzeichnung der Vokallänge gibt es keine allgemein gültige Regel, wohl aber Wahrscheinlichkeiten durch die Häufigkeit der Abbildungsform.[10] Statistisch sind die Abbildung durch *ie* und bei den anderen Vokalen die Abbildung ohne Kennzeichnung am häufigsten vertreten. Daher müssen im Rechtschreiben Wörter mit langem Vokal mit gesondertem Längenzeichen *h* oder Doppelvokal sowie bei der *i*-Schreibung Wörter nur mit *i*, mit *ih* (dies tritt nur bei den Pronomen auf) und *ieh* als „Merkwörter" wortspezifisch eingeprägt werden.

Aus diesem Grunde sind Kindern Wörter mit Doppelvokal, Wörter mit dem Längenzeichen *h* sowie Wörter mit *i* für den langen Vokal oder mit *ih* und *ieh* als „Ausnahmewortschatz" oder „Sonderwortschatz" zu vermitteln.[11] Als „Merkhilfe" dient dabei das Zusammenstellen von Wörtern mit gleichen Merkmalen, um Ähnlichkeitshemmung zu verhindern.[12] Auf keinen Fall sollten Wörter mit langem Vokal ohne Kennzeichnung, mit dem Längenzeichen *h* und mit Doppelvokal gleichzeitig behandelt und geübt werden. Das Kind kann dann keine sichere Zuordnung der Wörter zum jeweiligen rechtschriftlichen Phänomen vornehmen. Insgesamt gibt es nur wenige häufig gebrauchte Wörter mit doppeltem Vokal. *Carl Ludwig Naumann* weist in seiner Liste häufiger Rechtschreibwörter[13] folgenden Wortschatz aus: *Beere, Boot, doof, Haar, Idee, Kaffee, Klee(-blatt), leer, Meer, paar, Paar, Schnee, See, Tee, Zoo.* Die Übungen sollten sich auf diesen Wortschatz beziehen. Kinder sollten im Rahmen dieser Unterrichtseinheit unbedingt darauf hingewiesen werden, dass es zu *aa, ee, oo* nur wenige Wörter gibt und wir uns diese als „Ausnahmewörter" merken müssen.

Einführung in das Thema
Um die Kinder zum Unterrichtsbeginn zu sammeln, beginnt die Doppelstunde mit der ersten Strophe eines gemeinsamen Bewegungsliedes (siehe Kopiervorlage, S. 11), dessen Melodie und Ablauf die Kinder durch die Einheit leiten kann

und am Ende der Stunde mit verändertem Text zur Festigung des Unterrichtsstoffes wieder aufgenommen wird.

„Von der Klarheit und Intensität des ersten Eindrucks hängen Behalten und Aneignung weitgehend (nicht völlig) ab."[14] Um dieses Übungsgesetz von *Karl Odenbach* zu berücksichtigen, wird als Einstieg in das Thema eine Tafelzeichnung mit mehreren bunten Einzelbildern (siehe unten) gewählt. Dabei ist es wichtig, die Bilder übersichtlich anzuordnen und ästhetisch ansprechend zu gestalten.

setzen kann. Dadurch wird für das einzelne Kind ein Anknüpfen an ihm schon Bekanntem ermöglicht und die Bedeutung des Rechtschreibwortschatzes erfasst. Durch den offenen Beginn, der z.B. das Benennen, das Ordnen nach verschiedenen Gesichtspunkten, das Erzählen zu den Wörtern oder das Entwickeln von Geschichten zulässt, kann sich jedes Kind gemäß seiner Möglichkeiten einbringen und Erfolgserlebnisse haben, weil noch keine Zielspur festgelegt ist. Da dadurch unterschiedliche Zugänge von den Kindern formuliert werden, erfahren sie ver-

Jedem Bild können ein oder auch mehrere Wörter mit doppeltem Vokal zugeordnet werden. Sie sind bewusst so gewählt, dass sich z.T. Paare bilden und mehrere Wörter gut in einem Satz oder zu einer kleinen Geschichte verbinden lassen. Dadurch stehen anschließend die Wörter nicht mehr isoliert da, sondern können von den Kindern in verschiedene Zusammenhänge gebracht werden, was sich in der intensiven Übungsphase wieder aufgreifen lässt. Auf diese Weise ist folgendes Übungsgesetz berücksichtigt: „Das Üben in sinnvollen Zusammenhängen ist erfolgreicher als das Üben zerstückten Tuns und Wissens."[15] Es ist wichtig, die Einstiegssituation offen zu gestalten, damit sich jedes Kind auf seine Weise dem Wortschatz nähern und sich mit ihm auseinander

schiedene Möglichkeiten, wie sie selbst mit dem Einzelwortschatz üben können.

In einem weiteren Schritt wird nun das Thema durch die Überschrift „Wörter mit *aa, ee, oo*" vorgegeben. Nach der freien Beschäftigung mit den Bildern bzw. dem Wortschatz suchen die Kinder nun gezielt passende Wörter mit doppeltem Vokal. Durch die Möglichkeit unterschiedlicher Benennungen einzelner Bilder wird „entdecken lassendes Lernen" ermöglicht. Das entspricht dem Übungsgesetz: „Das durch Selbsttätigkeit Erworbene wird erst wahrhaft angeeignet, nicht das bloß vom Lehrer Übernommene."[16] Aus den Bildern Löwe, Affen, Elefant wird jetzt *Zoo*, aus Braut und Bräutigam eventuell ein *Hochzeitspaar*,

Wir fassen uns're Hände

Text: A. v. Wedel-Wolff
Melodie: nach mündlicher Überlieferung
Tanzform: Cläre Fasbender

Teil A:

1. Wir   fas - sen   uns - re   Hän - de   und   ge - hen   jetzt   im   Kreis

Teil B:

und   sa - gen „Hal - lo,   hal - lo",   zu   je - dem   nun   ganz   leis:

Teil C:

„Hal - lo,   hal - lo,   hal - lo,   hal - lo,   hal - lo."

Schrittart: Gehschritt
Teil A und B: Kinder gehen angefasst im Kreis.
Teil C: Kinder halten beide Hände an den Kopf und winken abwechselnd
                   nach links und rechts.

2. Strophe: Ich kenne diese Wörter, die schreibt man mit **ee**,
                   Ich kenne diese Wörter, die schreibt man mit **ee**:
                   der See, der Tee – der See, der Tee.
                   (dabei wird der Anfang von Teil C zweimal wiederholt
                   und der Schluss weggelassen)

3. Strophe: Ich kenne diese Wörter, die schreibt man mit **aa**,
                   Ich kenne diese Wörter, die schreibt man mit **aa**:
                   das Paar, das Haar – das Paar, das Haar.

4. Strophe: Ich kenne diese Wörter, die schreibt man mit **oo**,
                   Ich kenne diese Wörter, die schreibt man mit **oo**:
                   das Boot, der Zoo – das Boot, der Zoo.

(aus: Anneliese Gaß-Tutt: Ich bin ein kleiner Esel, Tanzkarussell 1, Fidula Verlag, Boppard/Rhein, o. J.)

das *Moos* wird auch noch entdeckt sowie das lange *Haar* der Braut. Damit jedes Kind genügend Zeit hat, diesen Wortschatz selbst zu entdecken, können gefundene Lösungen ins Ohr geflüstert oder aufgeschrieben werden. Kinder können zum Entdecken Hilfen geben z.B. zu *Moos*: „Es fängt mit *M* an" oder „Man findet es im Wald" oder „Weihnachten legen wir es zur Krippe." Jedes Kind sollte die Chance und Möglichkeit bekommen, auch wenn es etwas mehr Zeit braucht, den Wortschatz selbst herauszufinden. Damit sind die Wörter von der Bedeutung her gesichert, was für das rechtschriftliche Einprägen und spätere Abrufen der Wörter Voraussetzung ist. Die gefundenen Wörter mit Doppelvokal werden nun angeschrieben und zusätzlich wird zur Sicherung des rechtschriftlichen Merkmals von den Kindern in jedem Wort der doppelte Vokal farbig nachgeschrieben. Beim Sprechen der Wörter wird der Vokal deutlich gedehnt gesprochen. Mit dieser Vorgehensweise sind unterschiedliche Lerneingangskanäle angesprochen, der optische, akustische, artikulatorische und in Teilen der motorische, was für das Einprägen entscheidend ist. Damit wird folgendes Übungsgesetz beachtet: „Beim Einprägen muss auf die Vorstellungs- und Lerntypen der Kinder Rücksicht genommen werden – visuell, akustisch, motorisch –, indem Auge und Ohr, Sprechen und Bewegung, wo immer es möglich ist, beteiligt werden."[17]

Zur weiteren Einprägung sollen nun die Wörter ins Heft geschrieben werden. Dabei sollte ein stures, mechanisches Abschreiben verhindert werden. Die Kinder ordnen die Wörter nach gleichen Doppelvokalen, um für das spätere Abrufen Ordnung in den Wortschatz zu bringen. Die jeweils zu findende Anzahl sollte zur Selbstkontrolle angegeben werden. Die Wörter werden damit in einen neuen Zusammenhang gebracht und motorisch geübt. Ein farbiges Überschreiben der Doppelvokale durch die Kinder unterstützt dabei motorisch und visuell das spezifische Rechtschreibmerkmal der Wörter.

Schülerinnen und Schüler in einem zweiten Schuljahr haben einen starken Bewegungsdrang. Diesem wird im anschließenden Platzwechselspiel (siehe Kopiervorlage, S. 13) entsprochen, indem der Wortschatz in sinnvolle inhaltliche Zusammenhänge gebracht wird.
Die Kinder sitzen im Kreis und ziehen Karten.

Die eine Hälfte bekommt Karten mit einem Satzanfang, die andere erhält das Ergänzungswort. Ein Kind beginnt mit dem Vorlesen eines Satzanfangs, das Kind mit dem passenden Ergänzungswort liest es vor und beide wechseln ihre Plätze. Mit diesem Spiel kann leicht differenziert werden. Kinder mit Leseschwierigkeiten erhalten im ersten Durchgang die Karten mit dem Ergänzungswort, das ihnen schon von der Tafelarbeit her bekannt ist. Mit Hilfe des Kartenmaterials können die Kinder in gezielten Übungsphasen in verschiedenen Sozialformen auf vielfältige Weise spielerisch-handelnd üben, z.B. können sie die Karten mischen und neue Sätze legen oder die Karten vertauschen und diese wieder herausfinden.[18] Das Spiel leistet zudem einen Beitrag zum sozialen Lernen. Jedes Kind ist aktiv integriert; so wird gemeinsames Tun erfahren. Durch das Spiel wird die Sitzordnung aufgehoben. Die Kinder lernen, wechselnde Partnerinnen und Partner anzunehmen.
Danach schreibt jedes Kind an seinem Platz mit Hilfe der Übungsform „Würfeldiktat" alle Wörter mit doppeltem Vokal in Sinnzusammenhängen auf (siehe Kopiervorlage, S. 14).

Die beiden Striche, die zunächst mit den Doppelvokalen auszufüllen sind, weisen optisch auf die Verdoppelung hin und helfen, Fehler zu verhindern. Bei dieser Übung kann jedes Kind in seinem Arbeitstempo üben. Durch das Würfeln wird die Aufgabe eher angenommen und der zu schreibende Satz zum „eigenen" Satz.
Den Abschluss der Doppelstunde bildet ein gemeinsames Singspiel nach der Melodie des Eingangsliedes. Das Eingangslied (siehe Kopiervorlage, S. 11) fungiert nun am Ende der Stunde mit den in der zweiten bis vierten Strophe angebotenem Text als „Anker" für den zu lernenden Ausnahmewortschatz. Mit dem Lied werden die Wörter als Wortgruppe gesichert, untereinander verknüpft und auf musikalisch-spielerischem Weg in Verbindung mit verschiedenen Lerneingangskanälen eingeprägt. Für jede Strophe werden die auf der Kopiervorlage angebotenen Bildkarten in die Mitte gelegt. Der Wortschatz wird mit dem Singspiel nochmals geordnet und über Bilder und die explizite Formulierung des rechtschriftlichen Merkmals eingeprägt.
Gemäß dem Aufbau eines Wortschemas (siehe S. 60) wird in dieser Doppelstunde der Wortschatz vernetzt aufgebaut. Es werden miteinander ver-

Platzwechselspiel

Große Schiffe fahren auf dem	Meer.
Wenn man heiratet, ist man ein	Brautpaar.
Die Prinzessin hat schönes	Haar.
Viele Tiere leben im	Zoo.
Im Winter gibt es viel	Schnee.
Ich stelle mich auf die	Waage.
Auf dem See fahren wir mit einem	Boot.
Im Wald ist weiches	Moos.
Ich trinke heißen	Tee.
Die Kuh frisst gerne	Klee.
Viele schöne Blumen wachsen im	Beet.
Im Juni essen wir gerne	Erdbeeren.

westermann®

Würfeldiktat/Wortkarten

Würfeldiktat

⚀ Wir fahren mit einem B _ _ t.

⚁ Ich trinke heißen T _ _ .

⚂ Viele Tiere leben im Z _ _ .

⚃ Ich kämme mein H _ _ r.

⚄ Wir wandern zu einem S _ _ .

⚅ Im Wald ist weiches M _ _ s.

1. Ergänze **aa**, **ee**, **oo**.
2. Würfle und schreibe in dein Heft.
   Schaffst du es, alle Sätze zu würfeln?
3. Schreibe in deinem Heft **aa**, **ee**, **oo** farbig nach.

aa		ee	oo
die Waage	das Haar	der Saal	ein Paar
der Aal	das Boot	doof	der Zoo
das Moos	das Moor	leer	die Fee
der Schnee	die Beere	das Meer	der See
der Tee	die Idee	der Klee	der Kaffee

westermann®

knüpft: die Bedeutung der Wörter, der artikulatorische, akustische, visuelle und motorische Code. Durch das eindrückliche Tafelbild und Übungsformen, mit denen der Wortschatz lesend, schreibend, sprechend und singend wiederholt wird, sind diese Ausnahmewörter fest miteinander verbunden und verankert.

Da der Wortschatz erst durch vielfältige Wiederholungen auf Dauer gesichert wird, sind weitere Übungen an den nächsten Tagen anzubieten, die das multisensorische Einprägen unterstützen. In einem Stationenlauf oder in Auswählangeboten im Rahmen der Arbeit mit dem Wochenplan kann der begrenzte Wortschatz mit *aa, ee, oo* in vielfältigen Übungsangeboten weiter geübt werden, bis er automatisiert abrufbar ist. Diese jeweils kurzen, überschaubaren Übungsangebote nehmen auf die beiden folgenden Übungsgesetze Bezug: „Der Übungserfolg wird durch Wiederholungen gesichert. Diese Wiederholungen sollen nicht Abzüge vom gleichen Klischee sein, sondern den Lernstoff in möglichst verschiedene Situationen oder Sachverhalte transponieren." – „Kurze über einen längeren Zeitraum verteilte und oftmalige Wiederholungen sind weitaus ergiebiger als andauerndes, gehäuftes Üben. Wenn auch jüngere Kinder in monotoner Weise lange üben können, so weckt doch ganz allgemein der Wechsel in der Übungsform neue Übungsbereitschaft."

Übungsvorschläge

Die folgenden Übungsvorschläge stellen Grundübungen dar, die auf anderen Ausnahme- und Merkwortschatz übertragen werden können. Das Wortmaterial wird bei allen Übungen vorgegeben. So besteht die Möglichkeit der Selbstkontrolle, die eine sofortige selbstständige Überprüfung zulässt und herausfordert. Selbstkontrollen unterstützen die Eigenverantwortung für das Üben, auf die Kinder hingewiesen werden sollten. Folgendes Übungsgesetz, das sich nur auf gezieltes Üben z.B. eines Wortschatzes oder von Satzbaumustern u.Ä. bezieht, weist auf die Notwendigkeit der direkten Überprüfung hin: „Schleichen sich bei der Übung Fehler ein, ohne sofort korrigiert zu werden, so werden sie im Verlauf des weiteren Übens bestärkt und beeinträchtigen den Lernerfolg oder heben ihn auf." Dieses Übungsgesetz bezieht sich auf das gezielte Üben. Es ist damit nicht gemeint, dass bei der

Entwicklung der Aneignung der Schriftsprache Fehler sofort zu korrigieren sind.[19]

• Meine „aa-ee-oo-Geschichte"

Die Kinder schreiben zu Wörtern des Tafelbildes (siehe S. 10) Geschichten oder denken sich Sätze dazu aus. Gerade ein Ausnahmewortschatz bietet sich für das Einfügen in eine Geschichte an. Die Wörter werden vom Kind selbst in einen sinnvollen und häufig zugleich emotional wichtigen Zusammenhang gebracht und sind so sicherer gegenüber anderen Wörtern mit anderer Abbildung des langen Vokals abrufbar. Bei Unsicherheiten sollte sich das Kind fragen: „Ist das ein Wort meiner Geschichte? Ist das ein Wort von unserem Tafelbild?" Beim Ausdenken und Schreiben einer Geschichte zu diesem Wortschatz wird „sinnloses", „mechanisches" Üben verhindert. Die kreativen Kräfte des Kindes sind angesprochen und es setzt sich inhaltlich intensiv mit dem Wortschatz auseinander und fügt ihn in seinen Schreibwortschatz ein. Jedes Kind kann sich bei dieser Aufgabe gemäß seiner Fähigkeiten sprachlich, kreativ einbringen und seine Wörter aus dem Tafelbild auswählen. Die Geschichten werden zu einem Buch geheftet und stehen den Kindern in der Leseecke zum Still-Lesen oder auch zum gegenseitigen Vorlesen zu Verfügung. Kinder in einem zweiten Schuljahr haben folgende „*aa-ee-oo*-Geschichten" geschrieben und dazu gemalt. Sie zeigen eine Vielfalt an Möglichkeiten auf:

Die schönste Reise

Ein Paar ging in den Zoo.
Sie hatten gerade geheiratet.
Im Zoo sah der Mann einen Löwen.
„Ili, der stinkt", sagte die Frau.
„Wir gehen lieber auf die Wiese
mit dem vielen Klee."
„Nein, wir gehen lieber in den Hochzeitssaal."
Dort aßen sie Erdbeeren und tranken Tee.

Steffi

Im Zoo

Es war ein Mann, der ist in den Zoo
gegangen. Und da traf er eine Frau.
Sie haben geheiratet.
Sie sind mit dem Boot gefahren.
Die Frau hat Klee gefunden.
Sie waren froh und sie haben
Tee getrunken und die Frau
bekam noch ein Erdbeereis.

Francesca

Der Mann

Ein Mann musste nach Afrika.
Da sah er drei Affen, einen Elefanten
und einen Löwen. Er fing sie,
denn er war Tierfänger und musste
für den Zoologischen Garten
Tiere nach Deutschland bringen.
Er kam nach einem Jahr
wieder nach Deutschland. Da traf er
eine Frau. Er lud sie zu Erdbeeren
und Tee ein und gab ihr
ein vierblättriges Kleeblatt.
Sie heirateten bald.
Nun waren sie ein Paar.

Dominik

Der Löwe

Es war einmal ein Löwe, der immer
aus dem blöden Käfig raus wollte.
Eines Tages ließ der Wärter
einfach die Tür auf.
Der Löwe merkte das
und ging auf den Weg.
Schnell versteckte er sich im Klee.
Im See da lag ein Boot
und der Löwe fuhr weg.

Stefanie

Das Paar

Ein Paar ging in den Zoo.
Da schauten sie sich Affen an.
Dann gingen sie wieder heim.
Zu Hause haben sie Tee getrunken
und Erdbeeren gegessen.

Patrick

Das Paar

Ein Mann ging in den Zoo.
Er ging an den Löwen und Affen
und Elefanten vorbei. Da sah er eine Frau.
Er fragte sie, ob er sie zu einer Tasse Tee
einladen dürfte. Sie gingen an den See
und tranken Tee. Ein Jahr später
heirateten sie.

Marco

- **Rätsel raten – Rätselbuch**

Die Kinder ziehen Wortkarten (siehe Kopiervorlage, S. 14), auf denen Wörter mit doppeltem Vokal stehen. Sie schreiben gemeinsam oder allein dazu auf eine andere Karte ein Rätsel und das Lösungswort auf deren Rückseite.

Diese Karten können zu Rätselbüchern zusammengeheftet werden. Solche Bücher können gemäß des Prinzips „Vorüben statt Nachüben" von Kindern der Klasse im Stützkurs gestaltet werden und dann für die anderen Kinder zum Raten ausliegen. Die Lösung sollte schriftlich erfolgen und kann durch die Vorgabe des Lösungswortes auf der Rückseite selbstständig kontrolliert werden.

Als Variation können die Kinder zu ihren Rätseln in Anlehnung an das Rätselbilderbuch von *Monika Beisner* [20] in Gemeinschaftsarbeit ein großes Rätselbild zu Wörtern mit *aa, ee, oo* gestalten und die dazugehörigen Rätselkarten am Computer schreiben.

• Legespiel 1

Die Kinder ziehen abwechselnd Wortkarten (siehe Kopiervorlage, S. 14), bilden einen Satz damit und legen die Karte zu der passenden Doppelvokalreihe. Als Variation muss die Partnerin oder der Partner das Wort, das im Satz des Kindes durch „blabla" ersetzt wird, „raten" und der passenden Reihe zuordnen, z. B.: „Heute haben wir viele Hausaufgaben auf. Das finde ich *blabla*." Beim Ablegen der Wortkarte wird gesprochen *„doof* mit *oo".* Anschließend werden die *aa-, ee-, oo*-Reihen langsam laut gelesen. Jedes Kind muss sich nun drei Wörter einer Reihe merken. Die Karten werden umgedreht und alle schreiben ihre drei Wörter auf. Abschließend werden gemeinsam die Wörter und deren Schreibung überprüft. Eine weitere Variation besteht darin, eine oder zwei Karten einer Reihe von den Mitspielern ungesehen umzudrehen und herauszufinden zu lassen, welches Wort auf der Karte steht.

• Legespiel 2

Die Karten des Platzwechselspiels (siehe Kopiervorlage, S. 13) werden vermischt und anschließend richtig zusammengelegt. Dies kann in Einzelarbeit, in Partnerarbeit oder auch in der Kleingruppe geschehen. Anschließend werden die Ergänzungswörter umgedreht und die vollständigen Sätze oder nur die Ergänzungswörter geschrieben und selbstständig kontrolliert.

• Würfel- oder Laufdiktat

Aus den Sätzen der Kinder werden Würfel- oder Laufdiktate zum Üben angeboten (siehe S. 35). Beim Laufdiktat legt das Kind den Text weit entfernt von sich an einen Platz, z. B. auf die Fensterbank oder ein Regal. Es läuft zur Vorlage, liest den ersten Satz, merkt ihn sich, läuft zurück an den Platz und schreibt den Satz auf. Am Schluss wird mit der Vorlage verglichen.

• Mein aa-ee-oo-Weg

Jedes Kind zeichnet ausgehend von einem Doppelvokal (siehe Kopiervorlage, S. 18) seinen *aa*-Weg, *ee*-Weg und *oo*-Weg ein, denkt sich Erlebnisse dazu aus und erzählt den anderen anschließend seine Geschichte, z. B. „Auf meiner Reise kam ich in einen wunderschönen Saal. Da feierte gerade ein Paar Hochzeit. Die Braut hatte goldenes Haar. Ich schenkte ihr eine Waage. Am nächsten Tag setzte ich meine Reise fort und fuhr an einen See. ..."

• Tee trinken

Verschiedene Teesorten, die mit einem aufgestellten Schild namentlich gekennzeichnet sind, eine Thermoskanne mit heißem Wasser und Teegläser stehen bereit. Die Kinder riechen an jeder Teesorte und entscheiden sich für eine. Diesen Teebeutel gießen sie auf und trinken den Tee. Auf das ausgelegte Blatt am Tisch oder in ihr Freiarbeitsheft tragen die Kinder ein, welchen Tee sie getrunken haben: „Ich habe Pfefferminztee getrunken. Melanie" oder „Pfefferminztee schmeckt mir gut" oder „Kamillentee mag ich nicht. Aber Hibiskustee schmeckt mir. Der sieht so schön rot aus. Andreas"

• Im Wörterbuch nachschlagen

Die Kinder erhalten Abbildungen für mehrere Wörter mit Doppelvokal. Die Kinder suchen die Wörter in ihrer Wörterliste oder im Wörterbuch.

Reiseplan

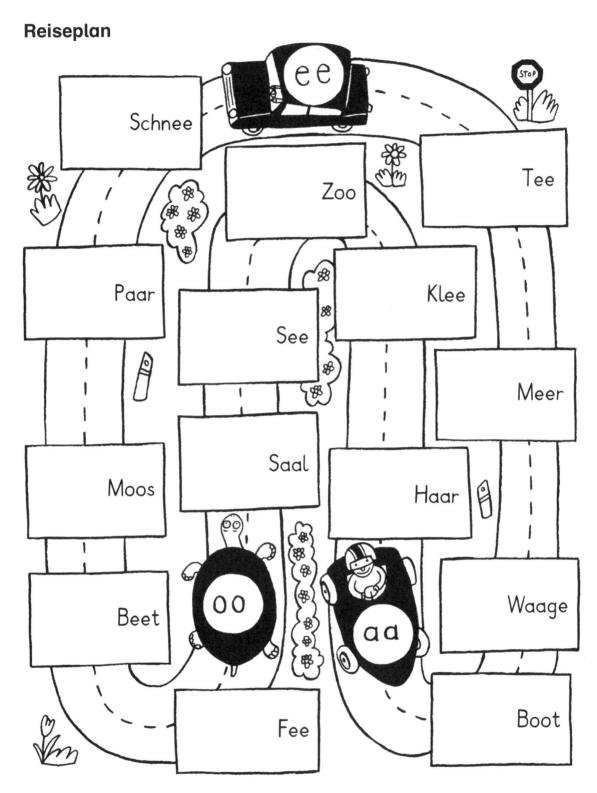

1. Male zu den Wörtern.
2. Mache zuerst eine **aa**-Reise, dann eine **ee**-Reise, am Schluss eine **oo**-Reise.
   Halte nur an den passenden Bahnhöfen.
3. Was erlebst du auf deiner Reise? Erzähle.

Problemfeld „Diktat"

Übungsbereitschaft und Übungsfreude zu schaffen, ist mit der Erfahrung des Könnens und dem Übungserfolg verbunden. Dieses Ziel wird oft durch eine falsch gehandhabte Diktatpraxis zunichte gemacht.

Teufelskreise vermeiden.
Pädagogische Überlegungen zum Diktatheft von Oliver, Klasse 3
Fachdidaktische Überlegungen müssen immer auch mit erzieherischen Überlegungen verknüpft werden. Entscheidungen darüber, welche Unterrichtsformen und welche Übungen gewählt, wie sie gestaltet, welche Anforderungen an das einzelne Kind gestellt werden, wie mit Klassenarbeiten umgegangen wird und wie und in welcher Art sie korrigiert und kommentiert werden, sind immer auch pädagogische Entscheidungen.[21] Es ist die Aufgabe jedes Lehrers und jeder Lehrerin, die pädagogisch-psychologischen Wirkungen seines und ihres Tuns im Unterricht zu bedenken und damit aus der Sicht des Kindes Unterricht zu betrachten sowie sich mit den eigenen Reaktionen auf das Verhalten und die Leistungen jedes Kindes auseinander zu setzen und mögliche Reaktionen der Eltern zu berücksichtigen.

In der Schule erhalten Kinder heute meist immer noch durch Diktate eine Rückmeldung über ihre Rechtschreibleistungen und ihren Übungserfolg. Wie sich Notenpraxis und Kommentare von Lehrerinnen, Lehrern und Eltern auf die Übungsbereitschaft und das Lernverhalten auswirken können[22], wird im Folgenden an einem konkreten Fall aufgezeigt und an einem Modell theoretisch erläutert. Anschließend werden Lösungsvorschläge zur Vermeidung von Teufelskreisen vorgestellt.
Alle Beispiele stammen aus dem Diktatheft von Oliver[23], Klasse 3. Oliver ist ein blondes, relativ kleines, schmächtiges Kind; im Gespräch wirkt er eher zurückhaltend und schüchtern. Er ist Einzelkind. Um sich in die Situation des Lehrers hineinversetzen zu können, stellen Sie sich als Leserin oder Leser bitte vor, dass Sie intensiv und lange für das erste Diktat im dritten Schuljahr geübt haben. Für die Kinder ist es das erste Diktat, das benotet wird.

Was geht in Ihnen vor, wenn Sie das Diktat lesen? Was wird in Oliver ausgelöst, wenn er das Diktat zurückerhält? Wie mögen wohl seine Eltern reagieren?

Diktat Nr. 1

Wir sind seit drei Wochen in
der dritten Klasse. Die Lehrerin //
teilte uns neuhe Bücher aus. /
Unsere Hefte haben nun andre //
Linien. Wir geben uns*
sauber zu schreiben.
*große mühe /
wer fleißig ist, dem mach //
die Schule spaß. Aber ohne /
regeln geht es nicht. /

F: 10   Durchschnitt 3,4 F

Wieso warst du so unsicher. Wir hatten
so geübt und ich habe dir sogar geholfen.
Wir rechnen die Arbeit nicht.
Verbesserung: Abschrift
5 W.   mit –U–

- **Auswirkungen auf das Kind**

Olivers erstes Diktat wird nicht gewertet. Für
das fünfte und zehnte Diktat erhält er die Note
ausreichend. Betrachtet man die Diktate zunächst
nur unter dem Blickwinkel, wie viele Wörter
jedes Textes richtig geschrieben wurden,
so ergibt sich folgende prozentuale Verteilung:
Diktat Nr. 1: 77,2 % richtig
Diktat Nr. 5: 88,3 % richtig
Diktat Nr. 10: 91,4 % richtig

Obwohl Oliver Fortschritte gemacht hat, schlägt
sich dies für ihn nicht sichtbar nieder. Oliver
hat erfahren: Sich anzustrengen und zu üben,
lohnen sich nicht. Dies zeigt sich besonders
beim fünften Diktat. Das Thema, das im Unterricht behandelt und geübt wurde, war die Verdoppelung von Konsonanten. Oliver hat alle
Wörter mit Doppelkonsonant richtig geschrieben.
Er muss sich aber bei der Note ausreichend und
dem Kommentar des Lehrers fragen: Wozu soll
ich überhaupt üben? Üben bringt keinen Erfolg.

• Auswirkungen auf den Lehrer

Die Gefühle, die Olivers Diktate beim Lehrer auslösen und von ihm nicht bewusst erfasst und reflektiert werden, zeigen sich in seinen Kommentaren, besonders zum ersten und fünften Diktat. Der Lehrer ist verärgert, dass sein Unterricht und das viele Üben keinen Erfolg zeigen. Der Zweifel an den eigenen Fähigkeiten schlägt in Ärger gegen das Kind um. Der Kommentar zum ersten Diktat liest sich von außen und mit Abstand betrachtet als Rechtfertigung für den Lehrer und seinen Unterricht. Vielleicht ist das „Wieso ..." in den Augen des Lehrers ganz anders gemeint, eher als Anteil nehmende, Verständnis vermittelnde Frage. Ging es dir schlecht? Hattest du Angst? Doch der nächste Satz lässt die Frage als Anklage, fast als Drohung verstehen: „Ich habe dir sogar geholfen." Es ist Aufgabe jedes Lehrenden Kindern zu helfen und ihnen Sicherheit zu vermitteln, unabhängig davon, ob sie diese auch gleich umsetzen und anwenden können. Auch im fünften Diktat wird zunächst so viel Negatives gesagt, dass die Fleißnote völlig untergeht. Die Wirkung von Kommentaren auf das Kind und auch auf die Eltern hängt stark vom Lehrer-Schüler-Verhältnis[24] ab und davon, wie weit die Kommentare „in gezielter Abstimmung mit dem Leistungsniveau des Schülers (eventuell auch dem vom Schüler subjektiv wahrgenommenen Leistungsstand) eingesetzt werden."[25] Der Lehrer, der sicher für das Kind das Beste will, hat sich im vorliegenden Fall, so die Einschätzung der Kommentare, nicht mit seinen eigenen hohen Erwartungen und dem starken Wunsch nach Anerkennung durch die Eltern auseinander gesetzt und den Ärger und die Enttäuschung über den nicht bei allen Kindern zum Erfolg führenden Unterricht unreflektiert und unbewusst mit seinen Kommentaren auf das Kind gerichtet. Ärger und Enttäuschung sollten vom Lehrer für sich zugelassen, angenommen und aufgearbeitet werden, um dann Leistungen der Kinder mit dem Blick auf das Kind und vom Kinde aus betrachten zu können.

• Auswirkungen auf die Eltern

Das letzte Diktat zeigt die Reaktion der Eltern. Die objektive Verbesserung des Kindes von 77,2 % auf 91,4 % richtig geschriebener Wörter wird nicht wahrgenommen, sondern nur die Note. Beim Lesen dieser Äußerung wird das ganze Elend deutlich, das diese unbedacht übernommene Praxis der Noten- und Leistungsbeurteilung mit sich bringt. Welcher moralische Druck wird hier auf das Kind ausgeübt, das nun für das „Unglück" seiner Eltern wegen sechs Fehlern im Diktat verantwortlich gemacht wird? Dies wird dem Kind auch noch dauerhaft schriftlich dokumentiert. Das Kind fühlt sich nicht mehr bedingungslos angenommen, sondern nur, wenn es gute Diktatnoten mit nach Hause bringt.

Die Analysen des Diktatheftes zeigen: Oliver erscheint aufgrund der Leistungsbeurteilung des Lehrers, also aufgrund der Diktatnoten, als schwacher Schüler und als Schüler mit dauerhaft schwacher Leistung, obwohl er objektiv Fortschritte gemacht hat. Oliver hat sich verbessert, aber seine Fortschritte werden vom Lehrer nicht wahrgenommen. Er zählt lediglich die Fehler und untersucht nicht genügend und nicht in erster Linie, was das Kind schon kann, geübt und richtig angewendet hat. Die Eltern schließen sich dem Urteil des Lehrers an. Das Kind steht allein, mit Vorwürfen belegt da. Damit bestätigt die Auswertung von Olivers Diktatheft das, was *Ilse Lichtenstein-Rother* in einem Aufsatz zum grundlegenden Lernen im Rechtschreibunterricht sagt: „Beim Rechtschreiben geht es nicht nur um Rechtschreibleistungen, sondern auch um Auswirkungen auf das Lern- und Leistungsverhalten der Schüler, auf ihre gesamte Persönlichkeitsentwicklung."[26]
Diesen Auswirkungen und Zusammenhängen soll im Folgenden theoretisch nachgegangen werden.

• Zur Entstehung von Teufelskreisen

Bei Oliver ist ein Teufelskreis in Gang gekommen, dessen Wirkungsgefüge im Folgenden genauer erläutert wird.
Im Rahmen der Leistungserziehung ist die Entwicklung eines positiven Fähigkeitsselbstbildes und in Verbindung damit auch eines allgemeinen Selbstkonzepts zentral.[27] Die Leistung des Kindes ist dabei u. a. ein Faktor beim Aufbau des Selbstkonzepts. Das Fähigkeitsselbstbild des Kindes wird durch die Könnenserfahrung des Kindes und durch den sozialen Vergleich, den das Kind vornimmt, erworben. Im Fall von Oliver wird dies durch die gleich bleibende Note und durch den Fehlerdurchschnitt der Klasse vermittelt. Der dritte Faktor ist die Fähigkeitseinschätzung von wichtigen Bezugspersonen. Diese stellen ver-

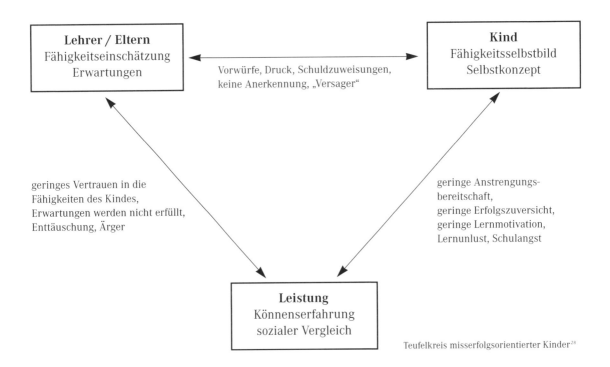

Lehrer / Eltern
Fähigkeitseinschätzung
Erwartungen

Vorwürfe, Druck, Schuldzuweisungen,
keine Anerkennung, „Versager"

Kind
Fähigkeitsselbstbild
Selbstkonzept

geringes Vertrauen in die
Fähigkeiten des Kindes,
Erwartungen werden nicht erfüllt,
Enttäuschung, Ärger

geringe Anstrengungs-
bereitschaft,
geringe Erfolgszuversicht,
geringe Lernmotivation,
Lernunlust, Schulangst

Leistung
Könnenserfahrung
sozialer Vergleich

Teufelskreis misserfolgsorientierter Kinder[28]

deckt oder offen Erwartungen an die Fähigkeiten des Kindes und geben Urteile über die Leistung an das Kind weiter. Im vorliegenden Fall werden sie Oliver schriftlich durch Kommentare des Lehrers und der Eltern gegeben.

Welche Ursachen das Kind der jeweils erbrachten Leistung und dem jeweiligen Abschneiden im sozialen Vergleich zumisst, hängt wieder vom Fähigkeitsselbstbild ab. Von diesen Ursachenzuschreibungen, den Kausalattributionsmustern, hängen die Erwartungen ab, die das Kind auf einen möglichen Leistungserfolg hat, und damit verbunden ist seine Anstrengungsbereitschaft, die seine Leistung wieder beeinflusst. Der im obigen Schaubild gezogene Doppelpfeil zwischen Kind und Leistung macht deutlich, dass das Selbstkonzept nicht nur Folge, sondern auch Ursache der Leistung ist. Ein positives Selbstbild erleichtert motivationsgünstige Ursachenzuschreibungen und positive Leistungserwartungen. Misserfolgsorientierte Kinder und Kinder mit geringem Selbstbild führen schlechte Leistungen vornehmlich nicht auf veränderbare Faktoren wie Anstrengung und Schwierigkeitsgrad der Aufgabe zurück, sondern auf unveränderbare Faktoren wie Begabung und Zufall. Dies führt auf Dauer zu geringerer Anstrengungsbereitschaft und Erfolgszuversicht und damit zu

geringerer Lernmotivation, oft auch zu Lernunlust und zu Vermeidungsverhalten.
In vorliegenden Fall erfährt Oliver dauerhaften Misserfolg; die Anstrengung, die er z. B. in das Diktat mit Doppelkonsonanten eingebracht hat, führt nicht zum gewünschten Erfolg. Er erfährt: Anstrengung lohnt sich nicht und ich kann trotz Anstrengung nichts, ich bin ein Versager, nicht begabt. Das negative Selbstkonzept, das dadurch entstehen kann, wirkt sich wieder auf die Leistungsbereitschaft und den Leistungserfolg aus. Die einzelnen Faktoren verstärken sich gegenseitig – so entsteht ein Teufelskreis.

Die Leistung des Kindes hat Auswirkungen auf den Lehrer und die Eltern. Der Vergleich zwischen den Leistungen des Kindes und den eigenen Erwartungen an das Kind und an sich selbst lösen Gefühle aus. In Olivers Beispiel besteht eine Diskrepanz zwischen hohen Erwartungen der Erwachsenen und seiner scheinbar schwachen Leistung. Die Erwartungen werden nicht erfüllt. Dies kann zu erhöhter Sorge, aber auch zu Enttäuschung und Frustration führen, die häufig in Ärger umschlagen. Ärger wiederum kann zu stärkerem Druck, Vorwürfen und Schuldzuweisungen dem Kind gegenüber führen. Das Kind fühlt sich nicht mehr angenommen und als Versager gegenüber den Erwartungen von Lehrer und Eltern; sein Selbstvertrauen sinkt und das Verhältnis zu den Eltern und zum Lehrer kann Schaden nehmen. Oliver erfährt durch den Kommentar seiner Eltern, dass sein Misserfolg gravierende Folgen hat. Daraus kann Schulangst[29] entstehen, die sich wieder mindernd auf die Schulleistung auswirken und Lernblockaden auslösen kann.

Notwendiger Blickrichtungswechsel

Das vorgestellte Beispiel zeigt, dass für pädagogisches Handeln, in dem das Kind im Mittelpunkt steht, ein Blickrichtungswechsel vorgenommen werden muss.

• Von der Defizitorientierung hin zur Orientierung an den Fähigkeiten und dem Können des Kindes

Da Lehrer und Eltern sich allein an Olivers Fehlern orientieren, erfährt er im Hinblick auf seine Könnenserfahrung, den sozialen Vergleich und die Einschätzung von wichtigen Personen negative Rückmeldungen. Mit dem Blickwinkel auf richtig geschriebene Wörter dagegen, also auf das, was Oliver schon kann, wäre ihm, dem Lehrer und den Eltern sein Lernfortschritt bewusst und sichtbar geworden. Um Lernfortschritte eines Kindes zu erfassen, gilt es daher, zunächst richtig geschriebene Wörter statt Fehler zu zählen. Schon durch eine solche leicht durchführbare Veränderung erfährt das Kind, was es bereits kann. Das Wirkungsgefüge Kind – Leistung – Lehrer/Eltern kann auf diese Weise mit wenig Aufwand positiv beeinflusst und der Aufbau eines Teufelskreises verhindert werden.

• Von der Einschätzung von Fehlern als Minderleistung zur Sicht auf Fehler als konstruktive Versuche der Auseinandersetzung mit dem Lernstoff

Das Erlernen des Lesens und Schreibens wird heute als ein Entwicklungsprozess verstanden, der in Stufen verläuft und in dessen Verlauf Kinder verschiedene Strategien ausbilden und anwenden. Dabei vollzieht sich der Entwicklungsprozess nicht gleichmäßig linear, sondern in qualitativen Sprüngen, die im Großen und Ganzen nach der gleichen Reihenfolge ablaufen. Lesen und Schreiben werden als Problem lösende Akte verstanden und die Schriftsprachentwicklung als Denkentwicklung. In der Auseinandersetzung mit der Schriftsprache werden

Regelungen entdeckt und in die bisherigen „eigenen Theorien" von Schreiben und Lesen integriert. Fehler sind dabei als ein Fenster in die Denkwelt und die Lösungsstrategien von Kindern zu sehen. Im Rahmen entwicklungsorientierter Ansätze im Schriftspracherwerb geht man davon aus, dass Kinder im Laufe ihrer Schreib- und Leseentwicklung verschiedene Zugriffe auf Schrift ausbilden.[30] Fehler sind in diesem Rahmen nicht als „falsch", sondern als notwendige Entwicklungsschritte bei der Annäherung an den Lerngegenstand Schriftsprache zu verstehen, als konstruktive Versuche des Kindes, Wörter zu verschriften. Oliver hat *Appetiet* geschrieben. Er zeigt damit, dass er die im Deutschen häufigste Abbildungsform für ein lang gesprochenes *i* mit *ie* gesichert hat und anwenden kann. Seine Korrektur des Wortes *Lehrerin* im 1. Diktat, in dem er das *h* löscht, sowie die Untersuchung anderer Wörter mit langem Vokal zeigen, dass er lange Vokale erfassen kann und dafür Abbildungsmöglichkeiten kennt. *Raht* (vgl. Diktat Nr. 10, S. 20) stellt eine Übergeneralisierung der Abbildung mit Längenzeichen *h* dar. Er muss sich jetzt lediglich gezielt die Ausnahmewörter mit dem Längenzeichen *h* wortspezifisch einprägen. Oliver sollte nochmals verdeutlicht werden, dass lange Vokale am häufigsten ohne Längenzeichen abgebildet werden. Weiter zeigt Oliver, dass er die Abbildung kurzer betonter Vokale erfasst hat. Die Fehlschreibung bei *will* kann dabei möglicherweise auf das Erfassen der Ausnahmen bei kurzen einsilbigen Wörtern zurückgeführt werden, z. B. *hat*, *Bus*, *in*, *an*, *mit*.

• Von normierten Leistungsanforderungen an alle Kinder zu individuell ausgerichteten Anforderungen

Untersuchungen zur Unterrichtsqualität zeigen, dass sich Klassen mit überdurchschnittlichen Schulleistungen, einem positiven Selbstkonzept und Lernfreude durch überdurchschnittliche individuelle, fachliche Unterstützung und Förderungsorientierung auszeichnen.[31] Kinder benötigen Rückmeldungen über ihren Lernerfolg und es gilt, sie auch durch Fordern zu fördern. Die jeweiligen Anforderungen dürfen dabei aber nicht die Lernentwicklung des Kindes ständig beeinträchtigen. Die am Beispiel Olivers vom Lehrer verwendete Benotungspraxis nach einem festen, vorgegebenen Schlüssel verstößt bei Kindern mit größeren Rechtschreibschwierigkeiten gegen die pädagogische Grundüberlegung, dass Kinder zum Lernen ein hohes Maß an Anerkennung ihrer Leistungen benötigen und ihnen dauernde Misserfolgserlebnisse erspart werden müssen. Eine solche Benotungspraxis wirkt lern- und erfolgshemmend und führt zum Vermeiden des Rechtschreibübens, häufig auch zu Schulangst. Es sind daher differenzierende und individualisierende Unterrichtsformen auch für die Leistungsrückmeldungen zu entwickeln und dabei ist, wie in den Verbalbeurteilungen vorgesehen, ein individueller Maßstab anzulegen. Differenzierte Diktate, die eine Lösungsmöglichkeit für vorgeschriebene Klassenarbeiten darstellen können, werden auf Seite 25 ff. dargestellt. Pädagogisches Handeln bedeutet, die Lehraufgabe in der individuellen Förderung und Unterstützung der Lernentwicklung jedes Kindes zu sehen und damit der Förderung vor der Auslese den Vorrang zu geben. *Andreas Flitner* ist in einem Aufsatz der „Gerechtigkeit als Problem der Schule" nachgegangen. Er kommt zu folgendem Schluss: „Wo die Schule die Lernförderung, die auf Möglichkeit und Bedürfnis der Kinder ausgerichtet ist, hintan setzt, verfehlt sie ... ihre pädagogische Aufgabe. ... Förderung aller Kinder heißt differenzierende Förderung, ... das heißt ...: ermutigende Förderung, die die Lernfähigkeit unterstützt, Lernängste oder Abwehr überwinden hilft, Lernfortschritte an dem vorausgehenden Niveau misst und nicht an irgendwelchen Standards, die für das Kind nicht passen."[32] Damit wird aufgezeigt, dass Gerechtigkeit in der Schule aus pädagogischer Sicht bedeutet, jedem Kind gerecht zu werden.

• **Vom Lehren zum Lernen des Kindes**

In Forschungen zum Schriftspracherwerb hat es im letzten Jahrzehnt einen Perspektivenwechsel vom Lehren hin zum Lernen des Kindes gegeben. Es stehen jetzt nicht mehr die Fragen des Lehrens, der Vermittlung und damit der Lehrmethoden im Vordergrund, sondern die Prozesse der Aneignung des Lerngegenstandes durch die Kinder selbst. Das Lernen des Kindes ist Ausgangspunkt und Mittelpunkt des Forschungsinteresses. Die daraus entwickelte Didaktik fordert das Lernen des Kindes heraus, stützt es und ist sich dabei bewusst, dass erfolgreiches Lernen nicht allein durch Lehrvorgänge gesteuert werden kann. Lernen ist in erster Linie eine Aufgabe des Lernenden selbst. Das Kind muss

Agent seines Lernens werden. Mit diesem Ansatz, der aktive, selbstständige Aneignungsformen in den Mittelpunkt rückt, ist eine Abkehr von einem eng geführten, gleichschrittigen Unterricht für alle Kinder verbunden. Grundlegend und Kinder fördernd sind Formen der Öffnung des Unterrichts, Unterrichtsformen wie Freiarbeit, Wochenplanarbeit, Projektunterricht sowie alle Formen individualisierender und differenzierender Unterrichtsarbeit, die auch für die Diktatpraxis gelten.

Der beschriebene Blickrichtungswechsel vermeidet Teufelskreise und verändert wegen der grundlegend anderen Haltungen und Einstellungen das Wirkungsgefüge Kind – Leistung – Lehrer/Eltern so, dass pädagogisch sinnvolles Üben möglich ist.

Das **Kind** erfährt durch und beim Üben:
- Ich kann etwas.
- Ich kann es schaffen.
- Anstrengung lohnt sich.
- Ich bin als Person angenommen.

Für die **Lehrerin** und den **Lehrer** bedeutet der Blickrichtungswechsel:
- jedem Kind etwas zuzutrauen
- auch auf kleine Fortschritte zu achten und diese anzuerkennen
- einen individuellen Gütemaßstab anzulegen
- eine qualitative Fehleranalyse (siehe S. 136 ff.) vorzunehmen
- genügend Zeit und Raum zum Üben zu geben
- dem Kind beim Üben Selbstständigkeit zuzutrauen
- konstruktive, aufbauende, ermutigende Hilfen bei Schwierigkeiten anzubieten
- zum Aufbau eines positiven Selbstbildes Hilfen zu geben
- sich mit Erwartungen an sich selbst auseinander zu setzen

Für die **Eltern** bedeutet der Blickrichtungswechsel:
- an das Kind zu glauben
- das Kind auch mit seinen Schwächen anzunehmen
- ihm etwas zuzutrauen
- dem Kind Zeit für seine Entwicklung zu lassen
- kleine Fortschritte anzuerkennen
- mit der Lehrerin oder dem Lehrer Kontakt aufzunehmen

Differenzierte Diktate

Diktate werden heute noch immer in einigen Lehrplänen und Erlassen gefordert. Dabei wird eine bestimmte Anzahl von Klassendiktaten im Schuljahr vorgeschrieben. Die Lehrpläne haben inzwischen aber erfasst, dass Diktate nicht als alleinige Form der Rückmeldung über Rechtschreibleistungen zu sehen sind und keinesfalls allein Hinweise über die Rechtschreibfähigkeiten der Kinder abgeben können. Zum Feststellen der Rechtschreibfähigkeit sind auch freie Texte der Kinder und kurze bisher nicht geübte Wörter und kleine Sätze in größeren Abständen zu schreiben, die Hinweise auf den Lernstand, bezogen auf die Rechtschreibstrategien und deren Ausprägung, geben können und die qualitativ auszuwerten sind (siehe S. 43 ff. „Rechtschreiben als problemlösender Akt" und S. 136 ff. „Fehleranalyse").

Den folgenden Vorschlägen für eine veränderte, differenzierte Diktatpraxis gilt es vorauszuschicken, dass Klassendiktate keine Rechtschreibübungen sind und diese auch nicht ersetzen. Sie können sogar bei einseitigem Üben nur auf Klassendiktate hin verhindern, das grundlegende Konstruieren von Wörtern zu lernen. Ein Rechtschreibunterricht, der allein auf Klassendiktate ausgerichtet ist, ist daher auch aus fachdidaktischer Sicht abzulehnen. Um durch Klassendiktate die Bereitschaft zum Üben im Rechtschreiben nicht zu erschweren oder sogar zu verhindern und Freude am Richtigschreiben und Richtigschreibenwollen zu ersticken, muss der Umgang mit Diktaten verändert werden. Diktate selbst sollten in vielfältigen Formen durchgeführt werden.[33] Differenzierte Diktate können dabei Teufelskreise vermeiden helfen. Die zu diktierenden Texte müssen die Kinder etwas angehen und dürfen nicht ihre Freude an der Schule abbauen. Ein Satz wie in Olivers erstem Diktat: „Wer fleißig ist, dem macht die Schule Spaß", sollte vermieden werden. Möglicherweise löst er bei Oliver folgende Gedankenkette aus: „Ich mache noch viele Fehler. Ich bin also nicht fleißig genug. Mir darf die Schule keinen Spaß machen."

Für Kinder mit erheblichen Rechtschreibproblemen kann die Benotung auch bei Klassenarbeiten ausgesetzt werden. In manchen Bundesländern steht es den Unterrichtenden frei, am Förderunterricht teilnehmende Kinder nicht die Diktate im Deutschunterricht schreiben zu lassen. Statt dieses Vorgehens scheint es sinnvoller zu sein, Kinder nicht auszuschließen, sondern durch eine differenzierte Diktatpraxis und einen differenzierten Rechtschreibunterricht zu integrieren, pädagogisch zu unterstützen und sie damit zu fordern und zu fördern.

Differenzierte Diktate werden schon seit vielen Jahren in der Grundschule durchgeführt und erprobt.[34] Differenzieren lässt sich im Bereich des Diktattextes, in der Diktatdurchführung, in der Art der Korrektur und in der Berichtigungspraxis.

• Differenzierung im Bereich des Textes

Als Einstieg in differenzierte Diktate kann ergänzend zum gemeinsam gut vorbereiteten Diktattext ein freiwillig zu schreibender Zusatztext angeboten werden. Die Kinder entscheiden selbst, ob sie diesen Zusatztext schreiben möchten, ihn sich zutrauen und noch die Kraft dazu haben. Kinder, die nicht mitschreiben, können in dieser Zeit schon ihren Text überprüfen und die Wörter kennzeichnen, bei deren Schreibung sie unsicher sind, und diese im Wörterbuch nachschlagen.

Eine weitere Möglichkeit, differenzierte Diktate durchzuführen, besteht darin, drei Textformen anzubieten: für alle einen Grundtext, der die wichtigsten Grundwortschatzwörter enthält und als von allen zu schreibendes Fundament gilt, einen Erweiterungstext und einen Langtext. Im Rahmen des Grundtextes kann gegebenenfalls nochmals dadurch differenziert werden, dass der Text als Lückentext angeboten wird. Die folgenden Differenzierungsbeispiele stammen aus dem Unterricht von *Hans Stegmeier* aus Schwäbisch Gmünd. Die Kinder erhalten Vorlagen mit dem gesamten Text oder mit Lücken oder keine Vorlage für das Diktat und je nach Differenzierungsform verschiedene Arbeitsanweisungen.

In den Ferien sammeln wir
Schneckenhäuser und Steine.
Am Wasser gibt es viele runde Steine.
Ich habe viele kleine Steine,
meine Freundin hat nur große Steine.
Wir malen die glatten Steine bunt an.
Sie sehen schön aus.

In den Ferien _____ wir
Schneckenhäuser und Steine.
Am _____ gibt es viele runde Steine.
Ich habe viele _____ _____,
meine Freundin hat nur _____
_____.
Wir malen die _____ _____
bunt an.
Sie _____ schön aus.

In den Ferien _____ _____
_____ _____ _____ .
Am Wasser _____ ____ _____ .
_____ _____ .
Ich habe _____ _____ _____ ,
meine Freundin _____ _____
_____ _____ .
Wir malen _____ _____ _____
_____ _____ .
Sie sehen _____ _____ .

Bezüglich einer Benotung schlägt *Hannelore Gräser* Folgendes vor:

Note	grundlegende Anforderungen	erweiterte Anforderungen
sehr gut	–	(fast) keine Fehler
gut	–	einige Fehler
befriedigend	(fast) keine Fehler	–
ausreichend	einige Fehler	–
mangelhaft	viele Fehler	–
ungenügend	–	–

Note	Grundtext (38 Wörter)	Erweiterter Text (72 Wörter)	Langtext (84 Wörter)
sehr gut	–	–	84–83 Wörter
gut	–	72–71 Wörter	82–81 Wörter
befriedigend	38–37 Wörter	70–69 Wörter	80–78 Wörter
ausreichend	36–34 Wörter	68–65 Wörter	77–75 Wörter
mangelhaft	33–... Wörter	–	–

Beispiel für eine Leistungsbeurteilung differenzierter Diktate nach Hannelore Gräser[35]

Individuelle Diktate[36] stellen eine besondere Form der Differenzierung auf der Textebene dar. Für Kinder aus dem Stützkurs werden ausgehend von deren eigenen Texten zu einem Thema individuelle Diktate für einzelne Kinder erstellt. Nach dem Üben *ihres* Wortschatzes mit Hilfe eines Wörterkastens und vielfältigen Übungen damit schreiben diese Kinder einen Diktattext, der ihrem eigenen Text sehr ähnlich ist.

• Differenzierung in der Diktatdurchführung
Mit oder ohne Vorlage
Sehr schwachen Rechtschreibern kann die Diktatvorlage angeboten werden, sodass sie abschreiben können oder bei Unsicherheiten die Vorlage benutzen. Die Vorlage gibt dem Kind Sicherheit und macht Mut, auswendig zu schreiben und sich selbst im „Auswendigschreiben" zu erproben. Wichtig ist bei diesem Weg, dass die Kinder nach der Schrittfolge „anschauen und (leise sprechen), merken, umdrehen, schreiben, prüfen"[37] vorgehen. Oft kommen diese Kinder nach dem Diktat und sagen: „Ich habe nur zweimal nachgeschaut" oder „Dieses Mal habe ich den Zettel gar nicht mehr umgedreht." Durch die Vorlage gewinnen die Kinder zunehmend mehr Selbstvertrauen in ihr Schreiben. Kindern mit Leseschwierigkeiten hilft es, als Vorlage den getippten Text satzweise mit großem Zeilenabstand anzubieten, damit sie sich während des Diktierens besser im Text zurechtfinden können. Es ist sinnvoll, allen Kindern beim ersten Vorlesen des Gesamttextes die Möglichkeit zu geben, ihn auf einer Folie mitlesen zu können und sich dabei bestimmter Schreibungen zu versichern.

Selbst gesetzter Zeitpunkt
Werden Diktate während der Freiarbeit oder im Rahmen von Getrenntstunden geschrieben, bietet es sich an, den Zeitpunkt für das Diktat vom Kind selbst festlegen zu lassen. Das Kind lernt so, sich selbst einzuschätzen und allmählich ein Gespür zu entwickeln, nach wie viel Übungszeit es sich sicher für das Schreiben des Textes fühlt. Für die Planung hilft es den Kindern, einen Zeitpunkt vorzugeben, bis zu dem sie z.B. mindestens zwei Diktate geschrieben haben müssen.

Diktierweise
In der Diktatdurchführung sollten sich die Lehrerin oder der Lehrer gut auf die Kinder in ihrer Diktierweise einstellen, z.B. schnell, langsam, in kleineren oder größeren Abschnitten, mit oder ohne gezielte Rechtschreibhinweise.

• Differenzierung in der Art der Korrektur und der verbalen Rückmeldung
Erhält ein Kind einen Text mit vielen Fehlern zurück, die alle gekennzeichnet und verbessert sind, wird es entmutigt. Es sieht nur: „Ich kann gar nichts", und weiß nicht, wo es mit dem Üben ansetzen soll.

Grundsätzlich sollte daher unter dem Diktat immer die Zahl der richtig geschriebenen Wörter angegeben werden bzw. bei Kindern mit erheblichen Schwierigkeiten auch die Zahl der Graphemtreffer, um die schrittweise Annäherung an die Norm zu berücksichtigen. Zusätzlich sollte jedes Kind individuelle, verbale Rückmeldungen schriftlich erhalten, die es aufbauen und ihm zeigen, was es schon kann und wie es weiter üben kann. Für Oliver könnte z.B. unter dem fünften Diktat Folgendes stehen:

Bravo, Oliver!
Du hast alle geübten Wörter
mit doppeltem Mitlaut richtig geschrieben.
Diese Wörter mit kurzem Selbstlaut
kannst du jetzt sicher.
Du hast **sehr** gut geübt.
Das freut mich **sehr**.
Du kannst schon **sehr** viele Wörter
richtig schreiben. Merke dir das Wort **sehr**
mit **eh**. Du brauchst es **sehr** oft.
Bei eine**m** und eine**n** bist du noch unsicher.
Achte genau auf die Endung.
Mit Übungskarte X kannst du dies
in der Freiarbeit mit einem Partner üben.
Salz gehört zu den Wörtern mit **lz**, **nz**, **rz**.
Suche dazu in der Wörterliste
weitere Wörter. Auf den Seiten X und X
findest du welche.

Texte mit sehr vielen Fehlschreibungen sollten unangetastet stehen bleiben. Parallel dazu werden dem Kind der richtige Text getippt und eine begrenzte Anzahl der wichtigsten Grundwortschatzwörter angeboten, in denen zu merkende Buchstaben mit einem Marker farbig hervorgehoben sind. Sie stellen den nächsten überschaubaren Übungsblock für das Kind dar.

Weist das Diktat mehrere Fehlschreibungen auf, wird das richtige Wort oberhalb der falschen Schreibung aufgeschrieben. Das Kind sieht so im Vergleich das richtige Wort und kann es im Vergleich zu seiner Schreibung untersuchen.

In Texten mit geringer Zahl an Fehlschreibungen wird nur am Zeilenrand die Fehlschreibung markiert. Das Kind soll sie selbst herauszufinden versuchen. Es übt dabei, sensibel für die eigenen Unsicherheiten zu werden und die eigenen Schreibungen zu überprüfen.

Kindern mit nur sehr wenigen Fehlschreibungen wird die Anzahl unter dem Text genannt, z.B.: „An drei Stellen solltest du deine Wörter nochmals überprüfen. Ein Wort gehört zur Gruppe der Ausnahmewörter mit *h*; eines kannst du durch genaues Lesen finden; ein Nomen hast du nicht erkannt." Damit wird das gezielte Durchlesen und Überprüfen des Textes gefördert und das Kind gemäß seiner Leistungsfähigkeit gefordert.

- **Differenzierung in der Art der Berichtigung**
Die leider immer noch vielfach praktizierte Form, im Falle sehr vieler Fehlschreibungen eine Abschrift anzufertigen, ist sowohl unter pädagogisch-motivationalen als auch fachdidaktischen Aspekten abzulehnen. Schaut man sich Diktathefte mit Abschriften an, so sieht man, dass dabei meist wieder neue Fehlschreibungen auftauchen. Es gibt dann eine Abschrift von einer Abschrift usw. Gerade das Kind, das mit dem Schreiben und der Konzentration erhebliche Schwierigkeiten hat, muss am meisten schreiben; es empfindet die Abschrift als Strafe. Außerdem fordert diese Form der Berichtigung nur das Abschreiben, was in der bisher vom Kind praktizierten Form gerade nicht zum Ziel geführt hat. Eine gezielte Förderung, die ein Rechtschreib-*denken* anregt und Hilfen für spezifische Probleme des Kindes anbietet, ist damit in keiner Weise gegeben.

Auch die Vorgabe, jedes falsch geschriebene Wort dreimal schreiben zu lassen, weist Probleme auf. Das isolierte Schreiben einzelner Wörter hilft in keiner Weise, Regelmäßigkeiten in der Rechtschreibung zu entdecken und Analogien zu anderen Wörtern herzustellen. Bei „mechanischem" Vorgehen ergeben sich häufig Fehler: Ein Kind hat im Diktat folgenden Satz geschrieben: „Blötzlich ging die Tür auf." Es berichtigt dreimal „Plötzlich, Plötzlich, Plötzlich" – und schreibt das Wort konsequent mit großem Anfangsbuchstaben.

Gemeinsame Besprechung der häufigsten Fehlschreibungen
Stattdessen sollte von den häufigsten Fehlschreibungen ausgehend eine gemeinsame Besprechung stattfinden. Bei einer solchen von den Fehlerschwerpunkten ausgehenden Besprechung werden Analogiereihen, Wortfamilien, flektierte Formen, Sätze usw. gemeinsam entwickelt und zusammengestellt. So wird über das „Fehlwort" hinaus ein Transfer auf andere Wörter geleistet und das Entdecken von Regelungen unterstützt. Vor allen Dingen sollte bei der Besprechung das Kind aktiv beteiligt werden. Um die Fehlerschwerpunkte zu erfassen, wird der Text in großem Zeilenabstand aufgeschrieben. Fehlschreibungen werden im Text so gekennzeichnet, dass die Fehlerstelle bzw. die Art des Fehlers deutlich wird. Ein Beispiel aus einer zweiten Klasse verdeutlicht dies:

Als gemeinsame Übungswörter und -schwerpunkte ergeben sich: (1) *einladen – Einladung,* (2) Verben in der dritten Person Singular, hier wahrscheinlich durch das Ausnahmewort *wird* im Text ausgelöst, und (3) *Freunde.*

In der Besprechung wird der Wortschatz gemeinsam mit den Kindern erarbeitet und an der Tafel festgehalten. Der Tafelanschrieb gilt dann als Grundlage für einen Hefteintrag. Dieser kann durch die Vorgabe von Auswahlwörtern, einer Mindestmenge usw. differenziert werden.

(1) einladen – die Einladung

Verb	–	Nomen mit -**ung**
einladen	–	die **E**inlad**ung**
erholen	–	die _____
wandern	–	die _____
_____	–	die **U**nterhalt**ung**
_____	–	die **B**eleucht**ung**

Durch Lücken sowohl in der Spalte der Verben als auch in der der Nomen werden die Kinder aufgefordert, die fehlenden Wörter selbst zu bilden. Farbig werden die entscheidenden Merkmale für die Nomen hervorgehoben.

(2) Verben

Grundform	–	Er- oder Sie-Form
schreib**en**	–	sie schreib**t**
_____	–	sie mal**t**
hol**en**	–	er _____
komm**en**	–	er _____
_____	–	sie gib**t**
sich freu**en**	–	er freu**t** sich
...	–	...

Die Verben werden auf Karten geschrieben, von Kindern gezogen und deren Bedeutung wird vorgespielt. Die anderen raten das Wort und die passende flektierte Form wird dazu aufgeschrieben. Jedes Kind wählt für den Hefteintrag mindestens fünf Verben aus. Die Endungen *en* und *t* werden farbig nachgefahren.

(3) Freunde

Wörter für Menschen werden großgeschrieben.

die Freun**d**e, die Freun**d**in, der Freun**d**

Mein Freund wird bald _____ Jahre alt.
Meine Freundin wird bald _____ Jahre alt.
Meine Freunde bauen mit mir _____

_____ .

- einen Schneemann.
- eine Schneefrau.
- ein/einen Iglu.
- eine Hütte.

Die eingerahmte Zeile zeigt den Kindern das Prinzip der Verlängerung bei der Auslautverhärtung. Wichtig ist dabei, vom Plural oder einer anderen verlängerten Form auszugehen, bei der *d* oder *t* deutlich zu hören sind, um von dieser Form auf den Auslaut zu schließen. So wird das Stammerhaltungsprinzip intuitiv bewusst gemacht (siehe S. 95 ff.).

Indem die Kinder in den beiden folgenden Sätzen jeweils das Alter einsetzen, sagen sie mit ihrem Text im Heft etwas über ihre Freunde aus. Gemeinsam werden für den letzten Satz Weiterführungen gesucht. Die Kinder entscheiden selbst, welche Weiterführung sie aufschreiben wollen.

In einem anderen Diktat ergeben sich nach der Auswertung der Fehlerschwerpunkte als zu wiederholende Übungswörter der Klasse:
(1) *bringt*, (2) *liegen* und (3) *ihm, ihn, ihnen*.

(1) Was **bringt** der Nikolaus?

Er bringt mir _____ .
Er _____ _____ .
Er _____ _____ .
Er _____ _____ .
Er _____ _____ _____ .

Spielsachen
Nüsse
Schokolade
Mandeln
ein Überraschungsei

Die Kinder nennen verschiedene Dinge, die der Nikolaus bringen könnte. Sie werden angeschrieben. Anschließend wählen sie zum Aufschreiben in ihr Heft drei Sätze aus. Sie sagen damit, was ihnen der Nikolaus bringen soll.

---

(2) Wir reimen – liegen

liegen	–	er	liegt
fliegen	–	sie	_____
siegen	–	____	_____
wiegen	–	____	_____
biegen	–	____	_____

Mit dieser Übungsform werden Regelmäßigkeiten und Analogien in der Rechtschreibung aufgezeigt und Anregungen für das selbstständige Üben mit den eigenen Übungswörtern gegeben. Kinder schreiben nicht nur das Wort ab, sondern setzen sich inhaltlich durch Auswähl- und Einsetzaufgaben damit auseinander.

---

(3) ihm, ihn, ihnen

Sara trifft Steffen. Sara trifft _____.

Max hilft Dejan. Er hilft ____.

Julia bedankt sich bei den Kindern.
Sie bedankt sich bei _____.

Als Kindernamen sollten welche aus der Klasse gewählt werden. Sie können beim Abschreiben von den Kindern verändert werden. So sagen die Sätze etwas über ihre Mitschülerinnen, Mitschüler oder Freunde aus. Sie werden zu bedeutsamen Sätzen, wenn sie in ihnen persönliche Aussagen zu einem Freund in der Klasse machen können. Durch die Anordnung wird das Pronomen deutlich. Unterstützend sollten am Schluss jeweils das Nomen und das sich darauf beziehende Pronomen farbig hervorgehoben werden.

Differenzierung in der Berichtigung
Für die anderen Fehlschreibungen kann im Hinblick auf die „Berichtigung" folgendermaßen differenziert werden. Kinder mit besonderen Schwierigkeiten üben zusammen mit der Lehrerin oder dem Lehrer oder sie erhalten gezielte Vorlagen zum Üben. Andere üben selbstständig nach folgendem Verfahren:

Nomen: Artikel hinzufügen, Einzahl und Mehrzahl aufschreiben, evtl. ein zusammengesetztes Nomen hinzufügen

Verben: Grundform, flektierte Form und Gegenwarts- und Vergangenheitsform bilden

Adjektive: ein Beispiel zum attributiven Gebrauch aufschreiben

Andere Wörter: einen Satz bilden

Bei bestimmten Wörtern wird durch ein Zeichen angegeben, dass beispielsweise mit Hilfe des Wörterbuches weitere Wörter zur Wortfamilie oder zum rechtschriftlichen Phänomen (z. B. Doppelkonsonant) gesucht werden sollen.
Für ein individuelles gezieltes Üben ist eine Fehleranalyse durchzuführen, auf deren Grundlage gezielt Übungen anzubieten sind (siehe S. 136 ff.).

Verschiedene Formen des Eigendiktats
An Stelle von Klassendiktaten, die in einer Prüfungssituation geschrieben werden, sollten alternative Diktatformen praktiziert werden, die Kindern Rückmeldung und gleichzeitig Sicherheit vermitteln. Auf der Basis von Eigendiktaten können sie einschätzen, wie gut sie den zu sichernden Wortschatz beherrschen. Um den Kindern im Laufe der Grundschulzeit verschiedene Formen des Eigendiktats nahe zu bringen und sie dadurch zu befähigen, selbstständig Diktate bzw. einen Übungswortschatz oder Übungstext üben zu können, ist es notwendig, im Unterricht Zeit zur Verfügung zu stellen und Arbeitstechniken einzuüben. Dann erst können Kinder sinnvoll und ohne sonst notwendige fremde Hilfe in der Schule und zu Hause das Einprägen, Abrufen und Überprüfen ihres Rechtschreibwortschatzes üben. Solche Eigendiktate dienen vornehmlich der wortspezifischen Einprägung von Wörtern (siehe S. 56).
Das Eigendiktat hat den Vorteil, dass die Kinder eine korrekte Vorlage sehen, sich individuell Schwierigkeiten merken, nach eigenem Tempo vorgehen und selbst kontrollieren können (wobei

Sich selbst einen Text diktieren

In unserer Familie helfen alle mit.
Ich koche mit Mutter heute das Mittagessen.
Es gibt Bohnen und Kartoffeln
und danach Pudding mit Sahne.
Mein großer Bruder spült das Geschirr.
Meine kleine Schwester deckt den Tisch.
Vater putzt die Wohnung. Das macht er
nicht gern. Ich helfe ihm dabei.
Zusammen geht es besser.

1. Schritt:

lesen

Ich lese den ganzen Text langsam durch.
Ich spreche den ersten Satz.
In unserer Familie helfen alle mit.

2. Schritt:

merken

Ich merke mir schwierige Wörter:
Fa – mi – li – e
alle mit ll

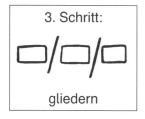

3. Schritt:

gliedern

Ich gliedere den Satz in Abschnitte:
In unserer Familie / helfen alle mit.

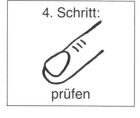

4. Schritt:

prüfen

Nach dem Schreiben überprüfe ich meinen Text.
Wörter mit einem Fehler
kennzeichne ich mit einem Farbpunkt
und verbessere sie.
mittagessen
das Mittagessen

hier eine Hilfe durch Mitschülerinnen, Mitschüler, Lehrer oder Lehrerin sinnvoll sein kann).
Mit den folgenden Arbeitstechniken erlernen die Kinder verschiedene Verfahren, selbstständig einen Übungstext zu üben und ihren Lernfortschritt zu überprüfen. Bei deren Einführung ist es wichtig, mit den Kindern nach und nach die angegebenen vier Schritte durchzuführen.

• Sich selbst einen Text diktieren

Die Arbeitstechnik „Sich selbst einen Text diktieren" (siehe Kopiervorlage, S. 31) wird hier auch auf die Fähigkeit zur Gliederung eines Satzes in überschaubare Teile bezogen. Sinnvolle Gliederungsteile stellen oftmals die einzelnen Satzglieder dar oder – sofern ein Satzglied nur aus einem Wort besteht – sind es auch Gruppen von Satzgliedern (siehe dazu die Vorschläge beim Dosendiktat, S. 34).
Der Anweisungstext zum Beachten und Einprägen der vier Schritte, vor allem das Gliedern in Abschnitte, sollte gemeinsam an einigen Sätzen geübt werden, bevor die Kinder den Beispieltext für sich bearbeiten. Es bietet sich an, die Schritte nach und nach zu lesen und in Handlung gemeinsam mit den Kindern umzusetzen.

1. Schritt: lesen
Für die rechtschriftliche Einprägung ist es wichtig, dass die Kinder die Bedeutung der zu sichernden Wörter bzw. Sätze kennen. Nur dann können die Wörter auch in einem anderen Zusammenhang abgerufen werden. Daher sollten Kinder angehalten werden, immer erst den ganzen Text langsam und genau zu lesen und zu verstehen. Um die Sinnentnahme sicherzustellen, können die Lehrerin oder der Lehrer und die Kinder Fragen zum Text stellen. Mögliche Fragen wären:
- Was gibt es zum Nachtisch?
- Wer deckt den Tisch?
- Du kochst heute das Mittagessen. Mit wem?
- Was muss dein großer Bruder machen?
- Vater muss mithelfen. Was macht er?
- Es gibt nicht nur Bohnen zu essen. Was gibt es dazu?
- Wie geht die Hausarbeit besser?

Langsames und deutliches Lesen und Sprechen sollte vorgemacht werden. Das Sprechen in Silben zur Unterstützung beim Rechtschreiben lässt sich gut an dem Wort *unserer* zeigen.

2. Schritt: merken
Dieser Schritt betont die bewusste wortspezifische Einprägung der rechtschriftlichen Besonderheiten einzelner Wörter. Die Wörter sollten über verschiedene Lernkanäle eingeprägt werden. Das Beispielwort *Fa-mi-li-e* greift die akustisch-artikulatorische Einprägung durch Sprechen in Silben auf. Dabei sollte das zu merkende Element deutlich hervorgehoben werden. Im Beispielwort *alle* wird durch farbiges Hervorheben von *ll* der optische Kanal berücksichtigt. Soweit Regelungen schon bekannt sind, sollte sich das Kind diese beim Schritt *merken* vergegenwärtigen, z. B.:
„Mein großer Bruder"
Wie ist der Bruder? groß
Ich muss *groß* kleinschreiben.
Zum Üben des zweiten Schrittes kann jedes Kind ein Wort aus dem Text heraussuchen, das für es schwierig ist. Es sollte sein ausgewähltes Wort nennen und das Merkmal dazu sagen oder die Regel dazu anführen. Für Wörter mit Doppelkonsonant kann die dafür in der Klasse eingeführte Bewegung für den kurzen Vokal gemacht werden, z. B. mit dem Zeigefinger kurz in die andere Hand tippen.

3. Schritt: gliedern
Um beim Eigendiktat den zu merkenden Teil überschaubar zu halten, müssen längere Sätze in sinnvolle Abschnitte gegliedert werden. Gemäß der jeweiligen Merkfähigkeit des Kindes werden die Abschnitte unterschiedlich lang sein. Wichtig ist, dass dabei Sinnzusammenhänge gewahrt werden. Satzglieder bieten sich als Gliederungsmöglichkeit an.
Die Kinder wenden ihr Wissen über Satzglieder an und bestimmen zunächst durch Umstellungen alle Satzglieder. Sie kennzeichnen sie durch Schrägstriche. Anschließend überlegen sie, ob sie für ihr Eigendiktat in einigen Sätzen mehrere Satzglieder zusammenfassen wollen. Erst danach diktiert sich jedes Kind den Text selbst.

4. Schritt: prüfen
Nach dem Schreiben eines Eigendiktates sollte auf den Schritt *prüfen* unbedingt hingewiesen werden. Die Kinder vergleichen dazu selbstständig ihren aufgeschriebenen Text mit der Vorlage.

• Dosendiktat
Als Übungstexte für Dosendiktate eignen sich Übungstexte aus dem Grund- bzw. Klassenwort-

Dosendiktat

1. Schritt:
Dose herrichten

Ich beklebe eine Dose
und schneide in den Deckel
einen Schlitz.

2. Schritt:

Text abschreiben

Ich schreibe den Übungstext in Abschnitten auf.
Nach jedem Abschnitt lasse ich eine Zeile frei.
Ich schneide den Text in Streifen
und lege die Streifen in einen Umschlag.
Den Umschlag beschrifte ich mit der Überschrift.

3. Schritt:
Diktat üben

Ich ordne die Streifen.
Ich lese den ersten Abschnitt,
merke ihn mir
und stecke den Streifen in die Dose.
Nun schreibe ich den Abschnitt auf.

4. Schritt:
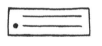
prüfen

Ich überprüfe am Schluss
mit den Streifen aus der Dose.
Streifen, auf denen ich einen Fehler gemacht habe,
kennzeichne ich mit einem Farbpunkt.
Diese Abschnitte übe ich noch einmal.

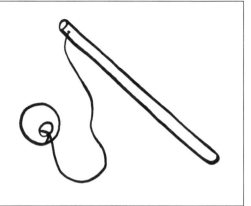

Ich habe gestern meinen Freunden
beim Bolerospiel zugeschaut.

Demira fing die Kugel meist schon
beim dritten Mal auf.

Creon hat es nicht so gut gekonnt.

Zu Hause wollte ich auch ein Bolerospiel basteln.

schatz und Texte der Kinder selbst. Ist diese Form des Eigendiktats eingeführt, können im Rahmen der Freiarbeit den Kindern auch bereits fertig hergestellte Dosendiktate angeboten werden. In einem Umschlag befinden sich dazu der vollständige und der absatzweise in Streifen zerschnittene Text.

Bei der Durchführung von Dosendiktaten lernen die Kinder, einen längeren Satz so in Abschnitte zu gliedern, dass sie ihn sich abschnittweise merken und auswendig aufschreiben können. Für die Einführung des Dosendiktats wird ein Text wie der oben stehende Beispieltext auf Folie oder an der Tafel angeboten.

1. Schritt: Dose herrichten
Jedes Kind sollte seine eigene Dose herstellen und gestalten. Dazu eignen sich Kaffee- oder Espressodosen, die einen Kunststoffdeckel haben. In diesen wird mit einem Federmesser ein längerer Schlitz geschnitten. Die Dose wird mit buntem Papier, z. B. selbst hergestelltem Batikpapier, mit beklebtem oder bemaltem Zeichenpapier oder mit selbst ausgewähltem Geschenkpapier umwickelt und beklebt. Der Name des Kindes sollte gut sichtbar mit einem Etikett aufgeklebt werden. Die Dosen sollten jederzeit zugänglich im Regal oder im persönlichen Kasten des Kindes aufbewahrt werden.

2. Schritt: Text abschreiben
Der erste Satz wird gelesen. Es ist wichtig, Sätze in sinnvolle Diktierabschnitte zu gliedern. Dies sollte gemeinsam sprechend zunächst am Beispiel des ersten Satzes erprobt werden. Nach jedem Abschnitt wird ein Schrägstrich eingezeichnet. Die Anwendung der Umstellprobe

erleichtert die Erfassung der Satzglieder. Es gilt die Regel: Das Ende eines Abschnitts darf nur am Ende eines Satzgliedes sein. Ebenso wird mit den nächsten Sätzen verfahren. Jedes Kind sollte im Sinne einer sinnvollen Differenzierung satzweise entscheiden, ob es sich den Satz als Ganzes merken kann. Sonst sollte es Abschnitte einzeichnen. Erst jetzt wird der Text für das Dosendiktat abgeschrieben. Die Kinder müssen darauf hingewiesen werden, dass sie nach einem Abschnitt eine Zeile freilassen müssen, damit der Text anschließend abschnittsweise zerschnitten werden kann. Nach dem Abschreiben wird der Text genau mit der Vorlage verglichen. Erst wenn sichergestellt ist, dass der Text richtig aufgeschrieben wurde, sollte er zerschnitten werden.

Um Ordnung zu halten, werden die Satzstreifen in einem Umschlag aufbewahrt, der mit der Überschrift des Textes oder einem anderen Merkwort und dem Namen des Kindes beschriftet wird. Ein fester Aufbewahrungsort für den Umschlag sollte vereinbart werden, z. B. im Kasten des Kindes, in dem auch Schere, Uhu, Wörterkasten usw. aufbewahrt werden, oder in einer Klarsichthülle, im Ringordner oder in der Dose selbst, wenn sie dafür groß genug ist.

3. Schritt: Diktat üben
Die Streifen werden aus dem Umschlag geholt und in der Reihenfolge der Vorlage geordnet. Dabei setzt sich das Kind nochmals mit dem Text auseinander. Jetzt wird der erste Streifen genommen und gelesen. Das Kind merkt sich Besonderheiten, steckt den Streifen in die Dose und schreibt den Text des Streifens auswendig auf. Das Merken eines Abschnitts und das Merken von orthographischen Besonderheiten wird

dadurch gefördert, dass die Kinder nicht mehr nachschauen können, wenn ihr Streifen in der Dose verschwunden ist. Kinder, die Schwierigkeiten haben, sich längere Abschnitte zu merken, können schrittweise immer längere Abschnitte für ihr Dosendiktat verwenden, bis sie schließlich Texte auch satzweise aufschreiben können.

4. Schritt: prüfen

Die Streifen werden aus der Dose genommen. Jedes Kind vergleicht jetzt Wort für Wort seinen Text mit der Vorlage. Abschnitte, die Fehler enthalten, versieht es mit einem Punkt und legt sie zur Seite. Statt eines Punktes können die Kinder auf der Rückseite mit Bleistift ihr Namenskürzel anbringen. Die Kennzeichnung nehmen die Kinder vor, um zu wiederholende Satzstreifen leicht herausfinden zu können. Nur diese Sätze bzw. Satzglieder werden nochmals geübt. Das Kind übt so gezielt Wörter im Zusammenhang, mit denen es noch Schwierigkeiten hat. Am Schluss werden die Streifen wieder im Umschlag gesammelt. Am nächsten Tag kann das Kind zunächst nur mit den gekennzeichneten Streifen üben. Nach einiger Zeit sollte das Kind den Umschlag wieder hervorholen und nochmals den gesamten Text üben. Es kann so kontrollieren, ob es den Wortschatz sicher beherrscht. Die gekennzeichneten Streifen wird es mit besonderer Aufmerksamkeit auf zu merkende orthographische Besonderheiten prüfen und so seine Rechtschreibsensibilität ausbauen.

• **Würfeldiktat**

Würfeldiktat

① Würfle eine Zahl.

② Lies den Satz mit der Zahl.

③ Decke den Satz ab.

④ Schreibe den Satz auf und vergleiche.

Mit dem Würfeldiktat wird ein spielerisches Element aufgenommen. Der zu schreibende Satz wird nicht in der abgedruckten bzw. vorgegebenen Reihenfolge abgeschrieben, sondern durch die erwürfelte Augenzahl zufällig bestimmt. Jedes Kind kann dabei gemäß seines Arbeits-

tempos und seiner Merkfähigkeit die Arbeitstechnik „Abschreiben lernen" (siehe S. 66) anwenden. Würfeldiktate werden von den Kindern gern geschrieben. Das Kind kann dabei sein eigenes Diktiertempo finden und mit zunehmender Rechtschreibsicherheit die zu merkenden Textteile erweitern, bis es sich den ganzen Satz für das Aufschreiben vornehmen kann.

Vorbereitend liest jedes Kind zunächst die Sätze des Würfeldiktats durch, spricht sie langsam in Silben und fährt in einigen Wörtern die zu merkenden Besonderheiten farbig nach. Nun erst würfelt es, liest passend zur Würfelzahl den Satz, klatscht ihn in Silben, dreht das Blatt um oder deckt die Vorlage ab und schreibt den Satz ganz oder in Sinnschritten auf. Nach jedem Satz wird mit der Vorlage überprüft. Falsch geschriebene Wörter werden verbessert und noch einmal darunter geschrieben.

Für jedes Kind sollte ein Würfel zur Verfügung stehen. Lehrmittelverlage bieten dazu günstig Würfelpackungen an. Es geht leiser im Klassenzimmer zu, wenn die Kinder auf dem Heft würfeln. Dies kann vorher geübt werden: „Wer kann so würfeln, dass der Würfel auf dem Heft liegen bleibt?"

Gemeinsam mit den Kindern können die Regeln für die Durchführung eines Würfeldiktats vereinbart werden. Die Spielregel kann heißen: „Jeder erwürfelte Satz wird geschrieben." Dann werden einige Sätze mehrmals geschrieben. Sie kann aber auch lauten: „Würfle so lange, bis du jeden Satz einmal erwürfelt hast."

• **Laufdiktat**

Laufdiktat

① Lege das Diktat weit weg: auf die Fensterbank oder in die Küche ... .

② Lies den ersten Satz.

③ Laufe an deinen Platz zurück und schreibe den Satz auf. Mache es ebenso mit den anderen Sätzen.

④ Vergleiche, ob du richtig geschrieben hast.

Das Behalten eines längeren Textteiles kann mit dem Laufdiktat geschult werden. Die Anzahl der zu merkenden Wörter des Satzes wird individuell unterschiedlich sein, sodass unterschiedlich große Einheiten gewählt werden.

Zunächst sollten die Kinder die Sätze des Laufdiktates durchlesen und silbiert sprechen. Sofern eine Textvorlage auf einem gesonderten Blatt vorliegt, sollte nun das Kind zunächst für sich überschaubare Sinnschritte durch Schrägstriche einzeichnen. In einem zweiten Schritt fahren die Kinder für sie schwierige Buchstaben farbig nach. Nun erst wird die Textvorlage auf eine Fensterbank, ein Regal oder an eine andere Stelle gelegt. Das Kind läuft zur Vorlage, liest den ersten Satz, merkt ihn sich ganz oder nur den ersten Sinnschritt, läuft zurück an den Platz und schreibt den Satz oder den ersten Sinnschritt auf. Ist es hinsichtlich der richtigen Schreibweise unsicher, kann es jederzeit zum Diktattext gehen und sich dort das richtige Schriftbild ansehen, muss es sich aber mindestens auf dem Weg bis zum Schreibplatz merken. Auf diese Weise wird buchstabenweises „Abmalen" verhindert. Am Schluss holt das Kind die Textvorlage an seinen Platz und vergleicht seinen Text damit.

Es ist immer wieder zu beobachten, dass das Laufdiktat „still" abläuft. Die Kinder merken sehr schnell, dass sie Konzentration und Ruhe brauchen, um auf dem Weg den Satz bzw. den Satzteil zu behalten. Die Bewegung – besonders beim Hinlaufen zur Vorlage – schafft zwischendurch die notwendige Entspannung.

Würfel- und Laufdiktat lassen sich auch kombinieren. Dazu wird ein Würfeldiktat weit weg vom Schreibplatz abgelegt.

• **Kassettendiktat**
In langsamem Diktiertempo werden Diktattexte auf Kassette gesprochen. Sie können abgehört und dabei geschrieben werden. Günstig ist es, wenn Kinder für sich selbst eine Kassette besprechen und nach jedem Diktierabschnitt „Stopp" sprechen. Dabei kann und sollte das besondere Rechtschreibmerkmal akustisch-artikulatorisch hervorgehoben werden.

• **Sich gegenseitig einen Text diktieren**
Das Partnerdiktat, das unabhängig vom Lehrer oder der Lehrerin durchgeführt werden kann, bietet den Kindern eine weitere Möglichkeit selbstständigen Übens. Mit der Auswahl der Texte kann nach Umfang und Schwierigkeitsgrad und beim Diktieren nach Umfang der Abschnitte und des Schreibtempos differenziert werden. Partnerdiktate machen nur Sinn, wenn sie von beiden Partnern unter dem Aspekt des gemeinsamen Lernens und nicht unter dem Aspekt der Kontrolle geschrieben werden. Dazu ist es hilfreich, wenn der Schreiber sich seinen Diktierpartner selbst aussuchen kann. Weiter ist es unbedingt notwendig, dass die Kinder keinen ihnen unbekannten Text erhalten, sondern einen von beiden geübten Text selbst auswählen können. Ziel sollte es sein, und darauf ist bei der Einführung deutlich hinzuweisen, dass die Kinder sich gegenseitig helfen und versuchen, Fehler zu vermeiden. Das diktierende Kind sollte Rechtschreiblernen unterstützen: durch langsames deutliches Sprechen, durch Gliedern der Sätze in kürzere überschaubare Abschnitte, durch Unterbrechen, wenn sich Fehler andeuten, und durch Hilfen, die den Schreiber möglichst die richtige Lösung selbst finden lassen. Es ist günstig, wenn die Kinder das Partnerdiktat mit Bleistift schreiben. So kann leicht mit dem Radiergummi korrigiert werden und es ergibt sich trotz Korrekturen ein ordentliches Schriftbild. Für beide Kinder ist es abwechslungsreicher und auch hilfreich, nach jedem Satz die Rollen zu tauschen. Beim zweiten Durchgang beginnt dann das andere Kind. So hat jedes Kind den Text einmal vollständig geschrieben.

Als Arbeitstechnik (siehe Kopiervorlage, S. 37) ist der folgende Ablauf zu vermitteln. Wie bei den zuvor vorgestellten Arbeitstechniken sollten die vier Schritte Satz für Satz gemeinsam mit den Kindern gelesen und in Handlung umgesetzt werden.

1. Schritt: deutlich sprechen
Das langsame Lesen des Textes von beiden Kindern stellt sicher, dass der Text nicht unbekannt ist. Es bietet sich an, dass die Kinder den Text zunächst still und sich anschließend langsam und deutlich gegenseitig vorlesen. Das langsame und deutliche Sprechen hebt Rechtschreibschwierigkeiten artikulatorisch hervor. Es kann von der Lehrerin oder dem Lehrer vorgemacht und von den Schülerinnen und Schülern danach selbst halblaut umgesetzt werden. Die Kinder sollten

Sich gegenseitig einen Text diktieren

Ulis Katze Sissi entdeckt im Garten ein Mauseloch.
Sie schleicht sich leise an.
Sissi sitzt ganz still vor dem Loch.
Jetzt springt sie.
Zu spät!
Die Maus ist schon wieder weg.

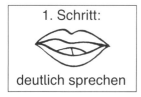

1. Schritt:

deutlich sprechen

Wir lesen den Text langsam durch.
Ich diktiere dir deutlich,
zuerst den ganzen Satz, dann jeden Teil.
Ulis Katze Sissi / entdeckt / ...

2. Schritt:

STOPP

Fehler vermeiden

Ich sage **stopp**, wenn du einen Fehler machst.
Ulis k   „Stopp!"

3. Schritt:

helfen

Ich gebe Hilfen, wenn du mich fragst.
„Katze –   „die Katze –
groß oder klein?"   Es ist ein Nomen."

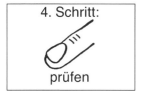

4. Schritt:

prüfen

Wir überprüfen gemeinsam.

sich auch gegenseitig auf schwierige Stellen aufmerksam machen. Das Gliedern in Abschnitte sollte an der Tafel am ersten Satz durchgeführt werden und anschließend von den Kindern selbst je nach Zutrauen des Schreibers am Text weitergeführt werden. Um den Sinnzusammenhang herzustellen, ist es unbedingt notwendig, dass erst der ganze Satz vom diktierenden Kind vorgelesen wird. Dann wird deutlich in Abschnitten diktiert. Das diktierende Kind verfolgt dabei das Schreiben des Kindes.

2. Schritt: Fehler vermeiden
Auch das diktierende Kind muss sich genau mit der Schreibweise befassen, weil es helfen soll, Fehler zu vermeiden. Mit den Unterbrechungen regt es das schreibende Kind zu überlegtem Schreiben an und verhindert, dass am Ende des Textes viele Fehler zu verzeichnen sind. Erprobungen haben gezeigt, dass durch diesen Weg unsichere Kinder oft bereits vor dem Niederschreiben fragen.

3. Schritt: helfen
Besonders sollte auf die Art des Helfens eingegangen werden. Das Verfahren kann auch gemeinsam mit einem Kind demonstriert werden. Für diesen Schritt sollten Möglichkeiten zur Unterstützung erarbeitet werden, wie die unten stehenden Beispiele zeigen. Zunächst sollte dem schreibenden Kind die Möglichkeit gegeben werden, selbst ohne Hilfe den Fehler zu korrigieren. Wünscht es Hilfe, ist es wichtig, dass das diktierende Kind nicht einfach die richtige Schreibweise nennt, sondern sein Rechtschreibwissen einbringt. Gegenseitiges Fragen und Helfen entwickelt bei beiden Kindern ein Rechtschreibdenken und eine Sensibilität für Merk- und Regelelemente der Wörter. Förderliches Helfen verlangt ein differenziertes Rechtschreibwissen. Daher sollte das Erfassen von Regelwissen an den Wörtern immer wieder geübt werden. Als Beispiele bieten sich an:

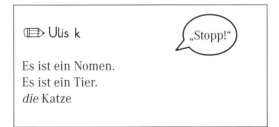

4. Schritt: prüfen
Das gemeinsame Überprüfen anhand der Textvorlage ist wichtig. Beide Kinder sollten am Schluss für einen fehlerfreien Text geradestehen. Dazu unterschreiben beide Kinder mit ihrem Kürzel oder dem Vornamen als Zeichen, dass sie den Text sorgfältig überprüft haben.

Individuelle Ausrichtung von Übungen

Kinder machen verschiedene Fehler. Sie haben unterschiedliche Lern- und Verarbeitungsmuster. Ein für alle Kinder gemeinsames Üben des Wortschatzes wird den einzelnen Kindern nicht gerecht. Es berücksichtigt zu wenig die individuell unterschiedlichen Voraussetzungen, Lernlücken und Fehlerquellen und birgt somit die Gefahr, Übungsbereitschaft zu verschütten. Kinder fragen zu Recht, wieso sie immer wieder etwas üben sollen, was sie schon können. Die allgemeinen und auch notwendigen Übungen mit der ganzen Klasse greifen die für das einzelne Kind notwendigen spezifischen Übungen nicht genügend auf, sodass es trotz Anstrengung oft nicht zu Erfolgserlebnissen kommt. Aber gerade diese sind für die Übungsmotivation und Übungsbereitschaft des Kindes von entscheidender Bedeutung. Neben auf spezifische Rechtschreibprobleme ausgerichteten Übungen brauchen Kinder persönlich ausgerichtete, individuelle Aufgaben, die sie persönlich ansprechen und ernst nehmen. Dies gilt in besonderem Maße für schwache Rechtschreiberinnen und Rechtschreiber, für die Rechtschreiben auf Grund von Misserfolgserlebnissen negativ belegt ist und die mit Unlust an Rechtschreibübungen herangehen. Das Kind darf seine Misserfolge im Rechtschreiben nicht auf sich als Person übertragen. Mit persönlich ausgerichteten, individuellen Übungen spürt das Kind: Ich werde angenommen und bin mit meinen Erfahrungen und Wünschen für die Lehrerin wichtig. Die Lehrerin erkennt mich an, auch wenn ich Schwierigkeiten im Rechtschreiben habe. So sind mit individuellen, persönlich ausgerichteten Übungen pädagogisches und didaktisches Tun aufs Engste miteinander verknüpft.

Individuelle, persönlich ausgerichtete Übungsblätter verfolgen als Ziele:
- das Selbstwertgefühl des Kindes zu stärken,
- dem Kind einen emotionalen Zugang zum Rechtschreiben zu ermöglichen und damit auch Übungsmotivation zu schaffen,
- Hilfen für individuelle Rechtschreibschwierigkeiten anzubieten,
- dem Arbeitstempo und dem Durchhaltevermögen des Kindes entgegenzukommen,
- Verbindungen zu anderen Lernbereichen des Deutschunterrichts herzustellen.

Von speziell für das einzelne Kind ausgerichteten Übungsblättern geht eine hohe Motivation aus. Die Blätter tragen eine auf das Kind ausgerichtete Überschrift, z. B. „Übungsblatt für Stefanie". Der Name des Kindes kann farbig (möglichst in der Lieblingsfarbe des Kindes) hervorgehoben sein. „Das ist ja allein für mich gemacht. Da steht etwas über mich. Mein Freund kommt ja auch vor. Jetzt übe ich meine Wörter" – das sind Reaktionen von Kindern auf persönlich gestaltete Übungsblätter. Ein emotionaler Zugang ist geschaffen. Das Kind spürt, dass die Lehrerin es ernst nimmt, dass es ihr wichtig ist, dass sie etwas von ihm weiß. Für den Lehrer oder die Lehrerin bedeutet dies, sich immer wieder auf die pädagogische Aufgabe zu besinnen und sich mit dem Kind über das Rechtschreiben hinausgehend mit seinen Stärken (diesen besonders) und Schwächen, seinen außerschulischen Aktivitäten und Erfahrungen und sich mit ihm als ganzer Person zu beschäftigen. Das Kind fühlt sich durch persönlich ausgerichtete Übungen anerkannt und angenommen und kann so leichter das für das Üben so wichtige Selbstvertrauen aufbauen. Es lohnt sich, trotz des hohen Arbeitsaufwandes, persönlich ausgerichtete Übungsblätter zu entwerfen. Zumindest für Kinder in „Förderkursen" sollte die Lehrerin oder der Lehrer ab und zu solche Blätter erstellen, um Übungsbereitschaft und eine gute Lernatmosphäre zu schaffen.

Übungsblatt für Saskia (siehe S. 40): Saskia hat u. a. das Wort *gibt* mit *ie* geschrieben. Im Aufsatz und beim Erzählen zeigt sich, dass sie Schwierigkeiten mit dem richtigen Gebrauch des Akkusativs hat. In Aufgabe 3 übt sie nun beides. Diese Aufgabe spricht sie persönlich an. Wolfi nennt sie ihren Vater, der Tennislehrer ist; natürlich spielt sie auch selbst Tennis. Fiana ist ihre Zwillingsschwester, Kora die Schäferhündin der Familie. Die anderen Kinder sind Freunde aus ihrer Klasse. Mit Boris ist für Saskia Boris Becker gemeint.

Übungsblatt für Fiana (siehe S. 40): Fiana hat in einem Text *Geburstag* geschrieben. Mit der ersten Übung wird ihr die Bildung des Wortes bewusst gemacht. Die zweite Übung spricht sie persönlich an und bietet einen Anlass, das Wort *Geburtstag* wiederholt zu schreiben, um es rechtschriftlich zu sichern. Die dritte Aufgabe macht ihr die Schreibung des Wortstammes *pack* in vielen Wörtern bewusst.

Übungsblätter für Sandra (siehe S. 41): Sandra, eine Italienerin, hat auch *Geburtstag* falsch geschrieben, aber so: *Gebutstag*. Sie braucht daher eine andere Hilfe als Fiana, um sich bei diesem Wort das *r* bewusst zu machen. Die Wörter *ihn, ihm, ihnen*, mit denen sie Schwierigkeiten hat, übt sie an einem Text, der auf eine ihrer Erzählungen im Morgenkreis zurückgeht. Maurizio ist ihr Bruder. Sandra erfährt dabei, dass das, was sie erzählt, wirklich angehört und von ihrer Lehrerin beachtet wird. Sandra schreibt nun mit der Übung etwas auf, was ihr wichtig war.

Übungsblätter für Francesco (siehe S. 41): Francesco hat oft mit anderen Kindern Schwierigkeiten; nur mühsam und mit viel Geduld und Unterstützung hat er sein soziales Verhalten verbessert. Lange Zeit hatte er Mühe einen Freund zu finden, obwohl er ihn sich sehr gewünscht hat. Beim Fußballspielen ist er wendig und schnell, dort findet er Anerkennung, auch wenn er schon manchmal vom Trainer ausgeschlossen wurde, weil er den Ball nicht abgeben konnte und keine Rücksicht auf schwächere Spieler nahm. Der Text für Francesco, an dem er *ihm, ihn, ihnen* üben kann, spricht ihn emotional an, kann sein Selbstvertrauen fördern und ihn in seinen sozialen Lernprozessen unterstützen. Außerdem fordert der Text ihn auch sprachlich heraus und berücksichtigt sein schnelles Arbeitstempo. Francesco liest schnell, oft zu Ungunsten des Sinnverständnisses. Sein Blatt fordert ihn zum genauen Lesen auf. Wichtig ist für ihn die Beantwortung der letzten Frage, die sein Selbstvertrauen stützt. So schließt die Arbeitsaufgabe für Francesco positiv ab.

Übungsblatt für Adriano und Nicole (siehe S. 42): Adriano erzählt oft mit glänzenden Augen von Italien. Das findet sich im Text wieder. Nicole, die lange Zeit Mühe mit dem Lesen hatte, hat ihre Freude an Büchern entdeckt. In der freien Arbeit sitzt sie jetzt oft in der Leseecke. Ihre Freundin aus der ersten Klasse hat einen Hund. Oft erzählt Nicole im Erzählkreis von diesem Hund.

Übungsblatt für Saskia

1. Schreibe die Nomen rot nach, die Verben blau.

schenken   das Gedicht   backen   das Getränk
der Gedanke   das Geschenk   die Gefahr
denken   das Gebäck   dichten   trinken
das Gefühl   fahren   fühlen

2. Zu jedem Verb passt ein Nomen.
Schreibe sie geordnet in dein Heft.
Beispiel: schenken – das Geschenk
backen – das …

3. Wer gibt wem was? Schreibe in dein Heft.
Beispiel: Francesco gibt Dejan einen Stift.

Wolfi   einen Spielball   Sandra   Bernd
Sascha   einen Tennisschläger   Fiana   Mama
einen Stift   Boris   einen Knochen   Tanja
einen Kuss   einen Regenschirm
Dominik   Kora

Übungsblatt für Fiana

die Geburt – der Tag   der Geburtstag

1. Schreibe jeweils mit drei Farben das Wort nach.

Geburtstag

Geburtstag   Geburtstag   Geburtstag

2. Weißt du, wann wer Geburtstag hat?
Schreibe die Sätze in dein Heft.
Beispiel: Ich habe am 01.01.1995 Geburtstag.

Ich habe am _____ Geburtstag.
Wolfi hat am _____ Geburtstag.
Andrea hat am _____ _____.
Mama hat am _____ _____.
Boris Becker hat am _____ _____.

3. Lies die Wörter deutlich. Achte auf den kurzen Selbstlaut vor ck.
Schreibe Pack, Päck und **pack, päck** farbig nach.

einpacken   Gepäck   eingepackt   ausgepackt
Päckchen   Packpapier   verpackt   er packt

Übungsblatt für Sandra (1)

1. Suche das Wort **Geburtstag** heraus (5).

2. Sprich in **Geburtstag** das **r** deutlich und fahre **Geburt** nach.

Gemüse   Gewitter   Geburtstag

Geburtstag   Geschenk   Geschichte   Gebäck

Gebäude   Gefängnis   Geburtstag

Gebirge   Geburtstag   Gelegenheit

Geschwister   Geburtstag   Getränk

3. Wann hast du Geburtstag?

Ich habe am _____ .

Übungsblatt für Sandra (2)

4. Setze richtig ein: **ihn, ihm, ihnen**.
   Sprich das **ih** dabei lang aus.
   Überprüfe mit dem Text unten auf der Seite.

   Maurizio hat Geburtstag. Seine Freunde
   bringen _____ Geschenke mit.

   Alle essen Torte. Danach macht Mama mit
   _____ Spiele.

   Maurizio hat einen Wecker versteckt. Alle müssen
   _____ suchen.

   Wer _____ gefunden hat, setzt sich leise hin.

5. Suche dir ein farbiges Blatt Papier
   und schreibe den Text ab.
   Die Wörter **ihn**, **ihm** und **ihnen**
   kannst du mit einem
   farbigen Stift schreiben.
   Klebe das Blatt in dein Ich-Heft
   oder schenke es Maurizio.

   ————————— abknicken —————————
   Maurizio hat Geburtstag. Seine Freunde bringen **ihm** Geschenke mit.
   Alle essen Torte. Danach macht Mama mit **ihnen** Spiele. Maurizio hat
   einen Wecker versteckt. Alle müssen **ihn** suchen. Wer **ihn** gefunden hat,
   setzt sich leise hin.

Übungsblatt für Francesco (1)

1. Lies die Wörter und sprich sie leise vor dich hin.
   Man muss das weiche **d** deutlich hören.

   danke   bedanken   er bedankt sich   dort
   dann   drinnen   du   drei   du darfst
   er darf   dünn   dick   dunkel   danach
   dafür bedanke ich mich   dabei   ich darf
   du darfst auch dabei sein

2. Schreibe alle **d** farbig nach
   und sprich wieder dazu.

3. Suche gleiche Wörter und schreibe sie
   in der gleichen Farbe nach.

   kommen   liegt   bedankt   kommt
   danke   liegen   gekommen   darfst
   bedankt   liegt   dann   darfst
   kommen   kommt   dann   gekommen
   liegen   danke

Übungsblatt für Francesco (2)

4. Schreibe **ihn, ihm, ihnen** farbig nach.

   Ich gehe mit <u>Dejan</u> zum Fußball. Ich hole ihn ab.
   Am Schuhbändel von <u>Dejan</u> ist ein Knoten. Ich helfe ihm.
   Draußen wartet schon der <u>Trainer</u>. Wir laufen zu ihm.
   Das Spiel beginnt.
   Der <u>Mittelstürmer</u> steht frei. Wer spielt ihn an?
   Ich gebe an ihn ab. Er legt mir eine Flanke vor
   und ich schieße ein Tor. Meine <u>Mitspieler</u> freuen sich.
   Ich lache ihnen zu. <u>Dejan</u> hat den gleichen Weg wie ich.
   Ich gehe mit ihm nach Hause.

5. Beantworte die Fragen zum Text.
   Schreibe die Antworten in dein Heft.
   Beispiel: 1. Ich gehe mit ... zum Fußball. 2. Der ...

   1. Mit wem gehe ich zum Fußball?
   2. Wer wartet schon auf uns?
   3. Wer legt mir eine Flanke vor?
   4. Wer schießt das Tor?

Übungsblatt für Adriano

1. Lies die Sätze zusammen mit deiner Lehrerin.
   Setze danach richtig ein: **den** oder **dem**.

   Manchmal fahren wir in _____ Süden nach Italien.
   Wir fahren mit _____ Auto.
   Auf _____ Weg kommen wir über die Alpen.
   Wir fahren zu _____ Verwandten.
   Manchmal gehen wir an _____ Strand und baden.

2. Was hängt Mutter alles auf die Leine?
   Schreibe die Wörter unter die Bilder.

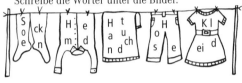

   _____ _____ _____ _____ _____

3. Schreibe jetzt Sätze dazu in dein Heft.
   Mutter hängt Socken auf.
   Mutter hängt ein … .

4. Du bist in Italien. Was **siehst** du alles?
   Schreibe fünf Sätze auf. Sie müssen so anfangen:
   Adriano sieht … .

Übungsblatt für Nicole

1. Setze richtig ein: **bringen, bringe, bringst, bringt**.

   Lea will mir ein Buch _____ .
   Sie _____ es mir am Nachmittag.
   Lea sagt: „Du _____ es mir aber bald zurück."
   Ich _____ es schon am Mittwoch wieder zu Lea,
   weil ich schon schnell lesen kann.

2. Welche Wörter gehören zusammen?
   Schreibe die Paare auf.

ich	er
du	wir

liegt	liege
liegen	liegst

   _____

   _____

3. Lea hat einen jungen Hund.
   Er macht noch viel Unsinn.
   Lea sagt zu Purzel:
   Du darfst nicht … .
   Du darfst nicht … .

   Schreibe fünf „Du darfst nicht …"-Sätze in dein Heft.

Fachdidaktische Aspekte des Übens im Rechtschreibunterricht

Rechtschreiben als problemlösender Akt

Schreiben und Lesen werden heute als problemlösende Akte verstanden. Die Schreibung des Deutschen beruht auf einer Buchstabenschrift, in der Grapheme Phonemeinheiten abbilden. Dadurch lassen sich mit einem begrenzten Buchstabenbestand alle im Deutschen möglichen Lautfolgen abbilden. Die Beschränkung auf nur 29 Zeichen birgt aber Probleme in sich, die im Folgenden an einem Beispiel für Erwachsene und an Schreibproben von Kindern verdeutlicht werden.

Um Kindern, besonders denen mit Schwierigkeiten beim Schreiben, sinnvoll Hilfen und Übungen anbieten zu können, muss man wissen, welche Probleme Kinder beim Schreiben zu bewältigen haben und welche Fähigkeiten zu deren Lösung notwendig sind. Aus fachdidaktischer Sicht gilt es dabei die Probleme zu klären, die in der Schrift selbst liegen. Damit Lehrerinnen und Lehrer, aber auch Eltern diese Probleme erfassen und Kinder auf den Weg des Problemlösens bringen und sie dabei begleiten können, ist es wichtig, dass sie selbst wieder neu als Erwachsene vor Probleme unserer Schrift gestellt werden. Dabei können sie sich die Strategien, die sie bei der Lösung der Aufgabe anwenden, bewusst machen.

Blickrichtungswechsel am Beispiel einer Lehrerfortbildung

Tradierte Formen des Rechtschreibunterrichts scheinen sich besonders hartnäckig zu halten. Es ist schwer sie aufzubrechen und bei Lehrerinnen und Lehrern sowie bei Eltern ein Verständnis für Fehlschreibungen der Kinder und damit einen Blickrichtungswechsel zu schaffen, der einen veränderten Rechtschreibunterricht zur Folge hat.

Um den Blickrichtungswechsel zu ermöglichen, ist es hilfreich Erwachsene als fortgeschrittene Rechtschreiber selbst in die Situation eines rechtschreiblernenden Kindes zu versetzen.[38]

Sie sollten eine Situation erfahren, mit der Kinder ständig konfrontiert sind, nämlich Wörter aufzuschreiben, die sie noch nicht rechtschriftlich gesichert haben und nicht abrufen können. Sie müssen, wie Kinder im Rahmen des Schriftspracherwerbs, die Schreibung der Wörter mit den ihnen zur Verfügung stehenden rechtschriftlichen Strategien konstruieren. Dabei erfassen auch in der Rechtschreibung Geschulte die Probleme, die die Schrift den Kindern beim Schreiben aufgibt. Der folgende Beispielsatz eignet sich, Erwachsene in die Situation von Kindern zu versetzen. Er sollte vorgesprochen und anschließend von Erwachsenen geschrieben werden:

> Die Blexe blächst plopp.

Die Teilnehmerinnen und Teilnehmer der Übung, also Lehrerinnen, Lehrer oder auch Eltern, werden feststellen, dass sie trotz ihres Rechtschreibwissens zu verschiedenen Lösungen kommen. Die Entscheidung für mögliche Schreibungen wird durch verschiedene Rechtschreibstrategien gesteuert. Im Folgenden werden Ergebnisse aufgeführt und analysiert, die sich bei der Durchführung dieser Rechtschreibübung mit Lehrerinnen und Lehrern zeigten:

Für die Schreibung *Blexe* stellen einige die Assoziation zu *Hexe* her, andere schreiben *Blechse* und assoziieren dazu *Büchse* oder *Flachs*, wieder andere schreiben *Bleckse* und denken an das Wort *Knicks*. Alle Beteiligten nutzen ein bekanntes und rechtschriftlich gesichertes Wort und schreiben das neue in Analogie dazu auf. Sie setzen die alphabetische Strategie ein und konstruieren die Wörter mit Hilfe der Graphem-Phonem-Korrespondenz. Da keine eineindeutige Zuordnung von Laut und Zeichen vorliegt, ziehen sie die Analogie zu bekannten Wörtern für die jeweilige Schreibung heran.

Die Schreibung von *Bl/bl* und *Pl/pl* am Wortanfang nur über das Hören zu entscheiden, macht besonders im süddeutschen Raum erhebliche Schwierigkeiten. Für das Aufschreiben müssen die Wörter innerlich wiederholt werden, um sie ins Kurzzeitgedächtnis zu holen. Dabei sprechen und hören die Schreibenden das Wort in ihrer eigenen und nicht mehr in der Artikulation der Diktierenden ab und kommen zu Schreibungen wie *Plexe* oder *blopp*.

Die meisten schreiben *Blexe* am Wortanfang groß und *blächst* klein, was wegen der Verwendung des Artikels und wegen des Satzbaus nahe liegt, da sich *blächst* mit dem Endungsmorphem *t* als Verb ausweist. Damit wird eine wortübergreifende Strategie zum Erfassen der Großschreibung verwendet.

Für die Schreibung *blächst* wird angenommen, dass es das Wort *blachsen* in Analogie zu *wachsen* gibt. Damit wenden die Schreibenden die morphematische Strategie, hier das Ableitungsprinzip, an.

Interessant sind auch die Schreibungen für *plopp*. Wird es groß- oder kleingeschrieben?

Das hängt davon ab, welche der beiden möglichen Satzmuster sich die Schreibenden vorstellen: *Die Hexe kocht Brei* oder *Die Hexe rennt weg* oder *rennt schnell* oder *fährt ab*.

Die Schreibungen von *pp* oder *b* oder *p* am Ende von *plopp* lassen sich auf Regelwissen oder Wissen von Ausnahmen zurückführen: *plopp* mit *pp* wendet das Wissen um die Konsonantenverdopplung nach kurzem betontem Vokal an; *plob* wäre wegen der Auslautverhärtung, ähnlich wie im Wort *ab*, möglich und *plop* oder *plob* greifen die Ausnahmeschreibweise kurzer Wörter auf, in denen trotz kurzen Vokals nur ein Konsonant folgt wie in *ab*, *mit*, *an*, *in*, *weg*, *Bus*.

Nach der Analyse ihrer eigenen Schreibweisen können die Teilnehmerinnen und Teilnehmer einer Fortbildung oder eines Elternabends, in der eine solche Rechtschreibübung durchgeführt wurde, unterschiedliche Schreibungen von Wörtern der Kinder besser verstehen und nachvollziehen.

Darüber hinaus sollte deutlich werden, wie sich der Blickrichtungswechsel in der Einschätzung von Fehlschreibungen ausdrückt. Es gilt ihn möglichst konkret bewusst zu machen. Die im Folgenden dargebotene persönliche Ansprache der Lehrerinnen, Lehrer und Eltern stärkt deren Einsicht in die neue Ausrichtung des Blickwinkels und lässt sie verständlich werden.

1. Ich habe Ihre Schreibungen nicht danach eingestuft, ob sie richtig oder falsch waren, wie viele Fehler jeder Einzelne oder wie viele Fehler im Durchschnitt gemacht wurden, sondern ich habe mich für Ihr Können, Ihre Strategien und Lernwege, die zur Schreibung führten, interessiert.

Meine Blickrichtung war neu ausgerichtet:

Von einer Defizitausrichtung hin zum Können des Kindes

2. Ihr Rechtschreibvermögen habe ich nicht an der richtigen Schreibung und damit an der Norm gemessen, sondern an der Annäherung an die Norm, die Aufschluss darüber gibt, welche Strategien Sie schon erfasst und angewendet haben.

Meine Blickrichtung war neu ausgerichtet:

Von der Sicht auf Fehler allein als Zeichen einer Abweichung von der Norm hin zu Fehlern als Zeichen für konstruktive Versuche, sich der richtigen Schreibung zu nähern

Wer *blächst* mit *ä* schreibt und auf die Grundform *blachsen* verweist, zeigt, dass er das morphematische Prinzip erfasst und damit einen wichtigen Entwicklungsschritt vollzogen hat. Schreibt ein Kind *sprechen* mit *ä* und begründet die Schreibung mit dem Wort *Sprache*, hat es vielleicht mehr vom Schriftsystem erfasst als ein Kind, das das Wort mit *e* geschrieben hat.

Zugleich muss zwischen Fehlern zu unterscheiden gelernt werden, die als konstruktive Schritte in der Schriftsprachentwicklung zu sehen sind, und solchen, die auf grundlegende Schwierigkeiten bei der Aneignung der Schrift hinweisen. Wer statt *plopp* *plohb* schreibt, zeigt, dass er das Prinzip der Abbildung von langem und kurzem Vokal noch nicht erfasst hat oder die Unterscheidung von kurzem und langem Vokal nicht beherrscht. Gleichwohl hat der Schreiber aber bemerkt, dass es das stumme *h* als orthographisches Element gibt.

Meine Blickrichtung war neu ausgerichtet:

Von einer Diagnose, die quantitativ vorgeht und auf Einstufung und Selektion ausgerichtet ist, hin zu einer qualitativen Lernstandsbestimmung, die auf Förderung ausgerichtet ist

3. Des Weiteren bin ich nicht allein vom fertigen Produkt ausgegangen, sondern habe nach Ihren Begründungen für Ihre Schreibungen gefragt. Der Blick allein auf das Produkt kann mit der Frage, wie viele Wörter richtig oder falsch geschrieben wurden, den Blick auf Probleme von Kindern versperren und gezielte Unterstützung der Kinder zu spät ansetzen lassen. Dies kann an zwei Produkten von Kindern im Bereich Rechtschreiben erläutert werden.

Thomas hat den Textausschnitt (der vollständige Text steht auf Seite 64) sauber und fehlerfrei als Diktatvorbereitung von der Tafel abgeschrieben. Auch die Silbenbögen, die von der Lehrerin zur Unterstützung der Strukturierung der Wörter eingeführt wurden, sind richtig gesetzt. Die Vorstellung fehlerfreies Abschreiben führe auch zur richtigen Einprägung der Wörter, ist dennoch nicht gültig. Thomas hat erhebliche Probleme im Diktat. Der Lehrprozess konnte nicht in einen Lernprozess münden. Markus, dessen Schreibungen von *Iris Füssenich* vorgestellt wurden[39], schreibt zu Beginn des zweiten Schuljahres folgendes Diktat mit drei Fehlern und liegt damit im Durchschnitt der Klasse.

In der Verbesserung schreibt er wie Thomas sauber und fehlerfrei. Die freien Verschriftungen von ungeübten Wörtern zwei Monate später zeigen aber, dass er grundlegende Strategien des Verschriftens auf der Grundlage der Graphem-Phonem-Zuordnung noch nicht genügend erfasst hat und nicht anwenden kann.

Es wäre jetzt fatal für die Rechtschreibentwicklung beider Kinder Rechtschreibübungen weiterhin auf der wortspezifischen Einprägung durch Abschreibübungen und Übungsdiktate aufzubauen. Beide benötigen Übungen zur Sicherung der Buchstaben-Lautzuordnung und zur akustisch-artikulatorischen Durchgliederung von Wörtern.
Meine Blickrichtung war neu ausgerichtet:
Vom Lehrprozess hin zum Lernprozess des Kindes

4. Sie als Erwachsene haben unterschiedliche Strategien angewandt und sind zu unterschiedlichen Lösungen gekommen. Ebenso unterschiedlich sind auch die Strategien, die Kinder entwickelt haben und anwenden können.
Meine Blickrichtung war neu mit Blick auf die eingesetzten Strategien ausgerichtet. Das bedeutet in der Unterrichtspraxis:

Auszug aus Thomas´ Abschrift

Auszug aus Thomas´ Diktat

Markus´ Diktat

Markus´ freie Verschriftungen

Ein durchgängiges Lehrprogramm für alle Kinder ist nicht sinnvoll. Kinder müssen in offenen Unterrichtssituationen gemäß ihren Lernwegen angemessene Angebote erhalten. In den gemeinsamen Lernstoff sind immer wieder Wiederholungsschleifen einzubauen, mit Hilfe derer Kinder auch zu späteren Zeitpunkten den Lernstoff erfassen können.

Zusammenfassend lässt sich feststellen: Rechtschreibunterricht muss Kinder als aktiv Lernende ernst nehmen. Dazu müssen das Kind, seine Aneignungsprozesse und sein Können in den Mittelpunkt rücken. Eine veränderte Sichtweise auf Fehler ist die Folge. Die Lernwege der einzelnen Kinder zu beobachten und verstehen zu lernen sowie Kinder in ihren Lernprozessen zu unterstützen und sie individuell zu fördern – das steht im Mittelpunkt heutigen Rechtschreibunterrichts.

Viertklässler schreiben das Wort „Radiergummi"

An Schreibproben von Kindern lässt sich aufzeigen, welche Probleme in der Schrift liegen, die im Schreibakt bewältigt werden müssen.
In einem vierten Schuljahr einer Innenstadtschule von Schwäbisch Gmünd mit hohem Anteil an Kindern mit Migrationshintergrund haben Kinder im Rahmen eines Kim-Spieles das Wort *Radiergummi* verschriftet. Elf unterschiedliche Schreibungen haben die Kinder vorgenommen. Die Anzahl der jeweiligen Schreibung in der Klasse ist hinter jedem Wort vermerkt:

Klasse 4 Dezember 1998	
Schreibungen des Wortes **Radiergummi**	
Radiergummi	4
Radirgumi	11
Radiergumi	4
Radirgummi	2
Radiagumi	1
Radergumi	1
Radiergumie	1
Ratir kumi	1
Radiugumi	1
radiagumi	1
radiergumi	1

Vier Kinder haben das Wort richtig geschrieben. Es fällt auf, dass alle Kinder als Grundprinzip für das Rechtschreiben die Phonem-Graphem-Zuordnung für die Schreibung erfasst haben. Dabei sieht man deutlich, dass sie sich an ihrer eigenen Artikulation orientieren. Nur ein Kind hat allein diesen Zugriff gewählt: *radiagumi*. Alle anderen Kinder haben noch weitere orthographische Elemente hinzugefügt, die sie nicht aus der Lautung des Wortes allein ableiten können.

Folgende Probleme der Schrift machen die Verschriftungen der Kinder deutlich:
1. Es gibt keine eindeutige Laut-Zeichen-Zuordnung. Obwohl das *i* an beiden Stellen im Wort lang gesprochen wird, wird nur eines als *ie* abgebildet. Ein Kind hat die häufigste Abbildung des langen *i* als *ie* auch bei *...gumie* angewendet und gezeigt, dass es diese Abbildungsform erfasst, hier allerdings übergeneralisiert hat; andere wenden sie nicht an.
2. Es gibt Buchstaben, die sehr ähnlich klingen und je nach Dialekt des Kindes oder durch deutliches Artikulieren unterschiedlich klingen, z.B. *i-e* (*Radergumi*), *g-k* und *d-t* (*Ratir kumi*), norddeutsche Kinder sprechen statt des *r* ein *a*. (*Radiagumi, radiagumi*).
3. Der kurze Vokal *u* wird durch die folgende Mitlautverdopplung gekennzeichnet. Für die Schreibung des zweiten *m* muss das Kind den Vokal als kurzen erfassen und gleichzeitig prüfen, ob nicht schon zwei Konsonanten folgen, dann wird nicht verdoppelt (Murmel) Hören kann man das zweite *m* nicht; nur wenn man schon die Schreibung kennt, unterstützt das Sprechen in Silben *Gum-mi* die richtige Schreibung.
4. Als einzige Wortart werden Nomen am Wortanfang großgeschrieben. Die grammatische Funktion des Wortes muss dazu erkannt werden.
5. Für die Zusammenschreibung benötigen die Kinder Wissen über die Wortbildung und die Bedeutung des Wortes. Sie radieren nicht Gummi, sondern haben ein Gummi, mit dem sie radieren.
6. Die Schreibung des Wortstammes bleibt auch in den Ableitungen erhalten. Wer das Wort *radieren* sicher mit *ie* kennt, kann diesen Wortstamm in *Radiergummi* erkennen und auch hier *ie* schreiben.

Die Probleme, die die Schrift den Kindern aufgibt, verlangt die Entwicklung und Ausgestaltung verschiedener Rechtschreibstrategien. Um Wörter richtig schreiben zu lernen, benötigen Kinder neben dem Wissen über Graphem-Phonem-Beziehungen orthographisches, morphematisches sowie grammatisches Wissen.

Entwicklungsmodelle zum Rechtschreiben

Schriftspracherwerb wird heute als Entwicklungsprozess beschrieben, in dem von Kritzelbildern ausgehend bis zur ausgeprägten orthographischen Kompetenz Entwicklungsstufen durchlaufen werden. Aufgrund von Längsschnittuntersuchungen und Analysen von Verschriftungen durch Kinder entstanden Entwicklungsmodelle, die die Abfolge in einzelne Stufen einteilen. Der Entwicklungsprozess ist dabei nicht als kontinuierliche, lineare Abfolge im Hinblick auf die Annäherung an die Schrift der Erwachsenen zu verstehen. Das Kind setzt sich im Rahmen der Schriftsprachentwicklung sukzessive mit verschiedenen Prinzipien unserer Schrift auseinander. Dabei sind jeweils dominante Schreibstrategien zu beobachten.[40]

Kinder verschriften mit der Strategie, die ihrem jeweiligen Entwicklungsstand entspricht. Daraus resultieren „typische Fehler", die aber nicht als Defizite im Rahmen des Schriftspracherwerbs anzusehen sind; vielmehr geben sie Aufschluss darüber, mit welchen Strategien sich Kinder mit dem Problem Schrift auseinander setzen und welche Aspekte von Schrift sie schon erfasst bzw. entdeckt haben. Der Erwerb der Schreibfähigkeit wird dabei als ein aktiver, konstruktiver Prozess verstanden. Kinder entwickeln eigene Lösungen, die nicht immer denen der Erwachsenen entsprechen müssen. So weist z.B. *Gerheid Scheerer-Neumann* auf die Kennzeichnung von Wortgrenzen durch Kinder hin, die erst sehr spät die Form annehmen, die Erwachsene verwenden, indem sie die Wortgrenze durch ein Leerzeichen kenntlich machen. Kinder verschriften zunächst meistens ohne Wortgrenzen. Sobald sie über den Wortbegriff verfügen, der in der Auseinandersetzung mit der Schriftsprache entwickelt wird, versuchen sie für die Abgrenzung unterschiedliche Lösungen zu finden, z.B. setzen sie Striche oder Sternchen oder schreiben pro Zeile ein Wort.

• Bedeutung von Entwicklungsmodellen

Entwicklungsmodelle sind nicht unumstritten und können zu einer einseitigen Sicht von Rechtschreibschwierigkeiten führen oder verabsolutiert werden. Es ist daher zu klären, was sie leisten[41], aber auch wo ihre Grenzen[42] liegen.

- Entwicklungsmodelle eröffnen einen neuen, pädagogisch-psychologischen Blick auf das Lernen eines Kindes und geben Hilfen für geeignete Fördermaßnahmen. Der Blick wird nicht mehr nur auf das Endprodukt, das orthographisch richtig geschriebene Wort gerichtet, sondern der Lernprozess während der schrittweisen Annäherung an die Schrift steht im Zentrum. Rechtschreibfehler sind daher eine diagnostische Herausforderung an die Lehrkraft, um den Lernweg eines Kindes zu rekonstruieren und auf dieser Basis, der Basis des schon Erfassten, Förderangebote zu machen. Damit wird die defizitorientierte Sichtweise durch eine entwicklungs- und prozessorientierte Sichtweise abgelöst. Es wird festgestellt, was ein Kind schon kann und was es noch lernen muss.

- Entwicklungsmodelle ermöglichen es, individuelle Entwicklungsverläufe von Kindern nachzuzeichnen und ihnen auf dieser Basis auch genügend Zeit für das Erfassen der Schriftsprache zu geben.

- Sie zeigen die Notwendigkeit des lautorientierten Zugangs zur Schrift. Bei anhaltenden Schwierigkeiten ist es daher nicht sinnvoll, neue Lernwörter zu sichern, sondern die grundlegende alphabetische Strategie und damit die Phonem-Analyse zu entwickeln, d.h. Entwicklungsmodelle bewahren davor, Lernmaterialien anzubieten, die nicht dem Entwicklungsstand eines Kindes entsprechen.

- Sie bieten einen entscheidenden diagnostischen Zugang zu den Lernprozessen eines Kindes. Die Entwicklungsmodelle sind besonders wertvoll für die Interpretation einer Diskrepanz zwischen der Schreibung von Lernwörtern und Spontanschreibungen.

• Grenzen von Entwicklungsmodellen

Entwicklungsmodelle gehen von Spontanschreibungen, meist vor Schuleintritt, aus. Sie lassen dadurch Einflüsse gezielten schulischen Lernens außer Acht. Nachgewiesen ist inzwischen, dass insbesondere die orthographische Stufe von schulischen Lernangeboten beeinflusst wird.

Ein einfaches „Wachsenlassen", das als didaktische Folge von Entwicklungsmodellen verstanden werden könnte, führt eine große Anzahl von Kindern nicht zu orthographisch richtigem Schreiben. Entwicklungsmodelle sind daher nicht zugleich didaktische Modelle, wie *Gerheid Scheerer-Neumann* hervorhebt.[43] Es lassen sich aus ihnen lediglich Ansätze für Fördermaßnahmen ableiten. Folgende Grenzen bzw. Gefahren von Entwicklungsmodellen werden im Einzelnen vorgetragen:

- Entwicklungsmodelle bergen in sich die Gefahr – darauf hat *Mechthild Dehn* besonders kritisch verwiesen – Schreibschwierigkeiten lediglich als Entwicklungsverzögerungen zu interpretieren und damit allein den Faktor Zeit als Erklärung anzuführen.
- Es besteht weiterhin die Gefahr, den pädagogisch-psychologischen Rahmen, der das Rechtschreiben stark bestimmt, aus den Augen zu verlieren, da Entwicklungsmodelle nur den kognitiven Aspekt berücksichtigen. Für jedes Lernen – auch für das der Rechtschreibung – sind aber die Erfolgszuversicht und das Zutrauen in die eigenen Fähigkeiten entscheidend.[44]
- Es besteht weiter die Gefahr, dass Entwicklungsmodelle, die modellhaft die jeweils dominante Strategie wiedergeben, verabsolutiert werden.

Werden die Grenzen von Entwicklungsmodellen berücksichtigt, können Modelle entscheidende Hilfen für die Feststellung des Lernstandes eines Kindes geben. Kenntnisse über den Lernstand ermöglichen die Entwicklung angemessener Förderangebote.

• Entwicklungsstufen im Rechtschreiben

Die einzelnen in der Literatur vorgestellten Entwicklungsstufen gehen meist auf das Rahmenmodell von *Uta Frith*[45] zurück. Sie ging von drei Stufen aus, der logo-graphemischen Stufe, der alphabetischen Stufe und der orthographischen Stufe, wobei sie eine direkte Ablösung von Stufe zu Stufe annahm. Dies entspricht nicht mehr dem heutigen Forschungsstand. Heute wird von einer parallelen Verwendung von Strategien auf jeder der Stufen ausgegangen. Es gibt auch keine Hinweise auf einen wechselweisen Entwicklungsvorsprung im Lesen oder Schreiben, wie es sich bei *Klaus B. Günther*[46] zeigt. *Gerheid Scheerer-Neumann* hat 1998 neben der Strategieentwicklung, die für die eigene Konstruktion von Wörtern notwendig ist, gleichzeitig modellhaft die Entwicklung des Erwerbs von Lernwörtern (siehe S. 49) zusammengefasst und die Beziehung zu spontanen Strategien verdeutlicht.[47]

• Logo-graphemische Phase

Sehr früh lässt sich bei Kindern das Kritzeln feststellen. Die verschiedenen Autorinnen und Autoren sind sich nicht einig, ob Kinder in dieser Phase bereits die kommunikative Funktion von Schrift erkannt haben. *Renate Valtin* und *Gudrun Spitta* beispielsweise verneinen dies. Sie ordnen das Kritzeln als Lust an Bewegung, an dem Spuren hinterlassen ein. Andere Autoren wie *Wolfgang Menzel* gehen davon aus, dass Kritzeln etwas ausdrückt, z.B. in Kritzelbriefen, die vorgelesen werden können, auch wenn sich ihre Bedeutung dabei jeweils ändern kann. Diese zweite Form des Kritzelns lässt sich häufiger zu Beginn des ersten Schuljahres feststellen, wie Martins Schreibprobe zeigt.[48]

Martin schreibt seinen Namen schon logographemisch. Er ist abgeschrieben oder abgemalt. Weitere Verschriftungen zeigen, dass er noch nicht zwischen Schreiben und Malen trennt und die Buchstabenbindung der Schrift noch nicht erfasst hat. Da er aber spezifische Zeichen für spezifische Wörter angibt, ist die kommunikative Funktion schon erfasst.

Regelgeleitete Konstruktion	Lernwörter	Bemerkungen
1. Willkürliche Buchstabenfolge „Pseudowörter" oder Kritzelschrift	Die Buchstaben eines Wortes werden ohne Bezug zum Lautwert auswendig gelernt (z. B. eigener Name). Nur wenige Wörter können erworben werden.	Durch die fehlende Unterstützung durch die gesprochene Sprache kommt es oft zu Buchstabenauslassungen und Umstellungen
2. Erste Versuche, die gesprochene Sprache zu „übersetzen": Beginnende („rudimentäre") phonemische Strategie, z. B. TG = Tiger HS = Haus	Wie unter 1., aber das Auswendiglernen wird schon durch einige bekannte Buchstabe-Laut-Beziehungen gestützt. Immer noch sehr wenige Lernwörter	Erwerb von Phonem-Graphem-Korrespondenzen
3a. Entfaltete phonemische Strategie. Es werden jetzt mehr Laute eines Wortes wiedergegeben, z. B. WOKE = Wolke HUT = Hund	Phonemisch gestützte Speicherung von Lernwörtern. Beginn der Entwicklung einer „Rechtschreibsprache"; auch visuelle und graphomotorische Lernhilfen	Die phonemische Strategie überwiegt oft das Abrufen von Lernwörtern: Phonemische Konstruktionen (z. B. Rola, komt, si) oft auch bei Lernwörtern aus der Fibel
3b. Voll entfaltete phonemische Strategie, z. B. lesn = lesen; manchmal Wiedergabe phonetischer Nuancen, z. B. Phaul = Paul Khint = Kind	Mit zunehmender Entfaltung der phonemischen Strategie können immer mehr Lernwörter gelernt werden. Behalten werden müssen vor allem die Abweichungen von phonemischen Konstruktionen, z. B. das zweite <t> in „Bett", das<e> in „liebe", etc.	
4. Entwickelte phonemische Strategie, korrigiert durch strukturelle Regelmäßigkeiten, z. B. lesen, Gabel	Wie 3., zusätzliche Lernhilfe durch Erkennen von strukturellen Regelmäßigkeiten	Ohne besondere Zuwendung der Aufmerksamkeit (Briefschreiben, Aufsätze) oft Bevorzugung von Konstruktion über Lernwörter
5. Wie 4., weiteres Erkennen und Anwenden von orthographischen Strukturen, z. T. explizit vermittelt z. B. Auslautverhärtung – Vorsilben ver-, vor- – Morpheme -ig, -lich, -ung	Wie 3a und 3b, zusätzliche Lernhilfen durch Kenntnisse weiterer orthographischer Regelmäßigkeiten – Hund – vergessen – fröhlich leichter Erwerb von Lernwörtern	Häufig Übertragung der erkannten orthographischen Regelmäßigkeiten auf ungeeignete Fälle („Übergeneralisierungen"), z. B. Rezebt vertig Bang (Bank)

6. Allmähliches Überwiegen des Abrufens von Lernwörtern über Konstruktionen („Automatisierung"); Reihenfolge der Buchstaben beim Schreiben wird aber immer noch von der gesprochenen Sprache begleitet und geleitet. Phonemische und orthographische Konstruktionen sind möglich.

Gerheid Scheerer-Neumann: Stufenmodell der Rechtschreibens

Albrechts Schreibprobe zeigt die Verwendung von Buchstaben in Verbindung mit logo-graphemischem Schreiben. Albrecht hat schon die Erfahrung gemacht, dass das Schriftsystem festgelegte Zeichen hat. Typisch in dieser Phase ist die Überbetonung einzelner Merkmale der Zeichen, z. B. Querstriche beim *E* oder auch die Seitenverkehrung, da die Raumlage noch nicht als Unterscheidungsmerkmal erfasst ist. Albrechts Schreibungen zeigen noch keinen Laut-Zeichen-Bezug. Buchstaben oder buchstabenähnliche Formen werden aneinander gereiht, dabei wird meist Großantiqua verwendet. Buchstaben in Großantiqua sind motorisch leichter umsetzbar und auch leichter erkennbar als Buchstaben in Gemischtantiqua. Albrecht hat neben der Buchstabenbindung erfasst, dass die Buchstabenfolge in einer bestimmten Schreibrichtung, nämlich von links nach rechts verläuft. Seinen Namen kann er logo-graphemisch schreiben. Seine Schreibprobe zeigt darüber hinaus, dass er mit Buchstaben seines Namens in den Verschriftungen des Textes experimentiert. Er hat bereits erfasst, dass dasselbe Zeichen in verschiedenen Wörtern auftauchen kann. Insgesamt gilt für die logo-graphemische Phase, dass eine Buchstabenfolge eingeprägt wird, wobei einzelne Merkmale für Kinder entscheidend sind. Ein Lautbezug ist noch nicht vorhanden. Typisch für diese Phase ist das Schreiben in Großantiqua und das Schrei-

ben von wichtigen Namen und vorgeschriebenen Wörtern wie *Mama, Papa, Oma, Opa* sowie Namen von Freunden und Geschwistern.

• **Alphabetische Phase**

Diese Phase stellt den wichtigsten Entwicklungsschritt im Rahmen der Rechtschreibentwicklung von Kindern dar. Es ist ein großer qualitativer Sprung, wenn Kinder den Lautbezug erfassen. Zunächst können wir so genannte Skelettschreibweisen feststellen, *Gudrun Spitta* nennt sie auch halbphonetische Schreibungen. Dabei werden nur wenige auffällige Laute der Wörter verschriftet. Häufig verwenden Kinder den Anlaut oder eine konsonantische Schreibweise, wobei von jeder Silbe ein Laut abgebildet wird. Vereinzelt finden sich auch vokalische Schreibungen. Schreibungen in dieser Phase sind an der eigenen Aussprache orientiert. Die alphabetische Phase geht über in eine phonetische Schreibweise, die mit deutlichem gedehnten Sprechen verbunden ist, mit der versucht wird, alle Laute abzuhören und abzubilden. Bei der Verschriftung von *Paul* als *Phaul* orientiert sich das Kind an der Artikulation und schreibt den hörbaren Laut *h* mit auf. Da es im Deutschen keine eineindeutige Zuordnung von Phonem und Graphem gibt, entstehen in dieser Phase viele orthographische Fehler. Ein typisches Beispiel dafür sind die Schreibungen von Lucia.

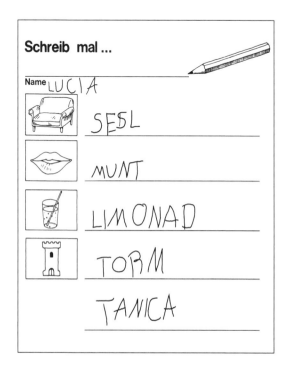

• Orthographische Phase

In dieser Phase zeigt sich eine allmähliche Integration von orthographischen Mustern. Die Kinder erkennen und erfassen nach und nach Regelungen, die sie in ihren Schreibungen erkennen, z. B. die Verwendung von Doppelkonsonanten oder die Schreibung von *d* und *t* im Auslaut. Dabei sind häufig Übergeneralisierungen festzustellen. Ein Kind hat beispielsweise erfasst, dass *n* auch als *nn* abgebildet werden kann und schreibt jetzt auch *Wand* mit zwei *nn*. Es hat erfasst, dass *Mund* zwar mit *t* gesprochen, aber mit *d* geschrieben wird, und schreibt auch *Zelt* mit *d*. Zunehmend werden mehr orthographische Merkmale verwendet und auch sicherer angewendet. Weiterhin kommt ein Wissen über die morphematische Struktur von Wörtern hinzu. Kinder erkennen beispielsweise die Ableitungen der Wörter mit *ä* von Wörtern mit *a* sowie die Groß- und Kleinschreibung. In den Schreibproben von Nathanja sind orthographische Muster gut erkennbar und nachvollziehbar.

Alle vier Schreibproben stammen aus der gleichen Klasse. Sie zeigen, wie unterschiedlich die Rechtschreibentwicklung ausgebildet ist und dass ein für alle gleicher Unterricht den einzelnen Kindern nicht gerecht werden kann.

Integratives Strategiemodell

Das Strategiemodell von *Peter May*[49] baut auf den Stufenmodellen auf, die sich vorwiegend mit der frühen Schriftsprachentwicklung befassen. *Peter Mays* Strategiemodell dagegen ermöglicht eine differenzierte Sicht auf die Strategien der Kinder in der Phase des Auf- und Ausbaus der Rechtschreibkompetenz.

Sein Strategiemodell basiert auf der Vorstellung des Schriftspracherwerbs durch Strategieentwicklung und Strategieintegration. Er geht von fünf, in der Regel nacheinander zu erwerbenden Teilstrategien aus, die in einem Prozess der Integration zu einer komplexen Gesamtstrategie verknüpft werden. Nur wer über diese fünf Strategien flexibel und integrativ verfügt, kann in den verschiedenen rechtschriftlichen Schreibsituationen zu einer orthographisch korrekten Schreibung gelangen.

Die Grafik auf Seite 52 macht die zentrale These der Integration der elementaren Teilstrategien in eine höhere, komplexere Gesamtstrategie optisch deutlich. Die einzelnen Strategien sind in weitere eingebettet, sie werden nicht nacheinander auf- oder abgelöst. Sie bestimmen, und das ist wichtig, auch weiterhin den Schreibprozess und die Operationen zum Finden der richtigen Schreibung. Die Grafik verdeutlicht zugleich den fortschreitenden Grad der Fertigkeitsentwicklung im Rechtschreiben vom Neuling zum Expertentum und die Anlehnung an die Stufenmodelle. Die schriftsprachliche Entwicklung beinhaltet die Herausbildung orthographischer Kompetenz als einen schrittweisen Aufbau zu immer komplexeren Zugriffsweisen auf Schriftsprache. Die Zugriffsweisen zeigen, nach welchen Prinzipien Lernende die Prinzipien, die unserer Schrift zugrunde liegen, rekonstruieren. Dies zeigt sich jeweils in der Art der Verschriftung der Wörter. *Peter Mays* Strategiemodell des Rechtschreiblernens ähnelt in vielen Punkten den vorgestellten Stufenmodellen. Allerdings versucht er, die jeweilige Strategie in Form einer Selbstinstruktion zu fassen, die sich Kinder zu jeder der Strategien geben können.

• Logographemische Strategie

Die Selbstinstruktion, die Kinder sich geben können, lautet: „Merke dir die Form und die Anordnung der Zeichen (Buchstaben)." Die Kinder speichern einzelne Wörter oder Wortteile als

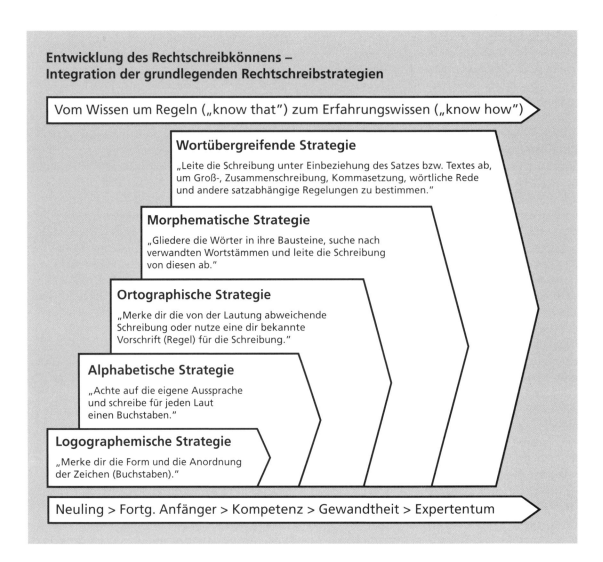

Entwicklung des Rechtschreibkönnens –
Integration der grundlegenden Rechtschreibstrategien

Vom Wissen um Regeln („know that") zum Erfahrungswissen („know how")

Wortübergreifende Strategie

„Leite die Schreibung unter Einbeziehung des Satzes bzw. Textes ab, um Groß-, Zusammenschreibung, Kommasetzung, wörtliche Rede und andere satzabhängige Regelungen zu bestimmen."

Morphematische Strategie

„Gliedere die Wörter in ihre Bausteine, suche nach verwandten Wortstämmen und leite die Schreibung von diesen ab."

Ortographische Strategie

„Merke dir die von der Lautung abweichende Schreibung oder nutze eine dir bekannte Vorschrift (Regel) für die Schreibung."

Alphabetische Strategie

„Achte auf die eigene Aussprache und schreibe für jeden Laut einen Buchstaben."

Logographemische Strategie

„Merke dir die Form und die Anordnung der Zeichen (Buchstaben)."

Neuling > Fortg. Anfänger > Kompetenz > Gewandtheit > Expertentum

---

graphische Muster und geben diese als Merk-schreibungen wieder. Wörter werden in diesem Stadium ohne Lautbezug gespeichert und wieder-gegeben. Die logographemische Strategie spielt nicht nur am Anfang der Schriftsprachentwick-lung eine Rolle. Der fortgeschrittene Schreiber kann eine sehr große Anzahl an Wörtern logo-graphemisch schreiben, wobei *Peter May* nicht differenziert zwischen „willkürlichen Buch-stabenfolgen" vor Beginn der alphabetischen Phase und der beginnenden („rudimentären") phonemischen Strategie, d.h. dem Abrufen von wortspezifisch gespeicherten Wörtern oder Wortteilen in Verbindung mit dem Lautbezug, wie *Gerheid Scheerer-Neumann* (siehe S. 49) es tut. Der fortgeschrittene Schreiber schreibt eine sehr große Anzahl an Wörtern auswendig auf. In der Grundschule gehören dazu insbesondere Funktionswörter wie Artikel, Konjunktionen,

Präpositionen und einige Pronomen. Aber auch Wortbildungsmorpheme wie häufig verwendete Präfixe und Suffixe und häufig auftretende Wortstämme werden nach *Peter May* logogra-phemisch geschrieben.

• **Alphabetische Strategie**
Diese Strategie stellt die entscheidende grund-legende Strategie dar. Die Kinder entdecken den Lautbezug der Schrift. Wörter werden nicht mehr aufgrund wortspezifischer Speicherung geschrieben, sondern konstruierend. Das Schreiben wird dabei dem Lautprinzip folgend gemäß der eigenen Artikulation gesteuert. Das Schreiben entwickelt sich dabei vom Verschriften einzelner markanter Laute über die vollständige lauttreue Darstellung der eigenen dialektal ge-färbten Aussprache bis hin zur Verschriftung der Standardlautung und der Berücksichtigung

der wichtigsten Lautzeichenzuordnungsregeln, z.B. der Verwendung von mehrgliedrigen Graphemen. Ein Kind erkennt am Ende der alphabetischen Phase, dass es keine eineindeutige Zuordnung zwischen Phonem und Graphem gibt. Diese Erkenntnis bildet die Schwelle zur orthographischen Phase. Die Selbstinstruktion für diese Phase lautet: „Achte auf die eigene Aussprache und schreibe für jeden Laut einen Buchstaben." Typisch für diese Strategie sind das Mitsprechen während des Schreibvorgangs und ein überstarkes Artikulieren, das häufig zur Schärfung von Explosivlauten führt, z.B. *Flieke* statt *Fliege*.

• **Orthographische Strategie**
Kinder entdecken mit dieser Strategie erste Rechtschreibmuster. Bei den orthographischen Elementen sind zwei Arten zu unterscheiden.
1. Merkelemente: Diese Elemente sind nicht mit einer Regel zu erschließen. Man muss sie sich merken. Dazu gehören z.B. Längenzeichen wie *ah*, *aa* und die Schreibung von Wörtern mit *V/v*.
2. Regelelemente: Regelelemente lassen sich dagegen mit Hilfe bestimmter Verfahren erschließen und bestimmen. Dazu zählen Kürzebezeichnungen, Auslautverhärtung und die Umlautableitung, die bei der Strategiefeststellung in der Hamburger Schreib-Probe zur morphematischen Strategie wegen der Morphemkonstanz zählen. Die einzelnen orthographischen Elemente werden von Kindern zunächst nur auf Einzelwörter bezogen, danach auf ähnlich gebaute Wörter und schließlich zu einer orthographischen Regel verallgemeinert. Dabei treten häufig Übergeneralisierungen auf, wie *Schuhle* und *Walld*. Die Selbstinstruktion lautet: „Merke dir die von der Lautung abweichende Schreibung oder nutze eine dir bekannte Vorschrift (Regel) für die Schreibung."

• **Morphematische Strategie**
Diese Strategie ist durch die analytische Durchdringung der Wortbildung bzw. durch Bezüge im Bereich der Wortbedeutung (Ableitungen von Wörtern mit *ä* von Wörtern mit *a*) gekennzeichnet. Die Kinder müssen über Sprachstrukturwissen verfügen, um die einzelnen Wörter in ihre Bausteine aufgliedern zu können. Mit Hilfe der morphematischen Strategie werden orthographi-

sche Elemente im Rückgriff auf die morphematische bzw. morphologische Struktur des Wortes verwendet. Orthographische Elemente müssen nicht mehr auf das einzelne Wort bezogen, also wortspezifisch eingeprägt werden, sobald ein Schreibender bereits ein Morphem kennt bzw. aus bekannten Morphemen das Wort zusammensetzen kann. *Peter May* unterscheidet zwischen morphosemantischen und morphologischen Zugriffsweisen bzw. Operationen. Für morphosemantische Operationen wird nach der Bedeutung eines Wortes gesucht. Mit Hilfe der Bedeutung kann ein Grundwort gefunden und so die Schreibung abgeleitet werden. Dies gilt z.B. für Wörter mit Auslautverhärtung und für die Schreibung von Wörtern mit *ä* und *äu*, abgeleitet von Wörtern mit *a* und *au*. Für morphologische Operationen wird das Wort in Bausteine gegliedert. Beispielsweise lassen sich die zwei *rr* in *Fahrrad* oder *ll* in *vielleicht* nur durch die Wortbildung sichern. Die Gliederung des Wortes *Geburt s tag* in seine Bausteine gehört ebenfalls dazu.
Durch das Erkennen von Wortfamilien, das Nutzen der Morphemkonstanzen, die Kenntnis von Flexionsformen oder das Zurückgreifen auf Grundformen wird das Sprachwissen und Sprachkönnen der Kinder gefordert und gefördert. Daher ist die morphematische Strategie die umfassendste und weitreichendste Strategie. Nach den Längsschnittuntersuchungen von *Peter May* wird sie als Letzte relativ spät ausgebildet.

• **Wortübergreifende Strategie**
Die wortübergreifende Strategie umfasst über die Schreibung von Einzelwörtern hinausgehend die Verschriftung von Sätzen und Texten. Der Schreiber muss zusätzlich zu den wortbezogenen Strategien linguistische Aspekte beachten, wie die Bestimmung der Wortart wegen der Großschreibung, die Frage der Wortsemantik für die Frage der Zusammen- und Getrenntschreibung, die Satzgrammatik für die Interpunktion und wörtliche Rede.

• **Wechselbeziehungen zwischen den Rechtschreibstrategien**
Peter May betont immer wieder den integrativen Aspekt seines Strategiemodells. Die Teilstrategien, die sich in der angegebenen Reihenfolge als dominante Strategien beim Schriftspracherwerb herausgestellt haben, werden in einem dialektischen Zusammenhang gesehen. „Die vorange-

hende Strategie wird auch nach Aufnahme einer neuen Strategie weiterhin entfaltet, vervollkommnet und automatisiert. Es besteht ein dialektischer Zusammenhang zwischen den Rechtschreibstrategien: Die elementaren Strategien werden durch die weitreichenderen Strategien nicht einfach abgelöst, sondern aufgenommen und weitergeführt und schließlich organisch in einer vielschichtigen und flexiblen Gesamtstrategie verbunden." (*May*, S. 26) Zu Beginn des Schriftspracherwerbs verwenden Schreibende die Strategien meist noch unabhängig voneinander. Die Integration findet erst in einer späteren Phase statt. Die Verwendung der Strategien hängt stark von der Schreibaufgabe ab. Das Schreiben eines Diktats erfordert die Anwendung anderer Strategien als das Schreiben eines Spontantextes. Im Diktat wird eher logographemisch oder orthographisch vorgegangen. In Spontantexten muss für fremde und noch nicht gut gesicherte Wörter die alphabetische Strategie zum Einsatz kommen. In selbst verfassten Texten von Kindern wird häufig an der Schreibung von Funktionswörtern deutlich, wie weit deren Schreibungen schon automatisiert sind und ob Kinder selbst Wörter konstruieren können. Geübte Diktate geben keine sicheren Hinweise auf die Verwendung der alphabetischen Strategie, sondern nur auf die Abrufbarkeit von Lernwörtern. Das Ausmaß der Strategieintegration vermag Auskunft über die Lernentwicklung zu geben. Zu Beginn des Schriftspracherwerbs ist die Dominanz der alphabetischen Strategie eine entwicklungsspezifische Notwendigkeit. Verharrt allerdings ein Kind über längere Zeit in dieser Strategie, ist dies ein Hinweis auf eine problematische Lernentwicklung. Genauso gilt dies, wenn orthographische und morphematische Strategien kompensatorisch gegenüber einer schlecht ausgebildeten alphabetischen Strategie verwendet werden. In der Hamburger Schreib-Probe von *Peter May* lässt sich die Lernentwicklung am Strategieprofil feststellen, das möglichst ausgewogen sein sollte.

Wie wird Rechtschreibwissen gespeichert?

Wie kommen Kinder zu ihren Schreibungen und wie können sie zu richtigen Schreibungen kommen? Um diese Fragen beantworten und ein sinnvolles Förder- und Diagnosekonzept entwickeln zu können, muss zuvor geklärt werden, wie das erworbene Rechtschreibwissen gespeichert wird. Dies hat *Gerheid Scheerer-Neumann*[50] mit ihrem Zwei-Komponenten-Modell dargestellt.

Das Zwei-Komponenten-Modell
Gerheid Scheerer-Neumann geht von zwei grundsätzlich unterschiedlichen Speicherarten aus:
1. Speicherung von Regelwissen
2. Speicherung von wortspezifischen Merkmalen im inneren orthographischen Lexikon

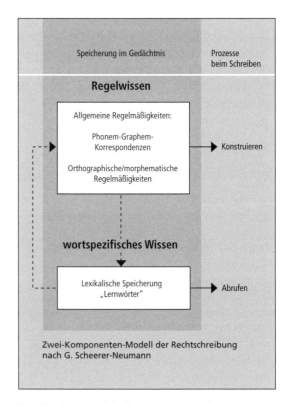

Zwei-Komponenten-Modell der Rechtschreibung nach G. Scheerer-Neumann

Ein Kind kann sich die Schreibung jedes einzelnen Wortes über verschiedene Lernkanäle einprägen, also wortspezifisches Wissen speichern, und später diese Wörter aus seinem inneren Lexikon abrufen. Es kann aber auch die Schreibung selbst konstruieren und damit Regelwissen nutzen. Dieses Wissen bezieht sich auf allgemeine Regelmäßigkeiten. Es ist nicht an spezielle Wörter gebunden. Dazu zerlegt ein Kind ein Wort in seine Laute und beachtet darüber hinaus orthographische Regelungen, wie z.B. die Kennzeichnung kurzer Vokale, die Schreibung von *scht* im Morphemanlaut als *st* sowie morphematisches Wissen wie die Auslautverhärtung (*das Rad*, weil *die Räder*) und Ableitungen (*die Räder* mit *ä*, weil *das Rad*) und für Fragen der Groß- und Kleinschreibung die grammatische Funktion im Satz. Ein Kind konstruiert also in einem problemlösenden Prozess auf der Basis des gesprochenen Wortes mit Hilfe gespeicherten Regelwissens eine mögliche Schreibung.

Beide Speicherarten sind voneinander abhängig und stützen sich gegenseitig. Die orthographisch richtige Schreibweise eines Wortes wird besonders gut behalten, wenn die Regelmäßigkeiten seiner Schreibung erkannt werden – das deutet der im Schaubild auf Seite 54 gestrichelte nach unten weisende Pfeil an. Durch die Speicherung einzelner Lernwörter, die als Schreibschemata abrufbar sind, und die Zusammenstellung von Wörtern mit gleichen rechtschriftlichen Phänomenen, können Kinder eigenaktiv Regelungen entdecken und in ihre Schreibungen integrieren. Das deutet der an der gestrichelten Linie nach rechts weisende Pfeil an. Ebenso können durch die Speicherung einzelner Wörter orthographische Regelmäßigkeiten entdeckt und erfasst werden.

Es kann als gesichert angesehen werden, dass die alphabetische Strategie, in der Kinder auf der Basis von Phonem-Graphem-Korrespondenzen Wörter konstruieren, eine wichtige grundlegende Voraussetzung für das Erlernen der Rechtschreibung darstellt. Die häufig zu beobachtende Diskrepanz bei Kindern mit Lese-Rechtschreibschwierigkeiten zwischen einerseits vielen richtig geschriebenen geübten Lernwörtern und andererseits massiven Fehlschreibungen bei Spontanschreibungen, die das selbstständige Konstruieren von Wörtern erfordern, weist darauf hin.[51] Diese Beobachtungen verdeutlichen die Gefahr einer einseitigen Einprägung von Lernwörtern, also vornehmlich des Aufbaus von wortspezifischem Wissen als Fördermaßnahme. Es sind unbedingt Übungen zum eigenständigen Konstruieren von Wörtern, die notwendigerweise noch fehlerhaft sein müssen, erforderlich. Eigenes Verschriften und Nachdenken über Schreibungen müssen im Vergleich zum Abschreiben von Wör-

tern einen entscheidenden Stellenwert erhalten. Zusammenfassend lassen sich aus fachdidaktischer Sicht die in der Kopiervorlage auf Seite 56 aufgeführten Übungsbereiche festhalten.
Im Rechtschreibunterricht benötigen Kinder sowohl wortspezifisches Wissen und damit Übungen zum Einprägen von Lernwörtern als auch Regelwissen und damit Übungen zum Konstruieren von Wörtern. Weiterhin ist zum Aufbau des Regelspeichers die Entwicklung und Ausgestaltung von Rechtschreibstrategien notwendig.
Das Kind muss im Laufe seiner Rechtschreibentwicklung Folgendes nutzen lernen:
Graphem-Phonembeziehungen, orthographische Regelungen, morphematisches Wissen, grammatisches Wissen sowie in Verbindung damit gespeicherte Lernwörter.
Um Rechtschreibstrategien entwickeln und miteinander verzahnen zu können, benötigt ein Kind Übungen zur akustisch-artikulatorischen Durchgliederung von Wörtern, Übungen zum Entdecken und Anwenden von orthographischen und morhematischen Regelungen und Übungen zur Strukturierung von Wörtern auf der morphematischen Ebene sowie Übungen zum Einprägen von Lernwörtern und Übungen zum selbstständigen Nachschlagen.

Rechtschreiben – Texte schreiben
Rechtschreiben dient keinem Selbstzweck, sondern in Verbindung mit dem Schreiben von Texten dazu, das Lesen von Texten zu erleichtern. Darum sollte Ausgangspunkt für das Rechtschreiblernen das eigene Schreiben und damit das Konstruieren von Wörtern und Texten sein. Es unterstützt in besonderer Weise die Auseinandersetzung mit Schrift. Dazu muss Kindern für das „Textschreiben genügend Zeit, Spielraum und Anregung auch für das Erforschen und Reflektieren der Rechtschreibung"[52] gegeben werden. Wenn sich auch „Viel-Schreiber einen umfangreicheren und variableren (anspruchsvolleren) Wortschatz orthographisch zutrauen und auch bewältigen als Wenig-Schreiber (‚Wer viel schreibt, schreibt vieles richtig!')", kann daraus nicht der Schluss gezogen werden, dass allein „ein häufiges und umfangreiches Textschreiben per se zu einem Lernfortschritt in der Rechtschreibung führt. Das Schreiben von eigenen Texten kann wohl eine notwendige, keineswegs aber hinreichende Bedingung für das Rechtschreiblernen sein."[53]

Übungsbereiche

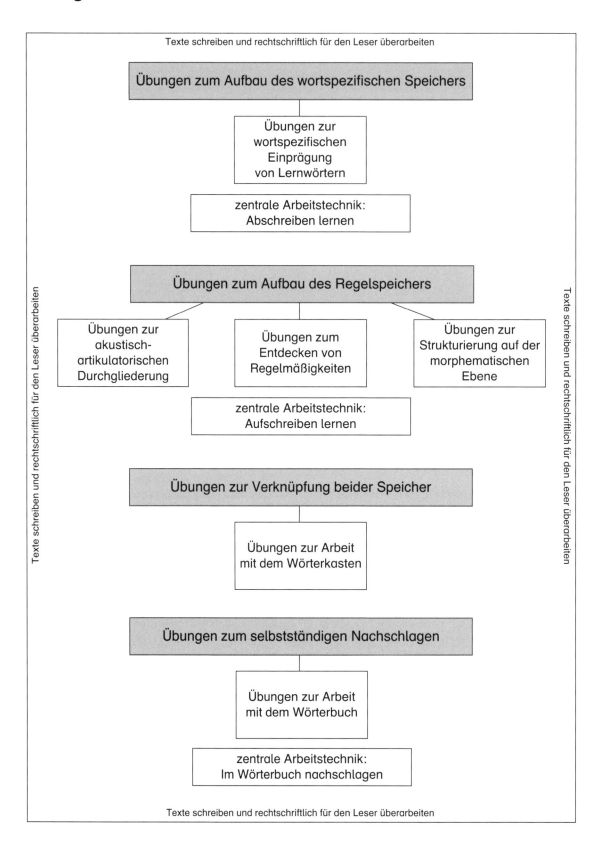

Material für notwendige, systematisch aufgebaute Rechtschreibübungen zum wortspezifischen Lernen und zum Aufbau des Regelspeichers sollte aus einem Wortschatz stammen, der den Kindern wichtig ist und sich in ihren eigenen Texten findet. *Sonja Fässler*[54] zeigt in einem Fallbeispiel auf, wie im Sinne eines integrativen Deutschunterrichts, in dem freies Schreiben, Informationsentnahme aus Texten und systematische Rechtschreibübungen verbunden werden, Kinder mit Rechtschreibschwierigkeiten intensiv gefördert werden können.

Ziel des Rechtschreiblernens und Übens darf nicht das Schreiben von vorgegebenen Diktaten sein, sondern die Fähigkeit, eigene Texte richtig zu schreiben. Ausgehend von eigenen Texten, die in der Klasse veröffentlicht werden sollen, beschäftigen sich Kinder mit der rechtschriftlichen Bearbeitung ihrer Texte. Dabei wird ihnen deutlich, dass sie bestimmtes rechtschriftliches Wissen erwerben müssen und dazu Übungen benötigen. Aus dem Wortschatz und den Texten der Kinder entwickelte systematische Übungen machen dann für Kinder Sinn und werden von ihnen als notwendige Übungen zum Erlernen des richtigen Schreibens eingeordnet.

Übungs- und Förderkonzept im Rechtschreiben

Aus den bisherigen Überlegungen lässt sich ein pädagogisch und fachdidaktisch überzeugendes Förderkonzept ableiten (siehe Kopiervorlage, S. 58).
Viele Kinder haben Rechtschreibschwierigkeiten. Eine unspezifische, für alle Kinder gleiche Förderung wird ihnen nicht gerecht. Es gilt ein Konzept zu entwickeln, das individuell ausgerichtet ist und auf den Forschungen zum Schriftspracherwerb, die einen entwicklungs- und prozessorientierten Ansatz vertreten, aufgebaut ist. Ziel von Fördermaßnahmen muss eine Lernprozess- und Lernwegbegleitung des Kindes sein, um ausgehend vom individuellen Lernstand gezielt Übungen anbieten und gestalten zu können.

Fördermaßnahmen müssen am Können eines Kindes ansetzen und ihm Vertrauen in seine Fähigkeiten vermitteln. Es sind dem Kind Erfolgserlebnisse als Motivationsanreize für intensives, regelmäßiges Üben anzubieten. Die Erfahrung,

eine Anzahl von Wörtern sicher richtig schreiben zu können, ist entscheidend für den Aufbau eines Selbstvertrauens, das den Lernprozess positiv stützt.
Fördermaßnahmen verlangen sowohl Übungen zu wortspezifischem Wissen (siehe S. 59 ff.) als auch zu Regelwissen (siehe S. 77 ff.), die beide passend zum Lernstand eines Kindes aufzubauen sind. Die Arbeit mit dem Wörterkasten bietet eine Möglichkeit, beide Speicherarten integrierend anzusprechen, aufzubauen und zu verbinden (siehe S. 114 ff.).

Im Laufe der Grundschulzeit sind alle Zugriffsweisen (Nutzung von Graphem-Phonem-Beziehungen, von orthographischem Wissen, von morphematischem Wissen, von grammatischem Wissen, von wortspezifischem Wissen) auszubilden und deren Integration zu sichern. Durch Übungen zum „Rechtschreibdenken" an sichtbar vorgegebenen Wörtern kann die Integration der verschiedenen Strategien und deren Anwendung an einem Wort immer wieder geschult werden (siehe S. 81 ff.). Fördermaßnahmen müssen dabei sicherstellen, dass die grundlegende alphabetische Strategie genügend ausgebildet ist und deren orthographische und morphematische Ergänzung anstreben. Übungen zu einzelnen Strategien, besonders für das dritte und vierte Schuljahr, finden sich auf den Seiten 85 ff..

Fördermaßnahmen fußen auf einer qualitativen Lernstandsbestimmung (Fehleranalyse), die die Annäherungen an die rechtschriftliche Norm und die Ausbildung und Anwendung grundlegender Rechtschreibstrategien erfasst (siehe S. 136 ff.). Benötigt werden diagnostische Mittel, die die Verwendung der Zugriffsweisen von Kindern feststellen, um auf dieser Basis gezielt für einzelne Kinder Fördermaßnahmen ableiten zu können.

Fördermaßnahmen sollen selbst instruierendes Üben stützen. Die Vermittlung und Ausbildung von Arbeitstechniken verhilft zu einem sachgerechten Üben. Arbeitstechniken geben den Kindern klare überschaubare Arbeitsschritte vor, sind in der Ich-Form formuliert und mit Beispielen versehen (siehe „Arbeitstechniken", S. 31, 33, 37 u. a. m.).

Fördermaßnahmen verlangen eine kontinuierliche Förderung über einen längeren Zeitraum

Förderkonzept im Rechtschreiben

✗ Fördermaßnahmen müssen am Können des Kindes ansetzen und
ihm Vertrauen in seine Fähigkeiten vermitteln.

✗ Fördermaßnahmen verlangen sowohl Übungen zu wortspezifischem Wissen
als auch zu Regelwissen, die beide passend zum Lernstand
eines Kindes aufzubauen sind.

✗ Im Laufe der Grundschulzeit sind alle Zugriffsweisen auszubilden
und deren Integration durch Übungen zum „Rechtschreibdenken" zu sichern.
An Zugriffsweisen sind auszubilden:
• Nutzen von Graphem-Phonem-Beziehungen
• Nutzen von orthographischem Wissen
• Nutzen von morphematischem Wissen
• Nutzen von grammatischem Wissen
• Nutzen von wortspezifischem Wissen

✗ Fördermaßnahmen müssen sicherstellen, dass die grundlegende
alphabetische Strategie genügend ausgebildet wird.

✗ Fördermaßnahmen fußen auf einer qualitativen Lernstandsbestimmung
(Fehleranalyse), die die Annäherung an die rechtschriftliche Norm
und die Ausbildung und Anwendung grundlegender Rechtschreibstrategien erfasst.

✗ Fördermaßnahmen sollen selbst instruierendes Üben durch die Vermittlung
und Ausbildung von Arbeitstechniken im Rechtschreiben stützen.

✗ Fördermaßnahmen verlangen eine kontinuierliche Förderung
über einen längeren Zeitraum hinweg.

✗ Fördermaßnahmen sollen am Interessenwortschatz der Kinder
und an einem Grundwortschatz, der vornehmlich häufig verwendete Präpositionen,
Pronomen, Adverbien und Modalverben aufnimmt, ausgerichtet sein.

✗ Fördermaßnahmen sollen mit sinnvollen Anwendungssituationen verbunden werden.

Annegret von Wedel-Wolff

hinweg. Kurzes regelmäßiges Üben ist sinnvoller als einmal die Woche eine ganze Stunde. Es sollten daher in den Wochenplan der Kinder regelmäßig kurze gezielte Rechtschreibübungen aufgenommen werden.

Fördermaßnahmen sollten am Interessenwortschatz[55] der Kinder und an einem Grundwortschatz, der vornehmlich häufig verwendete Präpositionen, Pronomen, Adverbien und Modalverben aufnimmt, ausgerichtet sein. Aufgaben wie: „Welche Wörter möchtest du richtig schreiben können?" oder „Welche Wörter sind dir wichtig?" greifen die Interessen eines einzelnen Kindes auf. Persönlich bedeutsamer Wortschatz kann aus der Wörterliste der Klasse oder aus einem Wörterbuch herausgesucht werden. Die Aufgabe dazu könnte heißen: „Schreibe Wörter heraus, die du in deinen Geschichten oft verwendest."

Fördermaßnahmen sollten mit sinnvollen Anwendungssituationen verbunden werden. Kinder sollten erfahren: Ich übe Rechtschreiben, um einen gut lesbaren Brief an unsere Korrespondenzklasse zu schreiben. Ich übe, weil ich meine Geschichten so schreiben können will, dass andere sie leicht lesen können. Ich übe, um unser Plakat über die Steinzeitmenschen richtig beschriften zu können.

Die Aufgaben sollten Übungsprinzipien berücksichtigen. Das bedeutet die Übungen sollten
- überschaubar sein,
- keine zu lange Konzentration erfordern,
- abwechslungsreich sein,
- selbstständig durchführbar und selbstständig überprüfbar sein,
- auch spielerisch-handelndes Lernen berücksichtigen.

Im Folgenden sollen die beiden Speicherarten „wortspezifisches Wissen" und „Regelwissen" mit ihren je spezifischen Informationen näher erläutert, Möglichkeiten der gegenseitigen Stützung aufgezeigt und zu jeder Speicherart grundlegende Arbeitstechniken mit verschiedenen Übungsvorschlägen vorgestellt werden.

Übungen zur Speicherung wortspezifischen Wissens im inneren orthographischen Lexikon[56]

Die Speicherung wortspezifischen Wissens wird für jedes Wort einzeln vorgenommen, was sich in dem Begriff „wortspezifische Speicherung" ausdrückt. Den Ort, an dem auf ein spezielles Wort bezogene Informationen eingetragen werden, bezeichnet *Gerheid Scheerer-Neumann* als „inneres orthographisches Lexikon". In dieses Lexikon werden Graphemfolgen oder Morpheme eingetragen. Die Speicherung enthält das Wissen und die Schreibung einzelner Wörter, Wortteile oder auch kritischer Stellen, z. B. *Jahr* mit *ah*, *nett* mit *tt*. Das innere orthographische Lexikon ist kein Wortbildspeicher, wie man lange Zeit angenommen hat. Es stellt kein visuelles Abbild von Wortgestalten dar; vielmehr enthält es mehrere Speicherkomponenten. Damit sind verschiedene Informationen eines Wortes gemeint. Die Graphemfolge wird in verschiedenen Modalitäten gespeichert und steht in Verbindung mit anderen Modalitäten des Wortes. Eintragungen im inneren orthographischen Lexikon müssen nicht immer alle Komponenten vollständig enthalten. Je nach Entwicklungsstufe werden meist nur bestimmte Merkmale gespeichert. Je mehr Komponenten eines Wortes aber ein Kind gespeichert hat, desto besser kann es das Wort über längere Zeit hinweg behalten und automatisiert abrufen.

Didaktisch-methodische Konsequenzen
Im Folgenden werden anhand eines vereinfachten Arbeitsmodelles nach *Gerheid Scheerer-Neumann* didaktisch-methodische Konsequenzen für die Einprägung von Lernwörtern im Unterricht abgeleitet (siehe dazu auch die Arbeitstechnik „Abschreiben lernen", S. 66).

• Verknüpfung mehrerer Informationen zum Wort
Um sich ein Wort rechtschriftlich richtig einzuprägen, sodass es automatisiert abrufbar ist, ist es erforderlich, sich ein Schema des Wortes zu bilden. Wie kommt es nun zur Schemabildung?

Der Erwerb von Lernwörtern wird als ein Prozess der Aneignung von Rechtschreibstrategien aufgefasst, in dem möglichst viele Informationen zum Wort gesammelt und miteinander verknüpft werden, damit das Wort schließlich gesichert ist.

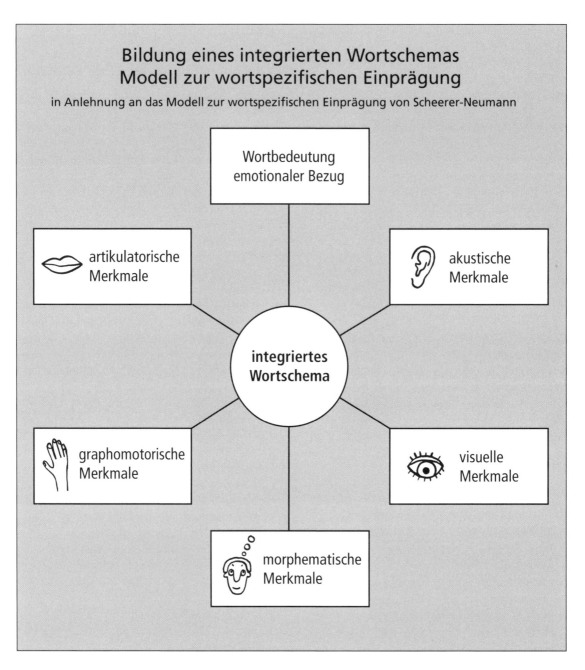

Bildung eines integrierten Wortschemas
Modell zur wortspezifischen Einprägung

in Anlehnung an das Modell zur wortspezifischen Einprägung von Scheerer-Neumann

Wortbedeutung
emotionaler Bezug

artikulatorische
Merkmale

akustische
Merkmale

integriertes
Wortschema

graphomotorische
Merkmale

visuelle
Merkmale

morphematische
Merkmale

Das Erlernen eines Wortes ist umso effektiver, je mehr Informationen zum Wort zur Verfügung stehen. Sind alle oder mehrere Informationen im inneren orthographischen Lexikon abgelegt, dann hat sich ein integriertes Schema gebildet und das Wort kann in verschiedenen Zusammenhängen automatisiert abgerufen werden.
Die Grafik, die in Anlehnung an das Modell zur wortspezifischen Einprägung von *Gerheid Scheerer-Neumann* entstanden ist, verdeutlicht, dass die wortspezifische Einprägung immer verschiedene Lernkanäle anspricht.[57]

Das Modell zur wortspezifischen Einprägung zeigt, dass ein integriertes Schema des zu lernenden Wortes vom Lernenden selbst aktiv multisensorisch über verschiedene Lernkanäle aufgebaut wird. Es bildet sich ein integriertes Schema, wenn der Lernende neben semantischen Informationen, wie der Bedeutung und der emotionalen Besetzung des Wortes, rechtschreibrelevante Informationen zur Buchstabenfolge, wie akustisch-artikulatorische, morphematische, visuelle sowie schreibmotorische Merkmale des Wortes, speichert und miteinander vernetzt.

- **Bedeutung und emotionale Besetzung des Wortes**

Um ein Wort später in verschiedenen Zusammenhängen wieder abrufen zu können, muss seine Bedeutung bzw. bei Funktionswörtern deren syntaktische Bedeutung in Verwendungssituationen geklärt sein. Wörter mit hoher emotionaler Besetzung werden leichter gelernt und gesichert. Darauf weisen u. a. auch Hinweise zu geschlechtsspezifisch unterschiedlich gesichertem Rechtschreibwortschatz und zu interessengeleitetem Rechtschreiblernen hin.[58]

Im Unterricht muss gesichert werden, dass alle Kinder die zu schreibenden Lernwörter in ihrer Bedeutung kennen. Zur Bedeutungssicherung können z. B. Bild-Text-Zuordnungen vorgenommen, Wörter pantomimisch vorgestellt und zugeordnet oder das Bedeutungsfeld eines Wortes zusammengetragen werden. Werden Kinder dabei aktiv einbezogen, ist ein direkter Bezug zum Lernwort gegeben. Ein wünschenswerter emotionaler Bezug lässt sich nicht immer herstellen. Zum Erlernen der wortspezifischen Einprägung ist es günstig, „Lieblingswörter" bzw. für Kinder wichtige Sätze auszuwählen (siehe Vorschläge, S. 71).

- **Artikulatorische Merkmale**

Das vom Schreibenden gesprochene Wort stellt eine grundlegende Komponente des Wortes dar. Es bietet sowohl beim Einprägen als auch beim Abrufen ein zeitliches Gerüst, das die Graphemfolge steuert. Wird das Wort deutlich artikuliert und entlang der Grapheme gesprochen, können Buchstabenauslassungen häufig vermieden werden. Daher reicht es oft aus, wenn sich ein Kind z. B. merkt *Fußball* mit *ß* und zwei *l*, weil es durch die Artikulation die Stelle dazu im Wort weiß. Die artikulatorische Einprägung meint daher auch das deutliche Hervorheben von Rechtschreibbesonderheiten durch „Rechtschreibsprechen" des Wortes. Die akustisch-artikulatorische Information zum Wort ist zwar die wichtigste, sie darf aber nicht die einzige sein.

Unterrichtlich ist es wichtig, die richtige, der Schriftsprache angemessene Artikulation anhand des Schriftbildes einzuüben. Die Loslösung von der eigenen, meist dialektal gefärbten Artikulation des Wortes wird durch das Schriftbild erleichtert. Außerdem sollte die Artikulation des Wortes, das deutliche langsame Sprechen des Wortes, mit dem Schreibvorgang verknüpft werden. Dazu

eignen sich neben dem Schreiben in Druckbuchstaben in der ersten Erwerbsphase auch Drucken und Stempeln, die den Schreibvorgang verzögern und die Zuordnung von gesprochenen und gehörten Phonemen zu den Graphemen verdeutlichen. Unbedingt sind dabei aber mehrgliedrige Grapheme wie z. B. *sch, ch, au, ei, eu* als Buchstabengruppen anzubieten.

- **Akustische Merkmale**

Die Fähigkeit, Wörter in seine Phoneme zu durchgliedern, ist grundlegend für das Einprägen von Lernwörtern. Dabei ist es wichtig, dass die Lehrerin oder der Lehrer in der Standardsprache die Wörter vorspricht und sie abhören lässt. Wichtig ist die Unterscheidung von ähnlich klingenden Wörtern wie z. B. *Garten* und *Karten*. Die akustische Unterscheidung wird dabei besonders gut durch Verbindungen mit dem Schriftbild gelernt, das die Unterscheidungsmerkmale materialisiert vorgibt. Akustische und artikulatorische Merkmale sollten daher eng aufeinander bezogen am Schriftbild erarbeitet werden.

- **Visuelle Merkmale**

Vollständige visuelle Merkmale eines Wortes, wie z. B. seine Gesamtform, sind nach neueren Untersuchungen, die an Fehlschreibungen vorgenommen wurden, nicht mehr der wichtigste Träger für das Einprägen. Visuell werden eher einzelne auffällige orthographische Merkmale gemerkt. Eine besondere Funktion haben die visuellen Merkmale aber bei der Kontrolle des Geschriebenen. Mit den beim Lesen eingeprägten orthographischen Mustern wird nach dem abgeschlossenen Schreibvorgang abgeglichen. Im Unterricht sollten daher orthographisch besondere Merkmale in Wörtern farbig hervorgehoben werden, damit sie sich visuell besser einprägen.

- **Graphomotorische Merkmale**

Durch häufiges Schreiben eines Wortes wird der schreibmotorische Ablauf eingeprägt. Schreiben z. B. Kinder bei Unsicherheiten mehrmals ein Wort in verschiedenen Schreibweisen, dann versuchen sie das Wort sowohl mit eingeprägten schreibmotorischen als auch mit visuellen Merkmalen zu vergleichen.

Für den Unterricht bedeuten graphomotorische Merkmale, dass wiederholtes, sorgfältiges Schreiben eines Wortes anzuregen ist, denn nur an einem klaren Schriftbild können die genannten

Überprüfungsmechanismen vorgenommen werden. Dazu ist das Handdrucken für Kinder mit graphomotorischen Schwierigkeiten zu empfehlen.

• Morphematische Merkmale
Der morphematische Aufbau eines Wortes hilft z.B. durch das Wissen um die Stammerhaltung und die Flexionsmorpheme beim Einprägen von Verbformen. Weiter sind das Einprägen von häufigen Präfixen und Suffixen sowie die Wortbildung, z. B. zum Erfassen des Fugen-*s*, entscheidende Merkmale eines Wortes, um rechtschriftliche Schwierigkeiten wie z.B. die zwei *r* in *verraten* zu erfassen und dadurch besser zu sichern. Für den Unterricht bedeutet dies, Wörter mit gleichen Morphemen zusammenzustellen, z.B. Wortfamilien zum Erfassen des Wortstammes oder Wörter mit gleichen Endungsmorphemen, sowie die Wortbildung wiederholt durch Gliedern von Wörtern in seine Morpheme bewusst zu machen.

Abschreiben lernen – eine grundlegende Arbeitstechnik zur wortspezifischen Einprägung
Wörter, Sätze und Texte richtig abschreiben zu können, ist eine Grundübung und zugleich eine Grundfähigkeit, die im Rahmen des Rechtschreibunterrichts erworben werden muss. Was nützt z.B. das Nachschlagen im Wörterbuch, wenn das Wort falsch aus dem Wörterbuch abgeschrieben wird? Was nützen ansprechende und motivierende Übungen, wenn die dazugehörigen Wörter nicht richtig abgeschrieben werden? Die Arbeitstechnik *Abschreiben lernen* (siehe Kopiervorlage, S. 66) macht für das Erlernen der Rechtschreibung nur Sinn, wenn sie so aufgebaut wird, dass sich Kinder gleichzeitig die Wörter einprägen.

• Probleme beim Abschreiben
An Textbeispielen aus einem zweiten Schuljahr werden zunächst Probleme aufgezeigt, die beim Abschreiben häufig auftreten.

Sandra hat den Text während des Unterrichts aus dem Sprachbuch abgeschrieben. Die fehlenden Satzschlusszeichen können im Hinblick auf das Abschreiben unberücksichtigt bleiben, da sie von der Schülerin selbstständig ergänzt werden mussten. Trotz richtiger Textvorlage hat Sandra *Krone* und *Uhr* kleingeschrieben, im Wort *Bauchredner* das *e* vergessen, *fenkt* statt *fängt*, *kot*

statt *kommt* und *kleich* statt *gleich* geschrieben. Unter Zeitdruck hat sie nicht gestanden, denn sie fand noch genügend Zeit, ein Bild unter den Text zu malen. Die beiden Kleinschreibungen könnten mit dem ähnlichen Aussehen von Groß- und Kleinbuchstaben erklärt werden. Die Schreibungen *fenkt* und *kleich* zeigen, dass Sandra den Satz oder die Wörter liest und sie danach auswendig nach der Regel „Ich schreibe wie ich spreche" aufschreibt. Das kann dann auch für *uhr* und *krone* gelten. Beim Schreiben des Wortes *kot* war Sandra vielleicht gedanklich schon weiter als ihr Schreiben. Das Weglassen des offenen *e* in *Bauchredner*, das in der Schreibentwicklung im ersten Schuljahr häufig festzustellen ist, kann auf mangelnde akustisch-artikulatorische Durchgliederung des Wortes oder auch auf Flüchtigkeit zurückgeführt werden. Festzustellen ist, dass Sandra am Schluss das Geschriebene nicht mehr mit der Textvorlage verglichen hat. Man könnte mutmaßen, dass sie an diesem „fremden" Text nicht interessiert ist und das Abschreiben lustlos als Pflichtübung aufgefasst und daher unkonzentriert gearbeitet hat.

Fabio ist motiviert den Text richtig abzuschreiben. Es ist sein eigener Text, den er für ein gemeinsames Geschichtenbuch der Klasse geschrieben hat. Die Lehrerin hat Fabios Text

Fabio

Ich habe ein Geheimnis mit meinen Freunt Bjorn Es ist zu Hause und frauften Bjorn und ich eraten Es. gar kein Kind kann es eraten. Es ist gros. Es giebt vile Sachen darin und des erät niemand.

SILKE

Das Eichhörnchen
Das Eichhörnchen
ist an den Es isst
Nussbaum eine
gegangen. Nuss
eine Nuss klettert es
nunter. Nun klettert

danach *eraten* und *erät, gros, giebt, vile*. Fabio, ein italienischer Junge, liest wie Sandra die Sätze bzw. Wörter und schreibt sie dann meist auswendig nach der Regel „Ich schreibe wie ich spreche" auf. Die Schreibung von *ie* bzw. *i* für das lang gesprochene *i* bei den beiden aufeinander folgenden Wörtern verwirrt ihn und führt zur Vertauschung. Wie auch Sandra vergleicht er abschließend nicht mit der Vorlage.

Silke hat zwar alle Wörter richtig geschrieben, ist beim Abschreiben jedoch in der Zeile verrutscht. Sie schreibt dennoch weiter, mit der Folge, dass der Text keinen Sinn mehr ergibt. Silke, die nicht lesen kann, hat nicht abgeschrieben, sondern ohne einen Sinnbezug und ohne Nutzen der Phonem-Graphem-Korrespondenzen Buchstabe für Buchstabe abgemalt. Diese kompensatorische Fähigkeit, schnell und sicher abzumalen, sowie das Auswendiglernen von Lesetexten findet sich häufig bei Kindern, die erhebliche Schwierigkeiten beim Lesen und Verschriften von eigenen Wörtern haben. Fehlerfreie Abschreibtexte oder auch intensiv geübte Diktattexte, die nur mit wenigen Fehlern geschrieben werden, täuschen Rechtschreibfähigkeiten vor, sodass die Probleme dieser Kinder beim Schriftspracherwerb besonders in großen Klassen erst spät erkannt werden.[59]

Thomas hat den Text aus dem Sprachbuch in ausgewogener gleichmäßiger Schrift ohne Fehler abgeschrieben (siehe S. 64). Die Lehrerin freut sich darüber und Thomas erhält dafür einen Belohnungsstempel.

Im gleich lautenden Diktat dagegen hat Thomas von 35 Wörtern nur elf richtig geschrieben. Auch er hat beim Abschreiben abgemalt. Die akustische Durchgliederung der Wörter und die Zuordnung von Buchstaben zu Lauten gelingen ihm nicht. Thomas hat die Phonem-Graphem-Korrespondenz noch nicht erfasst. Die als Gliederungshilfe angebotenen Silbenbögen können ihm in dieser Phase nicht weiterhelfen und werden willkürlich gesetzt. Die wenigen richtig geschriebenen Wörter sind auswendig, ohne Laut-Zeichen-Bezug gelernt. Thomas hat wie Silke – von der Lehrerin unbemerkt – im ersten Schuljahr nicht den Aufbau der Schrift erfasst. Für ihn ist der Aufbau von Laut-Zeichen-Beziehungen das nächste Ziel, das sich durch reines Abschreiben nicht erreichen lässt.

korrigiert und sauber vorgeschrieben. Fabio schreibt ihn nun für das Geschichtenbuch ab. Trotz der richtigen Textvorlage und trotz des Willens und dem Bemühen richtig abzuschreiben, macht Fabio Fehler. Er schreibt *meinen* statt *meinem*, *Freunt*, *erraten* einmal richtig,

Im Herbst regnet
es oft. Der Wind
heult um das
Haus und die
Blätter fallen
ab. Heute scheint
die Sonne. Bunte
Drachen steigen
hoch. Die Kinder
freuen sich. Aber
am Abend wird es
schnell dunkel.

Thomas´ Abschreibtext

Nr. 3.
Herbst
Im Herbst regnet es oft.
Der Wint hölt uns das
Haus. und die Blätter
Fallen ab
Hör scheint die Sonne
Bute Drachen steigen
freuen
Die Kinder sich.
Aber am Abend
schnell dunkel.
Du hast von 35 Wörtern
11 richtig.

Thomas´ Diktat

Die Beispiele machen deutlich, dass fehlerfreies Abschreiben nicht unbedingt Lernerfolg im Rechtschreiben bedeutet. Es reicht nicht aus, Kinder abschreiben zu lassen; vielmehr müssen sie lernen, mit richtiger Strategie abzuschreiben. Das bedeutet für Lehrerinnen und Lehrer, Kindern

Hilfen und Strategien an die Hand zu geben, den Abschreibprozess im Sinne der rechtschriftlichen Einprägung von Wörtern sinnvoll zu gestalten.

• **Abschreibstrategien geübter Rechtschreiber**
Welche Abschreibstrategien geübte Schreiber verwenden, kann jeder selbst feststellen, indem er das folgende „Wort" abschreibt.

Trienahetto

Zunächst wird das Wort gelesen, manche sprechen es auch laut und strukturieren es beispielsweise wie folgt: *Trie-na-hetto* oder *Tri-e-na-hetto* oder *Trien-a-hetto* oder *Trie-nah-etto*. Dabei wird rechtschriftliches Wissen genutzt. Die Strukturierung mit *nah* zeigt z. B. das Wissen um das Längenzeichen *h* an. Rechtschriftliche Merkmale, wie z. B. das *ie* werden gesondert gemerkt oder durch die Art der Strukturierung *Tri-e* akustischartikulatorisch gesichert. Manche schreiben in zwei Schritten und schauen für jeden Teil nochmals die Vorlage an, andere schreiben das Wort als Ganzes. Am Schluss wird mit der Vorlage überprüft.
Der Abschreibvorgang ist nur dann sinnvoll, wenn er mit dem rechtschriftlichen Einprägen des Wortes verknüpft wird. Wie sich geübte Rechtschreiber ein Wort gezielt einprägen, lässt sich an folgendem Beispiel verdeutlichen. Dazu soll das Wort wieder nur kurz angeschaut, abgedeckt und anschließend auswendig aufgeschrieben werden.

Thiehraheto

Wieder werden geübte Rechtschreiber das Wort gelesen und strukturiert haben. Um sich die schwierigen *h* zu merken, sind vielleicht „Eselsbrücken" verwendet worden, z. B. *Thieh* wie *Vieh* oder innerlich wurde formuliert *mit th* oder es wurde versucht, das zweite *h* artikulatorisch hervorzuheben, oder es wurde sich gemerkt *dreimal h*. Während des Schreibens und hinterher wächst die Unsicherheit, ob das Wort richtig geschrieben wurde. Das neue Wort *Thiehraheto* ist durch seine ähnliche Struktur mit dem zuerst geschriebenen Wort *Trienahetto* in Konkurrenz getreten. Es hat sich die so genannte „Ähnlichkeitshemmung" eingestellt. Jeder weiß, dass es beim Schreiben des neuen Wortes auf die richtige Stellung der drei *h* ankommt, doch wo gehören sie im Wort hin? Genau diese Ähnlichkeitshemmung ist bei Fabio aufgetreten, als er die Wörter *giebt* und *vile* schrieb.

Die Erfahrungen, die geübte Rechtschreiber beim Abschreiben und Einprägen machen können, finden sich im kognitionsorientierten Modell zur wortspezifischen Einprägung von *Gerheid Scheerer-Neumann* wieder. Sie hat festgestellt, dass die lange Zeit favorisierte Wortbildtheorie, nach der sich Kinder angeblich ganze Wörter im Gedächtnis einprägen, nicht mehr zu halten ist. Die Lernstrategie kann nicht mehr heißen „visuelle Einprägung der Wortbilder", sondern das Wort wird beim Erwerb durch Laut-Zeichen-Zuordnung in Verbindung mit multisensorischem bewussten Einprägen wortspezifischer Besonderheiten gelernt (siehe S. 59 ff.).

• Arbeitstechnik: Abschreiben lernen

Diese Arbeitstechnik (siehe S. 66) gibt Kindern einen Ablauf vor, der den komplexen Vorgang des Abschreibens in sinnvolle Teilschritte aufgliedert und zugleich grundlegende Rechtschreibstrategien vermittelt. Die verschiedenen Informationen zum Wort sollten beim Abschreiben gezielt genutzt und eingeprägt werden.
Am Anfang stehen das Lesen und damit das Verstehen des Satzes bzw. Textes. Häufig wird die notwendige inhaltliche Auseinandersetzung mit dem Abschreibtext nicht genügend beachtet, was zu einem mechanisierten, meist buchstabenweisen Abschreiben führen kann. Wenn Kinder selbst Wörter, Sätze oder Texte entwickeln, ist ein persönlicher Zugang zum Text geschaffen, der sich positiv auf das Rechtschreiben auswirkt. Ein „sinnloses" Schreiben wird dadurch vermieden.

Die Arbeitstechnik muss immer wieder gezielt eingeübt werden. Dazu sollte man sich und den Kindern Zeit lassen. Folgende vier Schritte gilt es beim Abschreiben zu vollziehen:

1. Schritt: sprechen
Das Sprechen greift die grundlegende Strategie des Kindes auf, sich die Abfolge der Laute durch die Artikulation zu vergegenwärtigen. Das gesprochene Wort bietet beim Konstruieren, Einprägen und Abrufen ein zeitliches Gerüst, an das die Buchstaben bzw. Buchstabengruppen geknüpft werden können. Das Sprechen steuert die Buchstabenreihenfolge. Für das Abschreiben

ist die Strukturierung des Wortes hilfreich und von Bedeutung. Dazu bieten sich die Gliederung in Silben[60] und die Gliederung in Morpheme an. Die Morphemstruktur kann eine bedeutende Hilfe darstellen (siehe Übungen, S. 106 ff.). Für Schreibanfänger und schwache Rechtschreiber weist sie Probleme auf, die *Gerheid Scheerer-Neumann* wie folgt formuliert: „Kritisch anzumerken ist allerdings, dass die Morphemstruktur der Schriftsprache nur dann optimal vom Kind ausgenutzt werden kann, wenn es Wörter in Morpheme gliedern kann. Gerade hier müssen Einschränkungen gemacht werden. Während die meisten Schulanfänger Wörter ohne Mühe in *Silben* gliedern können, muss die *Morphemgliederung* bewusst erworben werden."[61] Im ersten und zweiten Schuljahr und für sehr schwache Rechtschreiber auch später noch ist beim Rechtschreiben die Grobgliederung in Silben der Einteilung in Morpheme vorzuziehen.[62] Unterstützt werden kann die Gliederung in Silben besonders gut durch Schwingen und Gehen des Wortes bzw. Satzes. Optisch können Silbenbögen die Gliederung deutlich machen. Die Gliederung in Silben lehnt sich an den Sprechakt an und lässt Sprech- und Schreibakt zusammenfallen. Das Kind kann nach der Silbe abbrechen, den zweiten oder dritten Teil des Wortes nochmals genau lesen und anschauen und ihn dann unterstützt durch das Mitsprechen weiter schreiben. Deshalb sollte man bei Kindern mit Rechtschreibschwierigkeiten das Setzen des I-Punktes, der Umlautzeichen und des T-Striches nach dem Schreiben der Silbe einüben.

2. Schritt: merken
Entscheidend für das Erlernen der Rechtschreibung von Wörtern ist der bewusste Merkvorgang. Dieser zweite Schritt wird häufig übersprungen, sodass es schnell zu Fehlern kommen kann, wie die Texte von Sandra (siehe S. 62) und Fabio (siehe S. 63) zeigen. Beide Kinder haben zwar den ersten Schritt der Arbeitstechnik vollzogen, danach aber sofort geschrieben, und zwar nach der Regel „Ich schreibe wie ich spreche". Beim zweiten Schritt der Arbeitstechnik muss sich das Kind in jedem einzelnen Wort das merken, was von der phonemischen Schreibweise abweicht. Diese Besonderheiten eines Wortes müssen bewusst eingeprägt werden, am besten über verschiedene Lernkanäle: Der optische Kanal wird durch farbiges Hervorheben genutzt; fährt das

Abschreiben lernen

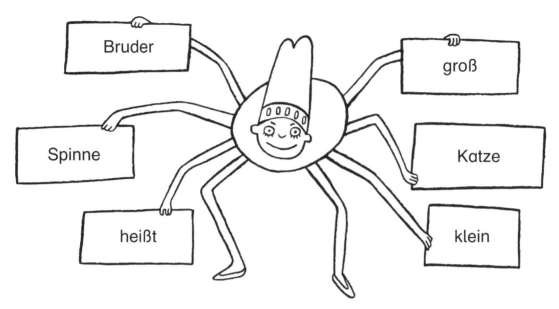

1. Schritt:

sprechen

Ich spreche mir die Wörter deutlich vor und schwinge dabei die Silben.

Bruder   Katze   heißt   klein

2. Schritt:

merken

Ich merke mir, worauf ich achten muss.
- Bruder **groß**   Bruder
- Katze mit **tz**   Katze
- heißt mit **ß**   heißt
- klein mit **k**   klein

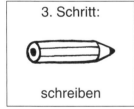

3. Schritt:

schreiben

Ich lese das Wort noch einmal.
Ich decke das Wort ab.
Ich schreibe das Wort
und spreche dabei leise die Silben.

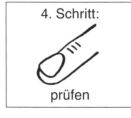

4. Schritt:

prüfen

Ich vergleiche.
Ein Wort mit einem Fehler
streiche ich durch
und schreibe es noch einmal richtig auf.

westermann®

Kind in der Vorlage diese Buchstaben selbst farbig nach, wird die Besonderheit zudem motorisch eingeprägt. Wörter mit dem Längenzeichen *h* merken sich die Kinder meist nur in der Kurzform: *mit h.* Solange dieses Längenzeichen noch nicht gezielt erarbeitet wurde, setzen die Kinder das gemerkte *h* oft an die falsche Stelle, z.B. meine Katze *Morhle.* Daher ist es sinnvoll als Einprägungshilfe *oh* anzugeben. Durch überdeutliches Artikulieren der Besonderheit werden der artikulatorische und akustische Kanal angesprochen. Dafür hat sich der Begriff „Rechtschreibsprechen" bewährt. Die Kinder sprechen die Wörter deutlich in Silben und heben die zu merkenden Buchstaben bzw. Buchstabengruppen deutlich hervor. Sobald Regelmäßigkeiten auftreten, sollten diese verbalisiert werden. So wird der kognitive Kanal in Verbindung mit der akustischen Einprägung einbezogen und eine Verbindung zum Regelspeicher hergestellt. Die Kinder formulieren z.B. *Mutter* mit *zwei t,* weil Blitzwort (bzw. kurzer Vokal), *Hund* mit *d,* weil *Hunde, heißt* mit *Eszett,* weil langer Selbstlaut.

Diesen Merkvorgang muss jedes Kind individuell vornehmen, denn je nach Vorwissen, Lernstrategie, dialektaler Aussprache und Artikulationsproblemen muss es sich unterschiedliche Besonderheiten merken. Beispielsweise merkt sich ein norddeutsches Kind im Wort *Pferd* nicht nur das auslautende *d,* sondern zusätzlich *Pf,* da es *Fert* artikuliert. Ein süddeutsches Kind dagegen hat mit dem Anlaut *Pf* normalerweise keine Probleme. Kinder mit Artikulationsproblemen bei harten und weichen Konsonanten müssen sich meistens bei Konsonantenhäufungen den weichen Konsonanten gezielt merken (*gleich*). Wenn ein Kind weiß: „*Ich* muss besonders *darauf* achten oder für *mich* ist wichtig, mir *dies* zu merken", dann ist ein entscheidender Schritt für bewusstes Rechtschreiblernen getan. Das Kind ist damit für Rechtschreibbesonderheiten, für Abweichungen von der phonemischen Schreibweise sensibilisiert. Kinder erfassen schnell, dass zur rechtschriftlichen Einprägung eines Wortes von einzelnen Kindern unterschiedliche Buchstaben bzw. Buchstabengruppen gemerkt werden müssen. Dies mögen folgende Aussagen von Kindern belegen. Die Kinder hatten die Aufgabe zu überlegen, was sie sich besonders merken müssen, um folgenden Satz richtig zu schreiben: „Im Januar wollen wir einen Schneemann bauen." Daniel sagte: „Für Francesca das *ei.*" Francesca ist Italienerin und

schreibt *ai,* da sie aus dem Italienischen den Diphthong *ei* nicht kennt. Alle anderen schreiben das Grundwort *einen* ohne Probleme richtig. Ramon sagte: „Für mich – das *J* geht bis in den Keller." Er hat beim Schreiben in Schreibschrift mit dem *J* Schwierigkeiten. Nur er muss sich dieses Merkmal besonders einprägen. Daher formulierte er auch *für mich.*

3. Schritt: schreiben
Nach dem „Merken" sollte jedes Kind das Wort oder den Satz noch einmal lesen und dabei als Schreib- und Merkhilfe das „Rechtschreibsprechen" mit überdeutlichem Hervorheben der zu merkenden Besonderheiten durchführen. Anschließend wird die Textvorlage abgedeckt, wodurch der Abschreibvorgang in einen Aufschreibvorgang eingebettet wird. Das Abdecken der Textvorlage verhindert ein Abmalen. In der Rechtschreibung unsichere Kinder sollten versuchen, ein Wort oder zumindest eine Silbe auswendig zu schreiben, und dabei die Gewissheit haben, bei Unsicherheit jederzeit nachschauen zu können. Durch das Abdecken wird das Einprägen der Besonderheit in Verbindung mit dem Sprechakt gefördert. Das langsame gedehnte Artikulieren stützt die Reihenfolge der Buchstaben und die Fähigkeit des Durchgliederns. Damit ist wieder eine Verknüpfung zum Regelspeicher hergestellt. Um einen langen Satz abzuschreiben, müssen Kinder den Satz in Sinnschritte einteilen können. Je nach Merkfähigkeit werden die Kinder unterschiedlich lange Sinneinheiten für das Abschreiben wählen. In Verbindung mit dem Lese- und Grammatikunterricht sollte das Gliedern des Satzes in Sinnschritte immer wieder geübt werden.[63]

4. Schritt: prüfen
Dieser Schritt wird von Kindern oft vergessen und häufig nur von der Lehrerin oder dem Lehrer durchgeführt. Im Unterricht wird immer wieder deutlich, dass Kinder eigene Fehler übersehen und die anderer eher entdecken. Das erklärt, warum viele Lehrerinnen und Lehrer eine Partnerkontrolle durchführen lassen. Im Sinne eines selbstständigen Lernens und des Ansatzes, Fehler als Chance für das weitere Lernen zu interpretieren, muss darüber hinaus jedes Kind lernen, sich selbst zu kontrollieren. Das buchstabenweise Vergleichen mit Hilfe eines Fingers (ein Finger bewegt sich in der Textvorlage, der andere Finger

im Heft) ist für Schreibanfänger hilfreich, um Auslassungen wahrzunehmen. Im ersten Schuljahr kann als Orientierungshilfe unter jeden überprüften Buchstaben ein kleines Pünktchen gesetzt werden. Später ist das buchstabenweise Vorgehen nur noch in Ausnahmefällen notwendig. Es sollte deutlich gelesen und gezielt auf die Besonderheiten geachtet werden: „Hast du das *tz* im Wort *Katze*?" Ein fehlerhaft geschriebenes Wort noch einmal schreiben zu lassen, dient der motorischen Einprägung des Wortes.

Übungen zur Anwendung der Arbeitstechnik „Abschreiben lernen"

Um die vier Schritte beim selbstständigen Abschreiben zu sichern, sollten sie bei allen Abschreibaufgaben sichtbar aufgehängt oder am Material angebracht sein. Die vier Schritte lassen sich mit Hilfe von Frühstücksdiktaten erfolgreich einüben und sichern. Als besondere Materialien zum Üben des Abschreibens können der Abschreibpfeil, die Diktattasche und das Drei-Spalten-Blatt eingesetzt werden.

• Frühstücksdiktate

Frühstücksdiktate[64] dienen der Einübung der vier Schritte. Dazu wird jeden Morgen ein Satz gemeinsam rechtschriftlich eingeprägt und als Diktat geschrieben. Der von *Horst Bartnitzky* stammende Begriff kann folgendermaßen eingeführt werden: „So wie wir jeden Morgen ein gesundes Frühstück brauchen, um fit für den Tag zu sein, so brauchen wir auch jeden Morgen ein kurzes Frühstücksdiktat, um fit für das Rechtschreiben zu sein."

Zunächst wird gemeinsam mit den Kindern ein Satz entwickelt, der so zu „ihrem" Satz wird. Der Satz kann z. B. von mehreren Kindern pantomimisch vorgespielt und erraten werden oder er kann aus einzelnen Wörtern zusammengepuzzelt werden. Er kann als Satz mit Lücken an der Tafel vorgegeben werden, der von den Kindern ergänzt werden muss. Die Lücken können hinsichtlich des Schwierigkeitsgrades unterschiedlich sein, wie im folgenden Beispielsatz gezeigt wird: „Mein Freund spielt mit seinem Hund."
Die Kinder nennen ihre Lösungsvorschläge. Am Schluss steht der Satz vollständig an der Tafel.

An diesem Satz werden anschließend die vier Schritte ausgeführt. Nach dem deutlichem Sprechen und Einzeichnen der Silbenbögen wird der Satz nochmals in Silben gesprochen. Nun werden von den Kindern „Rechtschreibklippen", die zu merken sind, benannt und die jeweiligen Buchstaben bzw. Buchstabengruppen farbig hervorgehoben. Da die richtige Endung im Wort *seinem* oft nicht bewusst wahrgenommen und gesichert wird, sollte sie von der Lehrerin oder dem Lehrer vorgegeben werden. Um den Regelspeicher zu aktivieren, ist es wichtig, bereits bekannte Regelungen formulieren zu lassen, z.B.: *spielt* mit *sp*: wir sprechen *schp* und schreiben *sp*; *Freund* groß: der Freund. Freund ist ein Wort für einen Menschen; *Freund* und *Hund* mit *d*, weil *Freunde* und *Hunde*.
Manfred Wespel[65] hat zur Verdeutlichung der Verlängerung im Fall der Auslautverhärtung vorgeschlagen, den Silbenbogen um einen geraden Strich zu verlängern, um auch optisch das nötige Vorgehen des Schreibers zu verdeutlichen.

Vor dem Schreiben wird der Satz ein letztes Mal von allen Kindern deutlich artikuliert. Erst danach wird die Tafel zugeklappt. Die Kinder schreiben jetzt auswendig den Satz auf. Kinder, die noch unsicher sind oder sich nicht den ganzen Satz merken können, können zur Tafel gehen und den Satz oder einzelne Wörter nachlesen. Sie üben dabei das Einprägen, weil sie bis zu ihrem Platz das Wort behalten müssen. Ein Abmalen ist damit ausgeschlossen. Wenn alle Kinder fertig sind, wird die Tafel aufgeklappt und jedes Kind überprüft seinen Text im Heft. Dazu ist es hilfreich und für das Einprägen förderlich, wenn die Lehrerin oder der Lehrer nochmals auf die Besonderheiten in einzelnen Wörtern hinweist: „Hast du *spielt* mit *sp* geschrieben? Hast du *Freund* mit *d* am Ende geschrieben, weil *Freunde*?"

• Abschreibpfeil

Der Abschreibpfeil macht auf die einzelnen Schritte beim Abschreiben aufmerksam. Er bietet den Kindern die Möglichkeit gemäß ihrer Gedächtnis- und Merkfähigkeit Einzelwörter bis hin zu Sätzen aufzudecken bzw. durch Zurückschieben des Pfeils abzudecken. Er provoziert das Merken und mit seiner Hilfe kann der Abschreibvorgang in einen Aufschreibvorgang verwandelt werden.

• Diktattasche

Die Grundidee der Diktattasche[66], bei der in einem Fenster der abzuschreibende Satz erscheint, wurde hier durch zwei Fenster, eines zum Sprechen und Merken und eines zum Prüfen ergänzt. Entscheidend für das Merken ist, dass während des Schreibens der Text unsichtbar ist. Dies ist durch das Weiterschieben des Textblattes nach unten gegeben.

Solche Diktattaschen sind leicht mit Hilfe der Kopiervorlage auf Seite 70 herstellbar. Die Fenster werden mit einem Federmesser ausgeschnitten. An den Seiten werden zwei dickere Pappstreifen innen angebracht und ein Rückblatt angefügt, so kann jetzt ein Textblatt eingeschoben werden. Beim Textblatt ist jeweils nur jede dritte Zeile zu beschriften, und zwar von unten nach oben. Da die Leserichtung im Deutschen von links nach rechts und von oben nach unten verläuft, muss das Blatt jeweils von oben

👄 ❗	✏️	👆
1. Ich koche gern.	Ich koche gern	gern
2. Ich heiße ...		
3. Mein Vogel mag Bananen.		
4. Wir lesen gern.		
5. Wir rechnen oft.		
6. Meine Schwester spielt mit mir.		
7. Ich spiele mit Tanja.		
8. Mein Bruder ist lieb.		
9. Mama mag gern Katzen.		

eingeschoben werden. Nach und nach werden nun die Wörter oder Sätze, die im Fenster erscheinen, gemäß der vorgegebenen Schritte abgeschrieben.

• Drei-Spalten-Blatt

Dieses von *Wolfgang Menzel*[67] vorgeschlagene Übungsmaterial zum Lernen des Abschreibens gibt Kindern überschaubare Abschreibteile in deutlichen Dreierschritten vor. Wenn es ergänzt wird um die Symbole für die vier Schritte der Arbeitstechnik, lässt sich damit ebenfalls die Arbeitstechnik sichern und richtig einüben helfen. Nach dem Lesen des Textteiles in der linken

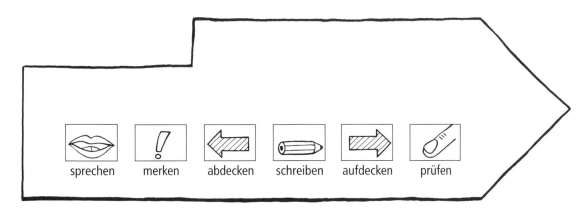

sprechen   merken   abdecken   schreiben   aufdecken   prüfen

Diktattasche

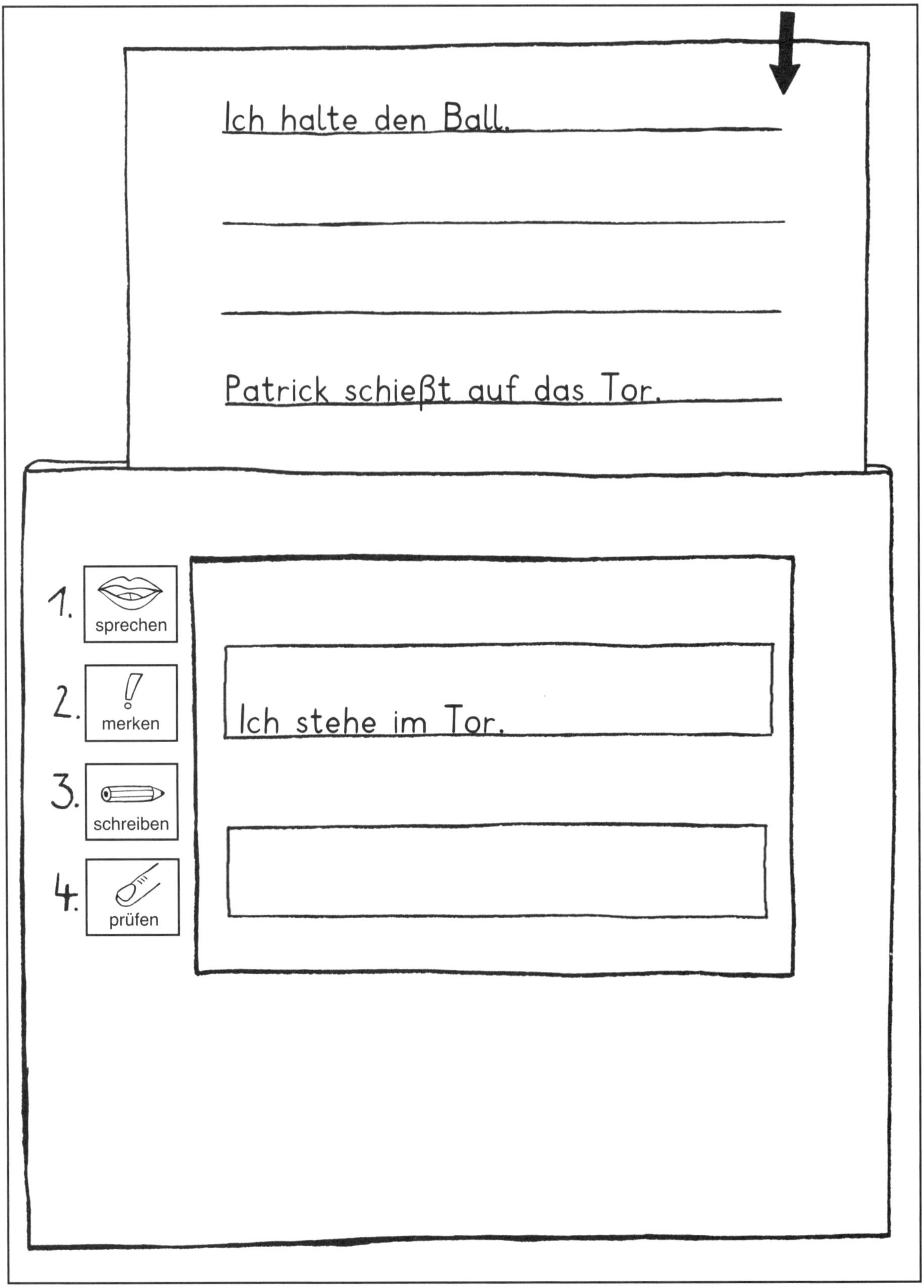

Ich halte den Ball.

_____

_____

Patrick schießt auf das Tor.

1. 👄 sprechen

2. ❗ merken

3. ✏️ schreiben

4. 👆 prüfen

Ich stehe im Tor.

Spalte, sollte dieser jeweils abgedeckt oder nach hinten geklappt und erst wieder für das Prüfen aufgedeckt werden.

• **Abschreibübungen mit Aufgaben verbinden**
Abschreiben findet in der Schule häufig so statt: An der Tafel steht oder entsteht ein Text, er wird gelesen und dann abgeschrieben; an der Tafel entsteht eine Wörtersammlung, sie wird gelesen und dann abgeschrieben; im Buch steht ein Text, er wird gelesen und dann abgeschrieben. Es ist nicht verwunderlich, dass viele Kinder mit Unlust an solche Aufgaben herangehen, was meist mit unsorgfältigem und häufig fehlerhaftem Abschreiben verbunden ist.

Um stures Abschreiben ohne eine Auseinandersetzung mit dem zu sichernden Wortschatz zu vermeiden, sollten Abschreibübungen möglichst immer mit einer Aufgabe verbunden sein. Erst dadurch setzen sich Kinder gedanklich mit dem auseinander, was sie schreiben, und erkennen einen Sinn im Abschreiben. Von der Vielzahl an Möglichkeiten seien hier einige genannt: Aus einer von Kindern zusammengetragenen Liste von Wörtern zu einem bestimmten Themenbereich können sie zehn Wörter heraussuchen und abschreiben, die ihnen wichtig sind. Durcheinander geratene Sätze können geordnet werden. Wortpaare oder Wörter zu bestimmten Wortfeldern oder zu Wortfamilien können gesucht und in Sätze richtig eingeordnet werden. Sätze können Bildern zugeordnet werden. Auch die ästhetische Gestaltung eines für das Kind wichtigen Textes als Schmuckblatt, als Wörterbild oder als Rätselbild[68] bietet sich an.

• **Auswählaufgaben**
Abschreiben lässt sich mit wenig Aufwand individuell und inhaltlich ausrichten, indem Auswählaufgaben gestellt werden. Schon der Auftrag „Suche dir aus der Wörterliste zehn Wörter heraus, die dir wichtig sind, und schreibe sie auf", führt zu einer inhaltlichen Auseinandersetzung mit dem Wortschatz, lässt Entscheidungsmöglichkeiten zu und spricht das Kind individuell an. Das Kind überlegt und entscheidet selbst, welche Wörter zu ihm passen, welche ihm wichtig sind oder welche es besonders üben muss. Einige weitere Beispiele mögen diesen Weg verdeutlichen:

– Verben stehen im Mittelpunkt des Unterrichts: An der Tafel entsteht eine Liste vieler von den Kindern genannter Verben. Die Abschreibaufgabe dazu lautet: „Schreibe auf, was du davon gerne machst." Die „Rennbahn für Verben" (siehe Kopiervorlage, S. 72) kann ebenfalls zum Schreiben und Üben von Verben eingesetzt werden.
– Sportarten sind Unterrichtsthema: Wörter werden von den Kindern gesammelt und von der Lehrerin oder dem Lehrer angeschrieben. Die Abschreibaufgabe lautet: „Welche Sportarten möchtest du gerne lernen und welche schaust du dir gerne im Fernsehen an?" Alternativ kann die Kopiervorlage „Sport, Sport, Sport" eingesetzt werden (siehe S. 73).
– Tiere sind Unterrichtsthema: Wörter für Tiere werden gesammelt. Die Abschreibaufgabe heißt: „Welches Tier möchtest du gerne haben. Wie soll es heißen?" Dazu könnte das unten stehende Arbeitsblatt eingesetzt werden.
– Ernährung und Speisen sind Unterrichtsthema. Es werden Wörter dazu gesammelt. Alternativ können die Kinder einen Wochenspeiseplan erstellen oder ihre Lieblingsgerichte auswählen und aufschreiben. Ebenso kann die Kopiervorlage „Hmm, das schmeckt!" (siehe S. 74) zum Einsatz kommen.

Rennbahn für Verben

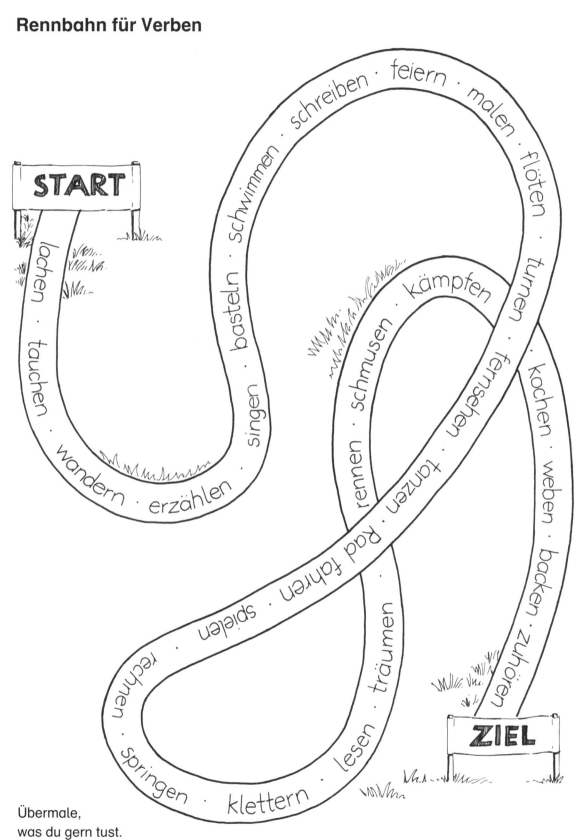

START

lachen · tauchen · wandern · erzählen · singen · basteln · schwimmen · schreiben · feiern · malen · flöten · turnen · fernsehen · kämpfen · schmusen · rennen · tanzen · Rad fahren · spielen · rechnen · springen · klettern · lesen · träumen · kochen · weben · backen · zuhören

ZIEL

Übermale,
was du gern tust.
Schreibe diese Verben auf.

Sport, Sport, Sport

reiten   Schlitten fahren   Bob fahren   fechten

Tischtennis spielen   turnen   schnell laufen

Rad fahren   weit springen   Kanu fahren

Judo Schlittschuh laufen   Fußball spielen

Badminton spielen   tanzen   Federball spielen

Tennis spielen   Langlauf machen   schwimmen

Handball spielen hochspringen  boxen

wandern   bergsteigen   Basketball spielen

rudern   Schi laufen   Volleyball spielen

Bummerang werfen Hockey spielen

Stabhochsprung   Motorrad fahren   Skateboard fahren

Inliner fahren   werfen   Rennauto fahren

Was möchtest du davon gerne lernen?
Was schaust du dir gern an?
Schreibe es in dein Heft.

Hmm, das schmeckt!

Kartoffelbrei   Suppe   Spagetti   Reis

Spinat   Rührei   Spiegelei   Soße

Eis   Schnitzel   Obstsalat   Pommes frites

Pudding   Nudelauflauf   Salat

Bohnen   Karotten   Sauerkraut

Pfannkuchen   Milchreis   Hähnchen

Würstchen   Rotkohl   Erbsen

Fischstäbchen   Bratwurst   Kartoffeln

Nudeln   Blumenkohl   Tomaten

Pizza   Paprika   Muscheln   Kompott

Obst   Eierkuchen   Erdbeeren

1. Was isst du gern? Schreibe auf.
   Male oder klebe dazu.
2. Wie soll dein Speiseplan aussehen?
   Am Montag: _____
   Am Dienstag: …

Mit Aufgaben dieser Art fühlt sich ein Kind persönlich angesprochen, wird angeregt seine Wünsche zu bedenken und schriftlich zu dokumentieren. Mit den abgeschriebenen Wörtern oder Sätzen sagt es etwas über sich aus. Schreiben wird damit zu einer kommunikativen Handlung. Das gegenseitige Vorlesen dessen, was aufgeschrieben wurde, gehört mit zur Aufgabe. Kinder erfahren dabei etwas voneinander und kommen sich näher. Auch die Lehrerin oder der Lehrer sollte sich mit Kommentaren auf die Aussagen der Kinder beziehen, z. B.: „Ich schwimme auch so gerne wie du. Darum habe ich eine Jahreskarte fürs Hallenbad." – „Du schaust gerne Boxkämpfe an. Dann hast du sicher gestern in der Sportschau den Boxkampf zwischen X und Y gesehen." Darüber hinaus können die Ergebnisse solcher Aufgaben zusätzlich auf Wortstreifen festgehalten werden, die an der Pinnwand ausgehängt werden. Denn dadurch können durchaus gemeinsame Aktivitäten in der Freizeit entstehen.

• **Merkwörter wortspezifisch einprägen**

Merkwörter können nicht über Regelwissen konstruiert werden. Sie müssen wortspezifisch eingeprägt werden. Im weiteren Sinne gehören zu Merkwörtern alle Wörter, deren Schreibung von den Kindern nicht sicher durch die Anwendung von Regelwissen ermittelt werden können. Dazu gehören insbesondere Wörter mit *v*, mit dem Längenzeichen *h*, mit Doppelvokal, mit *ä*, die nicht ableitbar sind (z. B. *Käse*), mit *pf*, mit *chs*, mit *x*, mit *ai* und mit *ß*. Die Schreibung von Wörtern mit *ß* ist zwar seit Inkrafttreten der Rechtschreibreform durch die Schreibung von *ß* nach langem Vokal und Zwielaut geregelt. Dennoch stellt sie für Kinder, besonders im süddeutschen Raum, die zwischen stimmhaftem und stimmlosen *s* nur schwer unterscheiden können, ein besonderes Problem dar. Über die Artikulation können viele Kinder z. B. *reisen* und *reißen* nicht sicher unterscheiden, die richtige Artikulation gelingt erst mit der Vorgabe des *s*-Lautes durch das Schriftbild. Deshalb sollten Wörter mit *ß* auch unter Merkwörtern aufgenommen werden, wie *Gerhard Augst*[69] vorschlägt, zumal sie nur teilweise sicher durch die Bestimmung der Länge des Vokals ermittelt werden können, z. B. *Fuß* vs. *Mus*. Ebenso gibt es in einzelnen Regionen keine Lautunterscheidung zwischen *pf* und *f*.

• **Such- und Ordnungsübungen**

Suchaufgaben zu Wörtern mit orthographischen Merkmalen lassen Kinder das jeweilige rechtschriftliche Phänomen besonders bewusst werden. Kinder sollten bei diesen Aufgaben unbedingt mit dem Wörterbuch oder mit der Wörterliste arbeiten und Wörter nicht frei suchen. Folgende zu einem orthographischen Merkmal ausgewählte Such- und Ordnungsaufgaben bieten sich an:

„Geh in deinem Wörterbuch auf Entdeckungsreise nach Wörtern mit *V/v* oder mit *ah, eh, oh, uh, äh, öh, üh, ih* oder mit *aa, ee, oo* oder mit *chs* oder mit *ß*. Wie viele Wörter findest du in fünf Minuten?"

Die Kinder erfahren dabei, dass Wörter mit diesen Merkmalen Ausnahmewörter sind. Besonders mit *ih* und zum Doppelvokal werden sie nur wenige Wörter finden. Kinder können dabei erfahren, dass sie im Zweifelsfall nach einem langen Vokal kein Längenzeichen einsetzen sollen. Die Wahrscheinlichkeit ohne zusätzliches Längenzeichen Wörter richtig zu schreiben, ist gemessen am Gesamtwortschatz hoch.

Die Zusammenstellung von Merkwörtern mit demselben orthographischen Merkmal sichert die Einprägung. Das Kind verknüpft so die Schreibweise eines Wortes mit einer schon gesicherten Schreibweise eines anderen Wortes, z. B. *viel* mit Vogel-*v* wie *vier*.

Eine Gegenüberstellung von Wörtern mit *v* und *f* oder mit *aa* und *a* und *ah* sollte unbedingt vermieden werden, da dadurch eine Ähnlichkeitshemmung auftreten kann, die ein Kind verwirrt. Damit die Merkwörter als Gruppe gesichert werden, können sie in Umrisse von Bildern, die als „Ankerwörter" dienen, eingetragen werden. So können der Umriss eines Bootes oder einer Fee viele Wörter mit Doppelvokal in verschiedenen Farben aufnehmen. Für das orthographische Merkmal *ah, eh, oh, uh, ...* bieten sich Umrisse eines Schuhs, eines Rehs oder einer Kuh an, für Wörter mit *ß* der Umriss eines Fußballs, für Wörter mit *V/v* der Umriss eines Vogels.

• **Verwandte Wörter suchen**

Die Zusammenstellung von Wörtern zu Wortfamilien lässt das Stammerhaltungsprinzip bewusst werden. Die Kinder erfassen, dass der Wortstamm gleich bleibt, und schreiben z. B. nach der Einprägung des Wortstammes *fahr* weitere Wörter dieser Wortfamilie ebenfalls mit dem Längenzeichen *h*. Das Suchen verwandter Wörter mit Hilfe des Wörterbuches, z.B. *kämpfen, der Kampf, bekämpfen, kämpferisch, der Kampfsport,* sollte daher in regelmäßigen Abständen angeregt werden.

• Merksätze und Geschichten zu Merkwörtern ausdenken

Besonders für selten auftretende orthographische Merkmale, z.B. Wörter mit Doppelvokal (siehe S. 8 ff.) und Wörter mit *ai* bieten sich zum leichteren Einprägen Merksätze und Geschichten an. Reime lassen sich besonders gut merken, z.B. „Der Kaiser fing im Mai immer einen Hai." Mit solchen oder ähnlichen Merksätzen kann die Schreibweise gut vernetzt und leichter abgerufen werden. Das Kind überprüft die Schreibweise mit Hilfe der Frage „Gehört das Wort zu meiner „Kaiser- und Hai-Geschichte?"

• Spielerische Übungen

Mit dem in regelmäßigen Abständen zu spielenden Tambo-Spiel lassen sich Merkwörter und anderer zu sichernder Grundwortschatz spielerisch üben. Für das Tambo-Spiel (siehe unten) werden zehn bis fünfzehn von der Lehrerin oder dem Lehrer ausgewählte oder von den Kindern vorgeschlagene Merkwörter an die Tafel geschrieben. Da die wortspezifische Einprägung über mehrere Lernkanäle erfolgen sollte, wird zunächst das orthographische Merkmal der Wörter von den Kindern benannt, anschließend visuell durch Nachfahren gekennzeichnet und in Wörtern beispielsweise mit *ß* zusätzlich artikulatorisch deutlich hervorgehoben. Jedes Kind wählt sich von den Wörtern fünf aus und schreibt sie untereinander auf. Der Spielleiter oder die Spielleiterin liest nun die Wörter von der Tafel durcheinander vor. Jeder macht einen Haken hinter das genannte Wort, wenn es unter seinen fünf aufgeschriebenen dabei ist. Wer zuerst hinter jedem seiner Wörter einen Haken hat, ruft „Tambo!" Wenn alle fünf Wörter richtig geschrieben sind, hat ein Kind gewonnen und übernimmt in der nächsten Runde die Spielleitung.

Je nach Zeit und Konzentrationsvermögen der Kinder können längere oder kürzere Wörterlisten angeboten werden, aus denen eine unterschiedliche Anzahl an Wörtern herausgeschrieben werden muss. Neben Einzelwörtern können auch Wortkombinationen verwendet werden, z.B. *früh aufstehen, ohne Angst, mit ihm, viel später.* Häufig auftretende Funktionswörter wie Artikel, Pronomen, Präpositionen, Konjunktionen und Adverbien, z.B. *vor, viel, ab, ohne, uns, bloß, später,* lassen sich ebenfalls mit Hilfe des Tambo-Spiels üben. Sie kommen in Kindertexten am häufigsten vor und sind unbedingt als Grundwortschatz sicher einzuprägen. Dabei sollten auch flektierte Formen verwendet werden, damit die Kinder bewusst auf die jeweilige Endung achten, z.B. mit de*m* Fahrrad fahren, auf de*n* Stuhl klettern, unter eine*m* Baum sitzen.

Einzelne Wörter können aber auch mit dem Bingo-Spiel (siehe unten) immer wieder geübt werden. Die Kinder falten dazu ein Blatt in neun oder sechzehn Felder. Wörter zu bestimmten Merkmalen werden aus der Wörterliste aufgeschrieben. Jedes Kind beschriftet in ungeordneter Reihenfolge seinen Spielplan. Die Spielleitung liest durcheinander Wörter aus der Wörterliste vor und benennt dabei das Merkmal, *viel* mit *v*. Wer dieses Wort auf seinem Spielplan stehen hat, belegt das Feld mit einem Spielstein. Wer als Erster eine Waagerechte, eine Senkrechte oder eine

Übung — Wörter, die man sich einprägen muss

Tambo

bloß
viel

Leonie
ohne
ihn
bloß ✔
später
Sahne

Mark
viel ✔
bloß ✔
früh
ihm
später

So könnt ihr üben:
• Schreibt 15 Wörter an die Tafel.
• Jeder wählt davon fünf aus und schreibt sie auf.
• Einer liest die Wörter durcheinander von der Tafel vor.
• Jeder macht einen Haken hinter das genannte Wort.
• Wer zuerst hinter jedem Wort einen Haken hat, hat gewonnen.

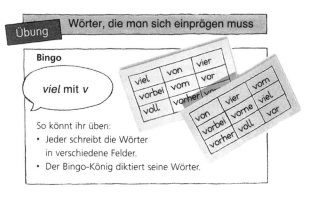

Übung — Wörter, die man sich einprägen muss

Bingo

viel mit *v*

viel	von	vier
vorbei	vom	vor
voll	vorher	von

von	vier	vom
vorbei	vorne	viel
vorher	voll	vor

So könnt ihr üben:
• Jeder schreibt die Wörter in verschiedene Felder.
• Der Bingo-König diktiert seine Wörter.

Diagonale mit Spielsteinen belegt hat, ruft „Bingo!" Die Wörter werden jetzt rechtschriftlich überprüft. Sind alle Bingo-Wörter richtig, ist dieses Kind Bingo-König bzw. Bingo-Königin geworden. Der Bingo-König oder die Bingo-Königin diktiert die Wörter aus der belegten Reihe und wird für die nächste Runde Spielleiter oder Spielleiterin.

• **Überprüfen der wortspezifisch gesicherten Wörter**
Kinder benötigen Rückmeldungen, ob sie einen bestimmten Wortschatz sicher richtig abrufen können. Die Erfahrung, eine Anzahl von Wörtern sicher richtig schreiben zu können, unterstützt das Vertrauen in die eigenen Fähigkeiten und schafft Übungsbereitschaft. Mit dem Aufschreiben von Kopfwörtern[70], das sind für Kinder die Wörter, die sie schon richtig sicher in ihrem Kopf haben, dokumentieren die Kinder besonders im ersten und zu Beginn des zweiten Schuljahrs ihren Lernfortschritt (siehe Kopiervorlage, S. 78). Die ausgefüllten Blätter lassen den Bestand an gesicherten Wörtern sichtbar werden. Das Aufschreiben von Kopfwörtern sollte daher in regelmäßigen Abständen immer wieder durchgeführt werden.

Übungen zur Speicherung von Regelwissen als Grundlage für die Konstruktion von Wörtern

Speicherung im Regelspeicher
Von der wortspezifischen Speicherung unterscheidet *Gerheid Scheerer-Neumann* die wortunspezifische Speicherung im Regelspeicher. Kinder verfügen im Allgemeinen über eine unterschiedlich große Anzahl von impliziten sowie expliziten Regeln, die ihren Schreibprozess teils unbewusst, teils bewusst steuern. Die Speicherinstanz „Regelwissen" wird von *Gerheid Scheerer-Neumann* in drei eng miteinander verknüpfte Teilspeicher gegliedert. [71]

• **Speicherung von Phonem-Graphem-Korrespondenzen und ihrer Wahrscheinlichkeit**
Sobald ein Kind das alphabetische Prinzip der deutschen Schrift erkannt hat, entdeckt es, dass zwischen Phonem und Graphem keine Eins-zu-eins-Beziehung besteht, d.h. die Beziehungen sind nicht eindeutig, sondern komplex. So kann ein Phonem durch mehrere Grapheme wiedergegeben werden. Als Beispiel sei hier der betonte, lang gesprochene *i*-Laut angeführt. Er kann durch *i* in *Maschine*, durch *ie* in *Biene*, durch *ieh* in *Vieh* und *ih* in *ihr* abgebildet werden. Ebenso kann ein Graphem mit mehreren Phonemen korrespondieren, z.B. *a* mit /a/ wie in *glatt* und mit /a:/ wie in *brav* oder *v* mit /f/ (*Vogel*) und /w/ (*Vase*). Kinder merken aber nach einiger Zeit, dass bestimmte Korrespondenzen mit größerer Wahrscheinlichkeit zur richtigen Schreibung führen als andere, z.B. ist die Schreibung mit *ie* wahrscheinlicher als die mit *i*, *ih* und *ieh* oder die Schreibung für /a:/ mit *a* wahrscheinlicher als die mit *ah* oder *aa*. *Gerheid Scheerer-Neumann* schlägt vor, zu diesem Teilregelspeicher nur einfache Phonem-Graphem-Korrespondenzen zu zählen und komplexere zur nächsten Speicherart.

• **Speicherung orthographischer Regelmäßigkeiten**
Kinder verfügen meist schon recht früh über intuitives orthographisches Regelwissen. Bereits vor der Vermittlung im Unterricht konstruieren Kinder orthographische Regeln, die sie in ihre Schreibung integrieren, z.B. *n* und *m* können auch als *nn* und *mm* abgebildet werden. Das Wissen bezieht sich allerdings auf allgemeine Gesetzmäßigkeiten und ist nicht an spezielle Wörter gebunden. Die Verankerung muss also auf eine allgemeine, vom spezifischen Wort losgelöste Art erfolgen. So erfassen Kinder nach einiger Zeit, dass z.B. *ß, ss, tz, ie* sowie *ck* nie am Wortanfang stehen können. Sie können aber auch speichern, dass *schp* als *sp*, *ai* als *ei*, das auslautende *a* in *Vater*, *Mutter* als *er* abgebildet werden oder nach einem kurzen betonten Vokal meist ein *pp, ll, mm, nn* usw. steht.

• **Die Speicherung von Wortbildungsregeln**
In diesem Speicher wird das morphematische Wissen, d.h. das Wissen um den Wortaufbau gespeichert, z.B. die Eintragung der Regel des Wortaufbaus von *er sagt: sagt* besteht aus dem Stammmorphem *sag* und dem Flexionsmorphem *t*, sodass das *t* am Ende steht. Weiter wird *sagt* mit *g* geschrieben wird, weil es von *sagen* kommt.

Schreibt ein Kind ein Wort aufgrund seines gespeicherten Regelwissens, konstruiert es das Wort in einem Problemlösungsprozess auf der Basis des gesprochenen Wortes mit Hilfe des gespeicherten Regelwissens und kommt zu einer

Meine Kopfwörter

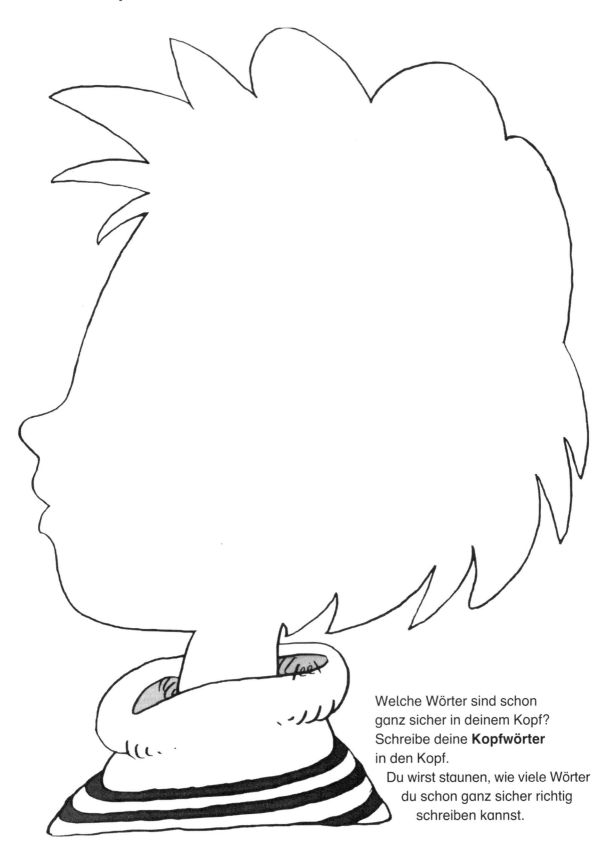

Welche Wörter sind schon
ganz sicher in deinem Kopf?
Schreibe deine **Kopfwörter**
in den Kopf.
Du wirst staunen, wie viele Wörter
du schon ganz sicher richtig
schreiben kannst.

westermann®

möglichen Schreibweise, wie dies auf Seite 43 ff. am Beispielsatz *Die Blexe blächst plopp* gezeigt werden konnte.

• Wie lernen Kinder die Regelhaftigkeit der Rechtschreibung?

Bekannt ist heute, dass ein explizites Vorgehen, bei dem Regeln vorgegeben werden, die von Kindern angewendet werden sollen, nicht allein zum Ziel führt.[72] Lehrerinnen und Lehrer sollten daher die implizite Regelbildung in besonderer Weise unterstützen. Dies geschieht dadurch, dass Kinder immer wieder selbst Wörter konstruieren müssen. Dabei setzen sie sich mit den Problemen der Schrift auseinander und erfassen, wie in den Entwicklungsmodellen gezeigt, schrittweise, wie Schrift „funktioniert". Es ist daher unbedingt notwendig, dass Kinder von Anfang an freie Schreibungen vornehmen, d.h. nicht vorgegebene und nicht geübte Wörter schreiben, was notwendigerweise noch fehlerhaft geschieht. In ihren freien Schreibungen nähern sich Kinder nach und nach der Norm an. Das Entdecken und Erfassen von orthographischen Regelungen wird dadurch unterstützt und angeregt, dass mehrere, möglichst schon wortspezifisch gesicherte Wörter zu gleichen Rechtschreibphänomenen zusammengestellt, von den Kindern selbst dazu weitere Wörter gesucht und daran Regelungen entdeckt und erarbeitet werden. *Erika Brinkmann* nennt solche Aufgaben im Rahmen des Rechtschreiblernens Forscheraufgaben. Aber selbst bei diesem Vorgehen stellt sich selten ein sofortiger Erfolg bei allen Kindern ein.

Erika Brinkmann konnte bei ihren täglich durchgeführten Untersuchungen der Schreibprodukte von Kindern, die in der Zeit von Februar bis April stattfanden, keine abrupten Wechsel von der falschen zu einer richtigen Schreibung feststellen, nachdem eine Regel erarbeitet wurde. Sie stellte stattdessen fest: „Ein solcher abrupter Wechsel findet sich nur in den seltensten Fällen (...), wobei dieser Lernerfolg aber offensichtlich nicht von Dauer ist."[73] Es zeigt sich vielmehr, dass sich bei einzelnen Kindern richtige und falsche Schreibungen abwechseln. Mit der Zeit steigt aber der Grad der Sicherheit. Es wird deutlich, dass Unterricht lediglich – dies muss er aber – den Prozess der Regelbildung, der eine eigenaktive Leistung des Kindes darstellt, durch wiederholte Lernangebote anregen und unterstützen kann. Unterricht muss dabei individuell ausgerichtet, d.h. auf den Entwicklungsstand des einzelnen Kindes zugeschnitten sein. Kinder brauchen zu verschiedenen Zeitpunkten unterschiedliche Anregungen und Hilfen. *Erika Brinkmann* schlägt daher vor, wiederholt auch im Klassenverband rechtschriftliche Phänomene aufzunehmen und zu bearbeiten, also im Sinne von Wiederholungsschleifen immer wieder bestimmte Rechtschreibphänomene zu thematisieren (siehe dazu Vorschläge auf S. 85 ff.). Interessant sind in diesem Zusammenhang die Untersuchungen von *Wolfgang Eichler* und *Günther Thomé*, die von *Peter Mays* Untersuchungen zum Wort *Fahrrad* gestützt werden. *Wolfgang Eichler* und *Günther Thomé* haben die Entwicklung der *F/V-Schreibung* untersucht.[74] Dabei ergaben ihre Analysen, dass die Schreibungen sich von „naiv richtig" (*fertig*) über „durchdacht falsch" (*vertig* mit *v* geschrieben wegen der Vorsilbe *ver*) bis zu „durchdacht richtig" (*fertig*, da es nicht die Vorsilbe *ver* hat) entwickeln. Auch sie stellen individuell unterschiedliche Entwicklungsverläufe bei der Regelbildung fest, die gemäß dem Zwei-Komponenten-Modell von *Gerheid Scheerer-Neumann* durch wortspezifisches Lernen gestützt werden müssen.

Aufschreiben lernen – eine grundlegende Arbeitstechnik zum Konstruieren von Wörtern

Beim Aufschreiben von Wörtern (siehe Kopiervorlage, S. 80) gibt es keine Textvorlage. Das Kind muss über den artikulatorisch-akustischen Weg und über sein Rechtschreibdenken und -wissen die Schreibung von Wörtern konstruieren.

1. Schritt: sprechen

Deutliches Sprechen ist Grundlage für die Anwendung der alphabetischen Strategie. Es greift den artikulatorisch-akustischen Kanal auf und führt zur Vergegenwärtigung der Lautfolge. Das gesprochene Wort bietet dabei dem Schreibenden ein zeitliches Gerüst, an das die Buchstaben bzw. Buchstabengruppen geknüpft werden können.

Die Durchgliederung besonders von langen Wörtern wird durch die Grobgliederung in Silben erleichtert. Diese Gliederung ist bei Schreibanfängern einer Gliederung in Morpheme vorzuziehen, da sie auf dem natürlichen Sprechakt aufbaut. Das Kind kann dabei schrittweise vorgehen und das genaue Abhören an kleineren Einheiten vor-

Aufschreiben lernen

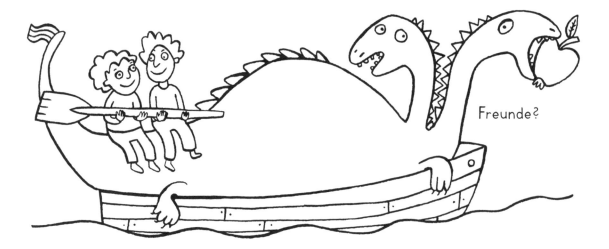

Freunde?

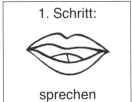 **1. Schritt:** sprechen	Ich spreche mir das Wort deutlich vor. Ich spreche es noch einmal in Silben.	Freunde
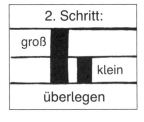 **2. Schritt:** groß / klein überlegen	Ich überlege: Ist es ein Namenwort – ein Wort für Menschen, Tiere, Pflanzen, Dinge? Hat es einen Begleiter?	die Freunde
 **3. Schritt:** schreiben	Ich schreibe das Wort auf und spreche leise dazu. Worauf muss ich achten?	Freunde
 **4. Schritt:** prüfen	Ich lese das Wort und überprüfe es dabei.	

nehmen und dies in Buchstabenfolgen umsetzen. Da jede Silbe im Deutschen einen Vokal trägt, können Kinder durch bewusstes Abhören des Vokals in jeder Silbe von einer konsonantischen Skelett-Schreibweise eher zu einer vollständigen phonemischen Schreibweise kommen.

2. Schritt: überlegen
Über das Durchgliedern und Abhören der Phonemfolge hinaus muss das Kind orthographisches und semantisch-morphematisches Wissen anwenden. Es muss vor dem Aufschreiben innehalten und sein Wissen über Regelungen zur Schrift anwenden. Exemplarisch ist hier die Groß- und Kleinschreibung gewählt. Sie stellt eine besondere Hürde mit der höchsten Fehlerträchtigkeit dar und sollte beim Aufschreiben immer bewusst beachtet werden. Die Überlegung, ob ein Wort am Anfang groß- oder kleingeschrieben wird, lässt das Kind bewusst Prüfungen zur Bestimmung von Nomen durchführen.

Dieser Schritt, der in der Arbeitstechnik „Abschreiben lernen" mit dem Schritt *merken* korrespondiert (siehe S. 66), sollte auch in dieser Arbeitstechnik individuell ausgerichtet sein. Treten über die Groß- und Kleinschreibung hinaus gehäuft bestimmte Fehlerquellen auf, sollte den Kindern auf einem gesonderten Merkblatt eine gezielte Hilfe angeboten werden, die auf das Phänomen aufmerksam macht und Lösungshilfen anbietet. Dabei ist es sinnvoll, sich jeweils auf nur ein Phänomen zum bewussten Überlegen zu beschränken. Ein solches Merkblatt kann eine Zeit lang als ständige Erinnerungshilfe oben auf den Tisch des Kindes geklebt werden.
Folgende Merkblätter (siehe Kopiervorlage, S. 82) können den Kindern z.B. für das Vergessen der Großschreibung von Nomen, für das der Großschreibung am Satzanfang, für das Weglassen von Vokalen, für die Schreibweisen von *Sp/sp* und *St/st* und die Verlängerung bei Auslautverhärtung angeboten werden.

3. Schritt: schreiben
Das Mitartikulieren beim Schreiben sollte unterstützt werden, da es als Gerüst für die Reihenfolge der Grapheme dient.

4. Schritt: prüfen
Das Wort kann je nach Lernmuster des Kindes über verschiedene Lernkanäle geprüft werden.

Durch genaues, langsames, lautes Lesen kann ein Kind über den akustischen Kanal Buchstabenauslassungen und mögliche -vertauschungen erfassen. Viele Lernende nutzen zur Kontrolle den visuellen Kanal. Sie überprüfen dabei, ob das Wort „bekannt" aussieht. Manchmal bietet sich zur Überprüfung auch der motorische Kanal an. Das Kind schreibt bei Unsicherheit über die richtige Schreibung mehrmals schnell das Wort in beiden Versionen und prüft, welche Schreibweise besser „aus der Hand" geht.

Rechtschreibdenken aktivieren: Übungen zur Anwendung der Arbeitstechnik „Aufschreiben lernen"
Das Aufschreiben noch nicht gesicherter Wörter verlangt sowohl die Fähigkeit Wörter akustisch-artikulatorisch durchgliedern zu können (siehe dazu Übungen, S. 85 ff.) als auch die bewusste Prüfung und Anwendung von Regelungen an dem jeweiligen Wort (siehe Übungen, S. 94 ff.). Dazu müssen Kinder eine Sensibilität für Rechtschreibphänomene entwickeln und zu Rechtschreibdenken angeregt werden.

• Sensibilität für Rechtschreibphänomene entwickeln
Der für das Rechtschreiben so wichtige Schritt des Erfassens von Regelungen und der Herleitung von Schreibungen sollte in allen Schreibsituationen im Unterricht durch die Lehrerin oder den Lehrer unterstützt werden.[75] Fragt ein Kind beim freien Schreiben nach der Schreibung eines Wortes, sollte man nachfragen, was es genau wissen möchte. Fragt ein Kind beispielsweise „Wie schreibt man *Futter*?", sollte es ermutigt werden, seine Frage differenzierter zu stellen, z.B. „mit zwei *t*?" oder „klein oder groß?" Das konkrete Nachfragen hilft den Kindern, eine Sensibilität für Rechtschreibphänomene zu entwickeln. Als Hilfe sollte die zu dem Wort passende Regelung formuliert, in diesem Fall „mit *tt*, weil Blitzwort" bzw. „kurzer Vokal" und ergänzend eine Handbewegung für den kurzen betonten Vokal gemacht werden. Später reicht es aus, zum gesprochenen Wort nur die Handbewegung auszuführen. Es kann aber auch als Hilfe das Analogieprinzip in Verbindung mit einem gesicherten Grundwortschatzwort angeboten werden, z.B. „mit *tt* wie *Mutter*" oder für die Großschreibung „das Futter". Übungen zum Rechtschreibdenken sollten zu-

Merkblätter mit Lösungshilfen

der Freund

der gute Freund

das Haus

das hohe Haus

Wörter mit **b**, **d** oder **g** am Ende

Ich verlängere das Wort.

Han**?** – Hän**d**e
er la**?** – lie**g**en
gel**?** – gel**b**e Rosen

Selbstlaute überprüfen

Kin**d**er

Jede Silbe hat einen Selbstlaut.

ä-Striche **ö**-Striche **ü**-Striche
überprüfen

erh**ä**lt h**ö**ren T**ü**r

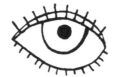

genau lesen

sc̶h̶p → sp   S̶c̶h̶p → Sp

sc̶h̶t → st   S̶c̶h̶t → St

Ich spreche  schp

Ich schreibe   **sp**

sprechen

Nach dem Punkt groß

Es ist heiß. **W**ir gehen ... .

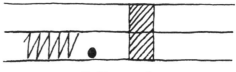

Punkt   groß

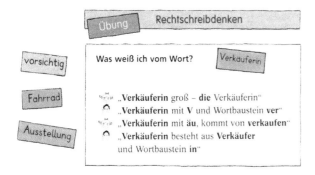

vorsichtig

Fahrrad

Ausstellung

nächst wiederholt mit der gesamten Klasse und später in Kleingruppen anhand von Wortkarten durchgeführt werden, damit an sichtbar vorgegebenen Wörtern die Integration der verschiedenen Rechtschreibstrategien und deren Anwendung an einem Wort geschult wird. Die dabei auch je nach Rechtschreibphänomen zu fordernden Begründungen, z.B. „*Verkäuferin* mit *äu*, weil es von *verkaufen* kommt", lassen die Regel bewusst werden. Kinder können sich auf diese Weise gegenseitig Regelwissen vermitteln und auf Rechtschreibmerkmale aufmerksam machen. Die erstellten Wortkarten für solche Übungen können in einer Dose oder Schachtel gesammelt werden und jederzeit Kindern für Übungen zum Rechtschreibdenken zur Verfügung stehen.

• **Wörter sammeln und untersuchen**
Kinder sollten immer wieder angeregt werden, Wörter zu einem bestimmten Rechtschreibphänomen zu sammeln, und anhand der Zusammenstellung sowohl Häufigkeiten als auch Regelungen gemeinsam untersuchen (siehe dazu Vorschläge zu Wörtern mit Doppelkonsonant, S. 94 ff.).

• **Selbst Rechtschreibfehler finden**
Die Aufgabe, einen selbst geschriebenen Text am Schluss nochmals hinsichtlich der Rechtschreibung zu prüfen, fordert in besonderer Weise die Aktivierung des Regelspeichers.

Im Rahmen des selbstständigen Lernens ist es wichtig, dass Kinder von ihnen selbst geschriebene Texte bewusst auch selbst auf Rechtschreibfehler hin untersuchen. Dazu ist es notwendig, dass sie ein Gespür für schwierige Wörter entwickeln und nach und nach sensibel für eigene Fehlschreibungen werden. Es erscheint nicht sinnvoll, jedes Wort immer gleich im Wörterbuch nachschlagen zu lassen. Zunächst sollte ein Kind selbst überlegen, wie das Wort richtig geschrieben

wird, und erst in Zweifelsfällen das Wörterbuch bewusst zur Kontrolle verwenden. Die Arbeitstechnik „Selbst Rechtschreibfehler finden" (siehe Kopiervorlage, S. 84) vermittelt Kindern, wie sie ihre Rechtschreibung selbst überprüfen können.

Die vier grundlegenden Schritte sollten – wie auch bei der Einführung der vorherigen Arbeitstechniken – gemeinsam mit den Kinder eingeübt werden. Es ist hilfreich, wenn die Anweisungen zu jedem Schritt satzweise gelesen und dann gemeinsam an einem Beispiel ausgeführt werden. So wird das Gelesene gleich in Handlung umgesetzt und von allen Kindern nachvollzogen und verstanden. Dazu ist es sinnvoll, dass jedes Kind einen Ausgangstext vor sich liegen hat. Dieser kann aus Diktaten oder anderen Texten der Kinder genommen werden. Um alle möglichen Vorgehensweisen an einem Text durchführen zu können, kann zur Einführung aber auch der unten stehende Text „Ein altes Kartenspiel" verwendet werden.

Ein altes Kartenspiel

erklärte

Opa ~~erklerte~~ mir ein altes Kartenspiel.
Es heißt Mau-mau. Es gefiel mir rech gut
und Mama und Tante Elfi spielten auch
mit. Dann zeigte ich Opa mein neus
computerspiel. Man mus dabei ganz
schnel reagieren. Ich erklerte es Opa und
zum schluss konnte er es auch ganz gut.
Er gap mir seine Spielkaten und sagte:
„Die bekomst du zur belohnung für den
lustigen Nachmitag."

1. Schritt: schwierige Wörter kennzeichnen
Mit diesem Schritt untersucht ein Kind seinen Text nochmals gezielt auf Rechtschreibfehler hin. Dazu sollte es den Text zunächst still durchlesen und mit Bleistift durch eine Wellenlinie die Wörter kennzeichnen, bei denen es hinsichtlich der richtigen Schreibweise unsicher ist. Zur Demonstration kann dies auch von einem Kind parallel an der Tafel durchgeführt werden.

Selbst Rechtschreibfehler finden

Ein altes Kartenspiel

/ Opa erklerte mir ein altes Kartenspiel. Es heißt Mau-mau.

/ Es gefiel mir rech gut und Mama und Tante Elfi spielten auch mit.

// Dann zeigte ich Opa mein neus computerspiel.

// Man mus dabei ganz schnel reagieren.

// Ich erklerte es Opa und zum schluss konnte er es auch ganz gut.

// Er gap mir seine Spielkaten und sagte:

/// „Die bekomst du zur belohnung für den lustigen Nachmitag."

| 1. Schritt: ~~~~~~ schwierige Wörter kennzeichnen | Ich male mit Bleistift eine Wellenlinie unter die Wörter, bei denen ich unsicher bin. | schnel |

| 2. Schritt: lesen und sprechen | Ich lese genau und spreche in Silben. Fehlt ein Buchstabe? | erkläre |

| 3. Schritt: überlegen • groß oder klein • lang oder kurz | Ich überlege: • Ist das Wort ein Nomen? Hat es einen Artikel? • Ist der Selbstlaut lang? Ist der Selbstlaut kurz? | zum Schluss der Schluss spielen – Belohnung alte – muss |

| 4. Schritt: verändern • verlängern • verwandtes Wort | Ich verändere: • Ich verlängere das Wort. • Ich suche ein verwandtes Wort mit a oder au. | gab – geben erklären – klar |

westermann®

2. Schritt: lesen und sprechen

Durch genaues Lesen und Sprechen der Wörter in Silben können Buchstabenauslassungen festgestellt werden. Kinder, die Vokale auslassen, haben damit eine besonders gute Überprüfungsmöglichkeit, da jede Silbe einen Vokal enthalten muss. Aber auch Auslassungen von Konsonanten, besonders bei Konsonantenhäufungen, z.B. *Taum* statt *Traum*, *erkärte* statt *erklärte*, können dadurch herausgefunden werden.

3. Schritt: überlegen

Zwei Problempunkte und damit auch Überprüfungsansätze werden in diesem Schritt besonders hervorgehoben: Die Groß- oder Kleinschreibung und die Abbildung langer oder kurzer betonter Vokale. Zur Überprüfung, ob das Wort ein Nomen ist und damit großgeschrieben werden muss, sollten sich die Kinder die Merkmale von Nomen nochmals bewusst machen. Sie sollten dabei besonders die Artikelfähigkeit prüfen und nachschauen, ob das Wort Wortbausteine enthält, die auf ein Nomen hinweisen. Übungen zur Großschreibung von Nomen finden sich auf Seite 98 ff. Die Überprüfung, ob der Vokal lang oder kurz gesprochen wird, ist besonders dann hilfreich, wenn das Kind lange und kurze betonte Vokale verwechselt.

4. Schritt: verändern

Das Verändern von Wörtern greift Regelungen zur Feststellung der richtigen Schreibung bei Auslautverhärtung und das Anwenden des Stammprinzips auf. Für das Verlängern der Wörter sollte auf Übungen ab Seite 95 Bezug genommen werden. Wichtig ist hierbei, auf das deutliche unterschiedliche Sprechen von harten und weichen Konsonanten zu achten.

Das Suchen nach verwandten Wörtern ist für die richtige Schreibung beispielsweise von Wörtern mit *ä* oder *äu* wichtig.

Zusätzlich sollten Kinder auf die Möglichkeit hingewiesen werden, Wörter durch Nachschlagen im Wörterbuch oder in einer Wörterliste des Klassenwortschatzes zu überprüfen (siehe S. 123 ff.). Die Korrektur der Wörter kann jeweils durch Durchstreichen und Darüberschreiben des richtigen Wortes vorgenommen werden.

Nach der gemeinsamen Erarbeitung der Arbeitstechnik, bei der die Kinder jeweils auch den ihnen vorliegenden Text korrigiert haben, sollte jedes Kind diese Arbeitstechnik an einem selbst verfassten Text erproben und anschließend die Korrekturen in seiner Kleingruppe besprechen. Erst danach sollte die Lehrerin oder der Lehrer eine Endkontrolle vornehmen. Dabei ist es wichtig, nicht das richtige Wort einfach nur anzugeben, sondern entweder auf das Nachschlagen im Wörterbuch oder auf eine Regelung zu verweisen, mit der man die Fehler finden kann.

Systematische Übungen zum Aufbau des Regelspeichers

Zum Aufbau des Regelspeichers sind gezielt in regelmäßigen Abständen systematisch aufgebaute Übungen, die grundlegende Rechtschreibstrategien fördern, zu folgenden Übungsbereichen anzubieten:

- Übungsbereich: Akustisch-artikulatorische Durchgliederung von Wörtern. Dieser Übungsbereich greift die alphabetische Strategie auf. Dazu gehören Übungen zur akustisch-artikulatorischen Durchgliederung von Wörtern und zur Unterscheidung von harten und weichen Konsonanten.
- Übungsbereich: Entdecken von Regelmäßigkeiten. Dazu gehören Übungen zur Unterscheidung von langen und kurzen Vokalen für die Ausbildung der orthographischen Strategie, zur Verlängerung von Wörtern bei Auslautverhärtung, zur Ableitung von Wörtern, die sich auf die morphematische Strategie beziehen, zur Großschreibung von Nomen, die eine wortübergreifende Strategie verlangen, sowie zur Schreibung der Pronomen *ihn*, *ihr* u.a., die eine häufige Fehlerquelle darstellen.
- Übungsbereich: Strukturierung auf der morphematischen Ebene. Dazu gehören Übungen zum Entdecken von Wortbausteinen, zum Gliedern in Morpheme, zu Präfixen und Suffixen und zu Flexionsendungen.

Übungsbereich: Akustisch-artikulatorische Durchgliederung von Wörtern

Grundvoraussetzung für das Konstruieren von Wörtern ist das bewusste Durchgliedern von Wörtern. Kinder erfassen dabei, dass jeder Laut bzw. Buchstabe seinen festgelegten Platz im Wort hat. Als häufig auftretende Fehler im Übungsbereich der Durchgliederung von Wörtern sind zu beobachten: Buchstabenauslassungen, die falsche

Reihenfolge von Buchstaben sowie Schwierigkeiten bei der Unterscheidung von harten und weichen Konsonanten, wobei die Konsonantenhäufung eine besondere Schwierigkeit darstellt.

• **Übungen zur vollständigen Durchgliederung nach Phonemen**

Akustische Übungen werden leider häufig nur anhand vorgesprochener Wörter durchgeführt. Mit solchen Aufgaben wird die Fähigkeit der akustischen Durchgliederung, die grundlegend für das Rechtschreiblernen ist, zwar abgeprüft, aber nicht gefördert. Denn für Kinder, die damit Schwierigkeiten haben, sind rein akustische Übungen nicht hilfreich, weil das gesprochene Wort nicht dauerhaft ist und daran schwer Operationen durchgeführt werden können. Zur Einübung gilt es daher, das flüchtige akustische Phänomen zu materialisieren, was durch das Schriftbild geschieht. Kinder können in Verbindung mit dem Schriftbild, das optisch zeigt, wo und was zu hören ist, das Sprechen und Hören auf bestimmte Stellen im Wort hin steuern. *Claudia Osburg*[76] konnte zeigen, dass bei Kindern mit Aussprachestörungen die Arbeit mit geschriebener Sprache die Bewältigung der Aussprachestörungen und damit auch die Entwicklung des Schriftspracherwerbs nachhaltig unterstützen konnte. Wichtig ist daher, dass die Durchgliederung, und zwar die vollständige, mit Hilfe der Bild- und Wortvorlage geübt und erarbeitet wird und nicht nur akustisch. Durch die optische Vorlage weiß das Kind, wo es einen Laut hören muss und dass dort einer zu hören ist.

Zur Unterstützung der Durchgliederung bieten sich besonders Schiebestreifen an, unter denen einzelne Grapheme versteckt werden können. *Dörte Arp* und *Ingeborg Wolf-Weber* haben Schiebestreifen für das erste Schuljahr entwickelt. Sie nennen diese Schiebestreifen „Platzhalterkarten".[77] Wichtig ist, dass auf dem Schiebestreifen das Bild zum Wort vorgegeben ist. Das Kind kennt somit, wie beim Schreiben auch, das Wort und muss es nicht erst erlesen. Es kann sich ganz auf die akustisch-artikulatorische Durchgliederung konzentrieren. Weiter ist für dieses Material entscheidend, dass mehrgliedrige Grapheme zusammenbleiben, d.h. gemeinsam unter den Abdeckstreifen passen müssen. Liegt der Schwerpunkt auf der akustisch-artikulatorischen Durchgliederung, dann erscheint es problematisch, wie im Originalmaterial, Wörter mit Auslautverhärtung (*Korb, Hund, Zug*) aufzunehmen. Für das Üben der Durchgliederung ist es zunächst notwendig, dass das Schriftbild vorliegt. Wird ein Graphem verdeckt, dann weiß ein Kind genau, dass an dieser Stelle im Wort noch ein Buchstabe (bzw. eine Buchstabengruppe) fehlt, dessen Laut es zu hören gilt. Um den Buchstaben herauszufinden, fordert das Material das Kind auf, das Wort langsam und deutlich Laut für Laut zu durchgliedern. Durch Verschieben kann dabei das Augenmerk immer wieder auf andere Buchstaben im Wort gelegt werden.

Mit dem Material kann in verschiedenen Schritten gearbeitet werden. Zunächst kann das Kind langsam Buchstabe für Buchstabe aufdecken, indem es den Streifen herauszieht. Dadurch wird das Wort synthetisierend gesprochen und jeder Buchstabe gemäß der Reihenfolge im Wort erfasst. Damit hilft dieses Material auch so genannte Vorwirkungs- oder Nachwirkungsfehler zu verhindern, die meist bei Gleitlauten entstehen, z.B. *Bort* statt *Brot* oder *flasch* statt *falsch*. In einem nächsten Schritt deckt das Kind einen Buchstaben ab. Es versucht jetzt, den Laut zu diesem Buchstaben deutlich sprechend hervorzuheben und zu erfassen. Durch Schieben ist eine sofortige Kontrolle gegeben. Anschließend können die Kinder in Partnerarbeit das „Räuber- und Detektiv-Spiel" spielen: „Der ‚Räuber' sucht eine Karte aus und versteckt einen Buchstaben/Laut unter der Lasche. Der ‚Detektiv' versucht herauszufinden, welcher Buchstabe versteckt ist; er nennt den Buchstaben oder schreibt ihn bzw. das ganze Wort auf. Gemeinsam wird überprüft, ob der ‚Detektiv' den ‚Fall' richtig gelöst hat."[78]

Besondere Schwierigkeiten bei der Durchgliederung bereiten Kindern lange Wörter und Wörter mit Konsonantenhäufungen. Kinder neigen dazu, Buchstaben auszulassen. So vergessen sie z.B. in Wörtern mit *rm, rn, rs, rt, rk* häufig das *r*, das deshalb bei Artikulationsübungen besonders deutlich hervorgehoben werden sollte, z.B. indem Kinder es vor dem Artikulieren bereits farbig kennzeichnen. Schiebekarten speziell zu diesem Problem finden sich auf der Kopiervorlage, Seite 87.

Die Arbeit mit Anlauttabellen oder mit beweglichen Buchstaben regt Kinder von Anfang an zum Konstruieren von Wörtern an. Eine nach Vokalen/Diphthongen und Konsonanten getrennte Anordnung ist hilfreich, um den Über-

Welche Buchstaben sind versteckt?

W   r m

W ü r s t c h e n		S t e r n	
R e g e n w u r m		Sch ü r z e	
M a r m e l a d e		w a r t e n	
G u r k e		K e r z e	
w a n d e r n		B r i e f m a r k e	
K a r t o f f e l		s t ü r m e n	

1. Schneide die Karten aus und stecke sie unter den Streifen.
2. Verstecke die Buchstaben und sprich das Wort deutlich.
3. Kannst du jetzt das Wort aufschreiben?
   Überprüfe mit dem Streifen.

gang von der halbphonetischen Skelettschreibweise, die meist konsonantisch durchgeführt wird, zur phonetischen Schreibung zu unterstützen. Das Kind wird dabei durch den Tipp unterstützt, in jedem Wort mindestens einmal einen Vokal/Diphthong zu verwenden.

Um Rechtschreiblernen und damit das grundlegende Durchgliedern von Wörtern zu fördern, sind immer wieder vielfältige Anregungen zum freien Schreiben im Unterricht zu geben.[79] Dazu gehört es, kleine Bücher zu gestalten, Briefe zu schreiben, Fotos der Kinder und aus ihrer Umgebung zum Verschriften anzubieten, ein Ich-Heft zu gestalten, zu Bilderbüchern zu schreiben usw. Es sollte allerdings nicht in den Text eines Kindes hineinkorrigiert werden, da es seiner Schreibentwicklung entsprechend notwendigerweise Fehler machen muss. Sollen die Texte veröffentlicht werden, bietet es sich stattdessen an, den Text in „Kinderschrift" zu belassen und daneben in „Erwachsenenschrift" anzubieten. Ein solches Vorgehen regt Kinder zum Vergleichen an und stellt es ihnen frei, ob sie selbst den Text nochmals nach dieser Vorlage schreiben oder drucken bzw. am Computer schreiben oder ihn einfach so belassen wollen.

• Übungen zum Durchgliedern nach Silben

Die Durchgliederung nach Silben unterstützt die Strukturierung vor allem langer Wörter beim Schreiben. Dazu bieten sich Silben-Puzzle mit Bildhilfe oder die Arbeit mit dem Leseturm[80] an, der durch Schieben silbenweise die Wörter freigibt. Günstig ist es den Turm folgendermaßen zu bestücken: Bild, 1. Silbe, 2. Silbe usw.

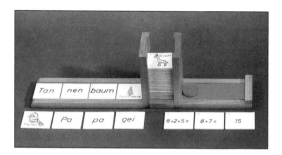

Ein Kind kann nun selbst passend zum Bild das Wort silbenweise sprechen und sich mit dem Herausschieben der Karten überprüfen. Nach der ersten oder zweiten Silbe kann es innehalten, das Wort sprechend vervollständigen, ganz auf-

schreiben und anschließend die letzte oder die letzten Silben mit dem Schriftbild überprüfen.

Für Kinder, die häufig Vokale auslassen, ist die Arbeit mit der Silbenstruktur in Verbindung mit dem Einfügen der jeweiligen Vokale hilfreich. Um sich auf den Vokal zu konzentrieren, können Kinder zu Bildkarten zunächst die Silbenbögen aufzeichnen und anschließend jedem Silbenbogen einen Vokal zuordnen.

• Übungen zur Unterscheidung von harten und weichen Konsonanten

Ein spezielles Problem bei der Konstruktion von Wörtern mit Hilfe der Phonem-Graphem-Korrespondenzen stellt die sichere Unterscheidung von harten und weichen Konsonanten dar. Besonders wenn Kinder zum Abhören der Wörter überdeutlich artikulieren, wird der weiche Konsonant geschärft.

In diesem Bereich, der vielen Kindern Schwierigkeiten bereitet, sollte ein systematischer Übungsaufbau beachtet werden. Er umfasst Übungen zur Unterscheidung von *b/p*, *g/k*, *d/t*, *w/f*. Zur Unterscheidung von *n/m* kann in gleicher Weise verfahren werden.

Sichere Zuordnung von Phonem und Graphem
Voraussetzung für die Unterscheidung ist zunächst die sichere Zuordnung von Phonem und Graphem. Das jeweilige Graphem kann dabei durch Handzeichen unterstützt werden. Dazu bieten sich solche Handzeichen an, die die Artikulationsstelle deutlich machen und den Luftstrom bei hartem Konsonanten kennzeichnen.

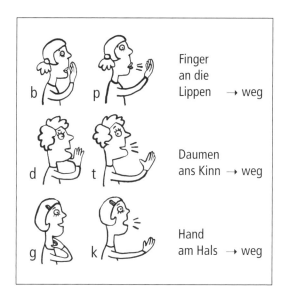

Finger
an die
Lippen → weg

Daumen
ans Kinn → weg

Hand
am Hals → weg

wörter deutlich vorsprechen, wobei im Beispiel „Kurz und klein" jeweils das *k* unterstützt durch das Handzeichen zu sprechen ist.

Kurz und klein

Schreibe auf und setze ein

Ich ⬭ eine Suppe.
Ich habe Fieber. Ich bin ⬭.
Die Uhr geht nicht mehr. Sie ist ⬭.
Wer ⬭ heute zu mir?
Im Sommer trage ich eine ⬭ Hose.
Ich ⬭ bis hundert rechnen.
Wir ⬭ in der Stadt ein.
Ich habe eine ⬭ Schwester bekommen.

kleine   *kaputt*   *kommt*   *kaufen*
krank   *kurze*   *koche*   *kann*

Übungen dazu dürfen nur mit dem Anlaut und Inlaut, sofern ein Vokal folgt, durchgeführt werden, da für die Konsonanten *d*, *g*, *b* im Auslaut eine Auslautverhärtung vorliegt.

Für die Sicherung der Graphem-Phonem-Zuordnung gilt die Regel „Gleiches zu Gleichem", damit keine Ähnlichkeitshemmung auftritt. Kinder können zu jedem der Konsonanten ein Wort mit ihm im Anlaut vorschlagen, das für sie wichtig ist, dazu einen passenden Umriss aufzeichnen und in diesen aus einer Wörterliste z.B. *ihre D/d*-Wörter mit farbigen Stiften eintragen.

Weiter bieten sich Kim-Spiele an, bei denen aus der Gegenüberstellung von zwei Bildern oder auch von Gegenständen auf einem Tisch oder auf einer Folie fehlende Gegenstände auf dem zweiten Bild herauszufinden und aufzuschreiben sind. Die Übungen sind immer nur auf ein einzuprägendes Graphem bzw. nur auf Worte oder weiche Konsonanten wegen der Ähnlichkeitshemmung zu beziehen (siehe Kopiervorlage, S. 90).
Auch das Finden von möglichst vielen Wörtern mit z.B. *T* in einer Abbildung (siehe unten) sichert die Buchstaben-Lautverbindung. Die Aufgabe kann alternativ als Merkspiel durchgeführt werden: Ein Kind muss sich die neun *T*-Wörter einprägen, die Karte weglegen und aus dem Gedächtnis alle neun Wörter aufschreiben. Der gleiche Anlaut hilft dabei, alle Wörter zu finden. Zur Überprüfung sollte jedes Wort deutlich mit Handzeichen gesprochen werden. Darüber hinaus sollten auf der Rückseite zur Selbskontrolle die Lösungswörter (Teller, Tisch, Teekanne, Telefon, Topf, Tasche, Teppich, Tasse, Tulpen) stehen.

drei dir
du dick
dünn Dose
dort dein
dabei danke
drücken draußen
Dienstag Dach
durch
drehen
doch

Auch Einsetzübungen mit Wörtern zu einem der zu sichernden Phoneme stützen die Zuordnung. Dabei ist es immer wichtig, dass die Kinder sich zunächst gegenseitig den Text bzw. die Lücken-

Neun Wörter mit T

Schreibe die Wörter mit T auf.
Vergleiche mit der Rückseite.
☆ Schreibe Sätze mit zwei oder drei T-Wörtern:
Vor dem Tisch steht eine Tasche.

10 Wörter mit *T*

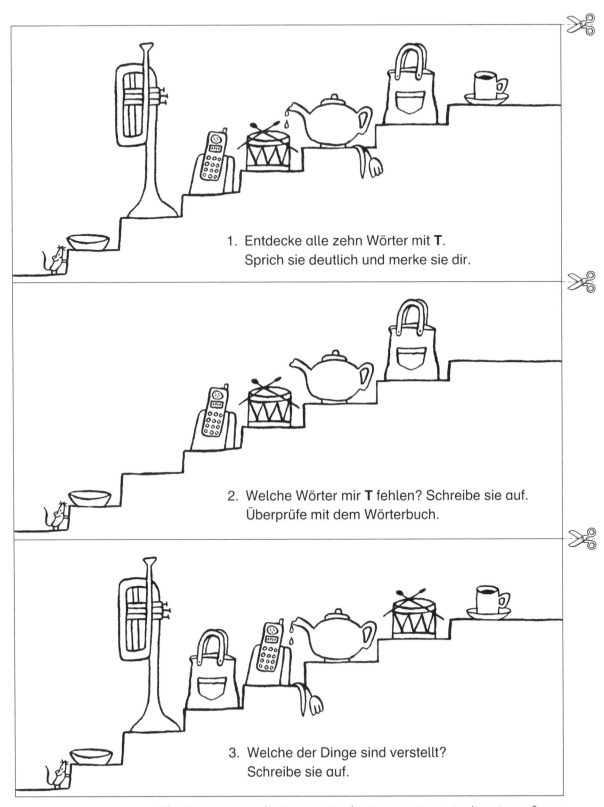

1. Entdecke alle zehn Wörter mit **T**.
   Sprich sie deutlich und merke sie dir.

2. Welche Wörter mir **T** fehlen? Schreibe sie auf.
   Überprüfe mit dem Wörterbuch.

3. Welche der Dinge sind verstellt?
   Schreibe sie auf.

Lösung: Teller, Trompete, Telefon, Trommel, Tropfen, Teekanne, Tulpe, Tasche, Tasse, Treppe

westermann®

Konzentration und bewusstes Hinhören verlangt auch folgende Übung: Jedes Kind hat alle Wortkarten mit *T*-Wörtern zu der unten stehenden Geschichte vor sich liegen. Die Lehrerin oder der Lehrer erzählt den Anfang einer Geschichte, in der nach und nach diese Wörter besonders deutlich artikuliert vorkommen, z. B.:

Tim saß mit seinem Freund am *Tisch*.
Sie *tranken Tee* und aßen Kekse.
Damit es nicht so langweilig war,
erzählten sie sich Witze.
Plötzlich machte *Tobias* eine große
Bewegung mit seinem Arm.
Die *Tasse* fiel hinunter. Schnell schoben die
beiden die Scherben unter den *Teppich*
und liefen aus dem Zimmer.

Die Kinder müssen parallel zum Vorlesen die Wortkarten heraussuchen und in die richtige Reihenfolge legen. Sie können nun anhand der Wortkarten selbst noch einmal die Geschichte erzählen und in Partnerarbeit weiterführen.

Sichere Unterscheidung von b/p, g/k, d/t, f/w
Erst nachdem Kindern die sichere Zuordnung von Phonem zu Graphem möglich ist, sollte mit Unterscheidungsübungen begonnen werden. Die Sprech- und Schreibweise sowie die Gruppierung in weiche und harte Konsonanten lässt sich mit Hilfe eines Merkverses vertiefen, der zur sicheren Zuordnung von hart oder weich gesprochenen Konsonanten jederzeit abrufbar ist. *Edeltraut Röbe* hat dazu das BEDEGE und das PEKATE eingeführt.[81]

Die Unterscheidung von weichen und harten Konsonanten und deren Notwendigkeit kann auch durch Minimalpaare bewusst gemacht werden, z. B.:

Ich gehen in den *Garten*.
Wir spielen heute *Karten*.

Ich male einen *Kreis*.
Da hinten geht ein *Greis*.

Wir laufen auf dem *Deich*.
Ich schwimme in dem *Teich*.

Auf dem Teich schwimmt eine *Ente*.
Das Spiel geht zu *Ende*.

Für akustisch-artikulatorische Übungen zur Unterscheidung weicher und harter Konsonanten sollten zunächst Wörter angeboten werden, in denen nach dem Konsonant ein Vokal folgt. Erst wenn ein Kind sicherer ist, kann mit Konsonantenhäufungen (*br, dr, gr*) gearbeitet werden.

Das BEDEGE

Das BEDEDE
so brav und gut,
bewegt sich langsam fort,
schläft gern,
ist lieb und ausgeruht
und gähnt bei manchem Wort.

Es gähnt bei G
und gähnt bei D
und geht bei B ins Bett.

Und heißt du
Gerdi oder Ben –
so findet es dich nett.

BE ⸱abel ⸱ett Au⸱e ⸱uch ⸱eist Ra⸱e Ga⸱el ⸱ras Wa⸱en ⸱lume ⸱ose ⸱locke SE ⸱rot ⸱ach Fe⸱er Fa⸱en DE ⸱aumen ⸱rachen

Kannst du so deutlich und weich sprechen wie ein BEDEGE?

Das PEKATE

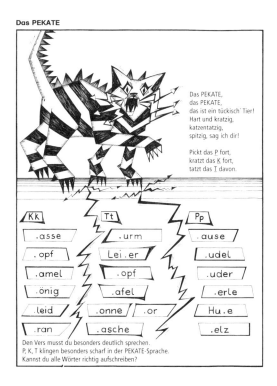

Das PEKATE,
das PEKATE,
das ist ein tückisch´ Tier!
Hart und kratzig,
katzentatzig,
spitzig, sag ich dir!

Pickt das P fort,
kratzt das K fort,
tatzt das T davon.

Kk	Tt	Pp
⸱asse	⸱urm	⸱ause
⸱opf	Lei⸱er	⸱udel
⸱amel	⸱opf	⸱uder
⸱önig	⸱afel	⸱erle
⸱leid	⸱onne · ⸱or	Hu⸱e
⸱ran	⸱asche	⸱elz

Den Vers musst du besonders deutlich sprechen.
P, K, T klingen besonders scharf in der PEKATE-Sprache.
Kannst du alle Wörter richtig aufschreiben?

Wörter, die man deutlich sprechen muss

Luftstrom bei **k, p, t**

**Wörter mit
Kl/kl, Kr/kr, Pl/pl, Pr/pr, Tr/tr
am Anfang**

✏ **kl**ein, der **Tr**ick, die **Kr**one, **pr**ima, **pl**atzen

Kein Luftstrom bei **g, b, d**

**Wörter mit
Gl/gl, Gr/gr, Bl/bl, Br/br, Dr/dr
am Anfang**

✏ es **bl**üht, **dr**ei, **gl**att, der **Br**aten, **gr**aben

blühen
Blume

draußen

Brief

brauchen

Drachen

Glocke
gleich
glatt

Blatt

trinken

Krokodil

Kreis

1. Suche Wörter zu den Gruppen im Wörterbuch und sprich sie deutlich.
2. Schreibe die Wörter in passende Merkbilder.
3. Diktiert euch gegenseitig Wörter aus den Bildern.
   Dein Partner oder deine Partnerin muss nur die ersten
   beiden Buchstaben richtig aufschreiben.
   Du musst so deutlich sprechen, dass keine Fehler entstehen.

Übungen zur deutlichen Artikulation, unterstützt durch Schriftbild und Handzeichen, sollten regelmäßig in Verbindung mit dem Abhören in den Unterricht eingebracht werden. Denn es lässt sich immer wieder feststellen, dass Kinder, obwohl ihnen ein Wort richtig und deutlich artikuliert vorgesprochen wurde, statt z.B. *Drachen Trachen* schreiben. Nach der Diktatvorgabe muss sich ein Kind ein Wort im Kurzzeitgedächtnis merken. Um das zu erreichen, spricht es sich das Wort selbst nochmals innerlich vor und verwendet dafür seine eigene Artikulation. Ist es aber nach zahlreichen Artikulationsübungen für das Problem sensibilisiert, kann es für sich selbst ein Wort wie *Drachen* deutlich mit einem weichen *d* sprechen.

Zum Üben bieten sich insbesondere in Partnerarbeit Sprech- und Hörübungen an. Die Kinder erhalten ein Arbeitsblatt mit schriftlich vorgegebenen Wörtern. Mit Hilfe der Handzeichen artikulieren beide unterstützt durch das Schriftbild die Wörter und erfassen dabei nochmals, dass beim Sprechen der harten Konsonanten *t, p, k, f* ein Luftstrom deutlich spürbar ist. Anschließend ist ein Kind Schreiber, das andere Hörer. Damit sich der Hörer ganz auf das Abhören der harten oder weichen Konsonanten konzentrieren kann, sollte in einem ersten Schritt die Schwierigkeit isoliert werden. Der Schreiber muss nur *D* oder *T*, *G* oder *K* bzw. *Dr* oder *Tr* usw. aufschreiben. Dabei können entweder nur die Buchstaben bzw. Buchstabengruppen aufgeschrieben oder diese in Lückenwörter eingefügt werden (siehe unten).

Der Sprecher, dem das vollständige Schriftbild vorliegt, muss dabei so deutlich sprechen, dass keine Fehler auftreten. Die Kopiervorlage auf Seite 92 zeigt ein Beispiel für schwierige Konsonantenhäufungen.

Zuordnung der jeweiligen Konsonanten nach akustischer Vorgabe
Auch hier sollten zunächst Wörter abgehört werden, in denen nach einem Konsonant ein Vokal folgt, erst später Wörter mit Konsonantenhäufung. Damit sich das Kind zunächst auf die Unterscheidungsübung konzentrieren kann, sollte mit Einsetzübungen gearbeitet werden, in denen entweder Wörter mit fehlendem großen oder mit fehlendem kleinen Buchstaben zusammengestellt sind (siehe unten). Dann muss das Kind nicht noch gleichzeitig über die Groß- und Kleinschreibung nachdenken.

Artikulieren und Hören kann mit einem Bingo-Spiel wiederholt durchgeführt werden. Der Spielleiter oder die Spielleiterin muss dazu die Wörter sehr deutlich und klar artikulieren und bei seinen Spielpartnern genau überprüfen, ob sie den Chip auf die richtige Karte gelegt haben. Das eigene Beschriften der Bingokarten mit vorgegebenen Wörtern, was in Gruppen nach harten und weichen Konsonanten getrennt geschehen kann, sichert die Unterscheidung und spricht verschiedene Lernkanäle an.

Die Verlängerung von Wörtern mit Auslautverhärtung stellt einen besonderen Anwendungsbe-

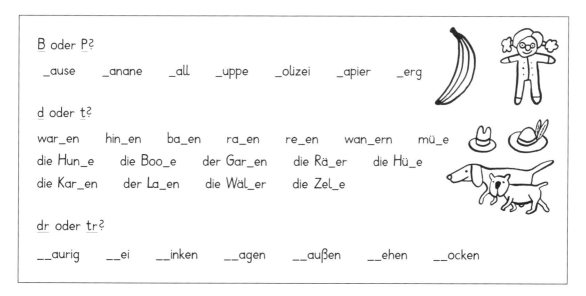

reich der artikulatorisch-akustischen Unterscheidung von ähnlichen Lauten dar (siehe Übungen, S. 95 ff.). Die Anwendung der Verlängerungsregel nützt nur, wenn Kinder auch den sich dadurch ergebenen Inlaut sicher abhören können.

Übungsbereich: Entdecken von Regelmäßigkeiten

Übungen dieses Übungsbereichs unterstützen die orthographische und morphematische Strategie. Dazu gehören sowohl Übungen zur Unterscheidung von kurzen und langen betonten Vokalen und deren Abbildung sowie Übungen zur Auslautverhärtung und zur Ableitung von Wörtern mit *ä* und *äu* als auch Übungen zur Groß- und Kleinschreibung sowie zur Schreibung der Pronomen *ihn*, *ihr*, usw.

• Übungen zur Unterscheidung langer und kurzer betonter Vokale – Mitlautverdopplung

Wörter mit Doppelkonsonanten stellen eine große Gruppe dar. Um sich diese Wörter nicht alle wortspezifisch einprägen zu müssen, ist es notwendig, dass Kinder die Unterscheidung von langem und kurzem betonten Vokal lernen.[82] Dies ist besonders für die *S*-Schreibung vonnöten, die nach der neuen Rechtschreibung nach der Länge und Kürze des Vokals geregelt ist. Entscheidend ist es, einen systematischen Übungsaufbau[83] anzubieten, an dessen Anfang jeweils die Bewusstmachung des Phänomens steht, um die Kinder dafür zu sensibilisieren. Auf dieser Basis können sie nach und nach Regelungen entdecken und anwenden lernen.

Bewusstmachen des Phänomens durch Gegenüberstellung und Minimalpaare
Mit dem Vers „Ob kurz oder lang – darauf kommt es an", kann das Problem benannt werden. Die Unterscheidung von kurzen und langen betonten Vokalen fällt vielen Kindern schwer. Sie kann durch Gegenüberstellung von Wörtern mit langem und kurzem betonten Vokal erfasst werden. Dazu eignen sich Wörter aus dem Lernwortschatz der Klasse und auch Minimalpaare, z.B. *Hüte – Hütte, Beet – Bett, Ofen – offen, Stiel – still, Apfelmus – er muss*.

Um die Unterscheidung sicher vornehmen zu können, bedarf es der Unterstützung durch unterschiedliche Lernkanäle. Optisch werden der lange

und kurze betonte Vokal zusätzlich durch unterschiedliche Zeichen gekennzeichnet: Unter den langen Vokal kommt ein Strich, unter den kurzen ein Punkt.
Motorisch wird das richtige Sprechen des Vokals durch Bewegungen unterstützt: Die Wörter werden deutlich gesprochen (artikulatorische Einprägung). Ist der Vokal kurz, wird mit dem Zeigefinger kurz in die Hand getippt. Ist er lang, werden beide Hände und Arme als Zeichen für die Länge ausgebreitet. Diese das Sprechen begleitenden Bewegungen führen meist automatisch zum richtigen Sprechen des Vokals. Parallel dazu sollte den Kindern das Schriftbild der Wörter mit gekennzeichneten kurzen und langen Vokalen vorliegen.

Ordnen des Wortschatzes
In Verbindung mit einem Kinder interessierenden Themenbereich, z.B. Fußball, werden Wörter mit langem und kurzem Vokal angeboten.[84] Das Schriftbild wird durch Längen- und Kürzezeichen unter dem betonten Vokal unterstützt, z.B.:

Fußball, Tor, toll, Latte, Vorstopper, stolpern, Hose, dribbeln, Schiedsrichter, rempeln, warten, fallen, holen, rennen, Ecke, schießen, Feld, laufen, treffen, passen

Die Wörter werden zusammen mit den Handbewegungen gesprochen und anschließend nach langem und kurzem Vokal geordnet. Jetzt gilt es, die Kinder als Forscher zu aktivieren: Was fällt in den Wörtern z.B. mit kurzem Vokal auf? Kinder sollten Gemeinsamkeiten dieser Wörter entdecken, zusammentragen und sich darüber austauschen, um selbst zur Regel zu finden. Diese sollte möglichst in der Ich-Form von den Kindern formuliert werden: Nach kurzem betonten Selbstlaut folgen meist zwei Mitlaute. Höre ich nur einen Mitlaut, verdopple ich ihn.

Anwenden und Sichern der Regelungen
Zunächst sollte nur mit Wörtern mit kurzen betonten Vokalen gearbeitet werden, um eine Ähnlichkeitshemmung zu vermeiden. Besonders schwierig ist für Kinder die Schreibung von Verben in flektierter Form, da hier trotz eines folgenden *t* oder *st* der Mitlaut verdoppelt bleibt. Darum sollte gesondert auf die Stammerhaltung bei Verben eingegangen werden. Ausgehend von der Grundform wird der Wortstamm farbig gekennzeichnet. Die Kinder bilden nun beispielsweise

zu dem Verb *rennen* mit Hilfe des „Wortstamm-Baumes" Sätze mit verschiedenen Personalformen, z.B.: *Sina rennt zur Schusslinie. Wir rennen in den Strafraum. Du rennst ins Abseits. Kai und Evi rennen auf den Gegner zu.*

In einem weiteren Schritt können mit verschiedenen Verben, in denen zunächst der Stamm mit dem doppelten Mitlaut farbig nachgefahren wird, Sätze zu Kindern aus der Klasse in der dritten Person Singular formuliert werden. Ein mit doppelten Mitlauten beschrifteter Würfel eignet sich zum Suchen von Wörtern mit dem erwürfelten doppelten Mitlaut. Dazu können Kinder Wortkarten angeboten werden oder sie suchen in ihrer Wörterliste oder einem Wörterbuch.

Spezifischer Anwendungsbereich:
Schreibung von Wörtern mit ss oder ß[85]
Seit der Rechtschreibreform wird die Schreibung von Wörtern mit *ss* und *ß* nach Länge und Kürze des Vokals bestimmt. Dieses Phänomen kann zunächst mit Hilfe von Merkversen in Verbindung mit einem als Stütze dienenden Bild eingeführt werden (siehe S. 96).

Durch Ordnen der in den Merkversen enthaltenen Wörter nach kurzem und langem betonten Vokal kann die Regel gut erkannt und an weiteren Wörtern aus dem Wörterbuch überprüft werden. Die Kinder erfassen dabei auch, dass Diphthonge zu den langen Vokalen zählen. Das Anwenden und Sichern kann durch Legespiele, in denen Kartenpaare in einer Schlange abge-

legt werden müssen, auf spielerische Weise geschehen. Es bieten sich Kartenpaare zu Singular/Plural (*der Fluss – die Flüsse*), mit Reimwörtern (*die Tasse – die Kasse*) und zu Grundform/flektierte Form (*anfassen – du fasst an*) an. Auch hier sollte zunächst getrennt nach Wörtern mit *ss* und *ß* vorgegangen werden.

Zusammenführung
In vielfältigen Texten und in Verbindung mit Würfelspielen, Bingos, Lottos (siehe Kopiervorlage, S. 97) u.a. Spielformen können Kinder Wörter mit langem und kurzem Vokal sichern und unterscheiden üben. Wichtig ist, dass sie dabei die Wörter sprechen und die passende Handbewegung ausführen. Später reicht es dann bei Unsicherheiten oft aus, nur die Handbewegung zu zeigen und beim Sprechen ausführen zu lassen.

• **Übungen zur Auslautverhärtung in Wörtern verschiedener Wortarten**
Da im Deutschen der Auslaut immer hart gesprochen wird, müssen Kinder erfassen lernen, dass sie ihn in Wörtern mit den Auslauten *b*, *d* und *g* nicht allein hörend bestimmen können. Erst durch das Verlängern eines Wortes oder durch das Bilden der Grundform bei flektierten Verben kann der Auslaut sicher bestimmt werden.

Bewusstmachen des Problems
Damit Kinder beim Konstruieren von Wörtern selbst die Verlängerungsregel bei Auslautverhärtung anwenden können, muss ihnen zunächst das Problem der Auslautverhärtung bewusst werden. Dazu sollten ihnen als Bild dargebotene Wörter sowohl mit *d* als auch mit *t* im Auslaut präsentiert werden, verbunden mit der Aufforderung, die Wörter deutlich zu sprechen. Beim Sprechen merken die Kinder, dass man immer *t* spricht und hört, aber manchmal *d* schreibt. Um das Problem der Unterscheidung von *d* oder *t* im Auslaut zu lösen, was sich nicht durch Hören bewältigen lässt, wendet man einen „Trick" an: Wenn man die Wörter verlängert, kann man *d* oder *t* hören. Für Nomen wird Kindern die Bildung des Plurals als Verlängerungsmöglichkeit angeboten. Bei Verben sollte die Grundform gebildet werden und bei Adjektiven bietet sich immer eine flektierte Form an, in manchen Fällen auch die Steigerungsform. Voraussetzung für die Anwendung des Tricks ist allerdings, dass

Im Schloss und auf der Straße

Ellen ritt schnell zu dem Schloss
auf dem wunderschönen Ross.

Ele ging mit schweren Füßen
auf der Straße – wollt' dich grüßen.

Ellen schwamm jetzt durch den Fluss,
holte von der Palme eine Nuss.

Ele aß den großen Kloß
mit Klein-Ele auf dem Schoß.

Kinder die harten und weichen Konsonanten im Inlaut deutlich sprechen und abhören können. Darum sollte die Verlängerungsregel immer in Verbindung mit Übungen zum deutlichen Sprechen (siehe S. 88 ff.) verknüpft werden.

Handlungsorientiertes Erfassen des Problems
Um das Stammerhaltungsprinzip, das der Schreibung zugrunde liegt, erfahrbar zu machen, eignen sich Wortkarten mit Nomen im Singular und Plural, in denen der auslautende Buchstabe im Singular fehlt, in der Pluralform aber vorhanden und zusätzlich als Einzelkarte aufgesteckt ist.

steckte *d* im Wort *Wälder* wird abgenommen und in die Singularform *Wald* eingefügt. Folgende Sprechweisen sollten dazu an vielen Beispielen in durchgängig gleichem Wortlaut von den Kindern vorgenommen werden: *der Wald:* d *oder* t *?* *die Wälder – darum Wald mit* d*; das Zelt:* d *oder* t *? die Zelte – darum Zelt mit* t usw.

Übungen zur Anwendung
In allen Schreibübungen zur Auslautverhärtung muss von der verlängerten Form ausgegangen werden, da diese die Voraussetzung für die Bestimmung des Auslautes darstellt.

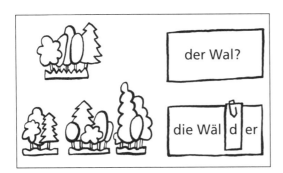

der Wal?

die Wäl|d|er

Mit diesem Material kann der Vorgang handelnd vollzogen und gleichzeitig verbalisiert werden. Dabei ist von der Pluralform, die ja den Lösungsbuchstaben anbietet, auszugehen. Das aufge-

So könnt ihr üben:

die Wälder

darum **Wald** mit **d**

1. Sucht passende Wörter und verlängert sie. Sprecht dazu.

die Wälder
Vorderseite

der Wal●
Rückseite

2. Stellt euch Wendekärtchen zum Üben her.

Molli-Flusspferd- und Ele-Elefant-Lotto

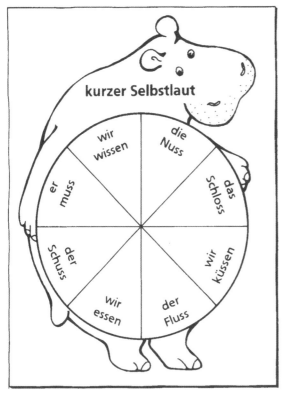

kurzer Selbstlaut

wir wissen · die Nuss · das Schloss · wir küssen · der Fluss · wir essen · der schuss · er muss

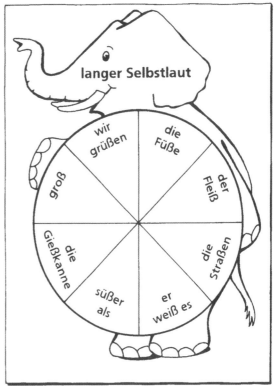

langer Selbstlaut

wir grüßen · die Füße · der Fleiß · die Straßen · er weiß es · süßer als · die Gießkanne · groß

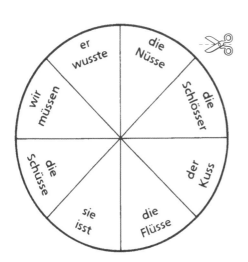

er wusste · die Nüsse · die Schlösser · der Kuss · die Flüsse · sie isst · die schüsse · wir müssen

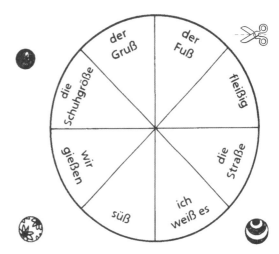

der Gruß · der Fuß · fleißig · die Straße · ich weiß es · süß · wir gießen · die Schuhgröße

1. Schneide die unteren Kreise in Teile.
2. Mische die Karten und fülle die Bälle von Molli und Ele.
   Sprich die Wörter dazu deutlich.
   Achte auf die langen und die kurzen Selbstlaute.
3.  Ihr könnt auch Lotto spielen.

Mit Wendekarten, die ebenfalls das Stammprinzip verdeutlichen, können Kinder in Partner- oder in Einzelarbeit arbeiten. Das Kind, das die Seite mit der verlängerten Form hat, beginnt und muss angehalten werden, sehr deutlich den entsprechenden Buchstaben zu sprechen, damit die Partnerin oder der Partner ihn richtig abhören kann. Entsprechend der Wortarten sollten die Wörter auf verschieden farbige Karten geschrieben werden. Für die eigene Herstellung von Wendekarten kann Kindern eine Liste mit Wortschatz zur Auslautverhärtung angeboten werden. Auch die Schreibaufgabe sollte zunächst von der verlängerten Form ausgehend begonnen werden. Mit zunehmender Sicherheit können Kinder auch von der Auslautform ausgehen, selbst die Verlängerung bilden und dann mit der Rückseite überprüfen, ob sie den richtigen Buchstaben am Ende gehört und geschrieben haben.

• Übungen zur Ableitung *ä – a, äu – au*
Damit die Operation der Ableitung von einem verwandten Wort mit *a* oder *au* gesichert vollzogen werden kann, sollten reversible Aufgaben angeboten werden.

Erfassen der Veränderung von au *zu* äu *und von* a *zu* ä
Die Veränderung der Wörter können die Kinder handelnd an der Tafel erfahren und durchführen. In Druckschrift vorgegebene Wörter wie *Haus*, *Raub* und *Ball* werden von den Kindern mit Hilfe von farbiger Kreide in *Häuser*, *Räuber* und *Bälle* verwandelt. Sie führen durch Hinzufügen der Umlautstriche und der Endungen direkt an den Wörtern die Veränderung durch. Ebenso kann die Veränderung bei Verben von der Grundform zur flektierten Er- oder Sie-Form sowie bei Adjektiven von der Grundform zur Steigerungsform handelnd, in diesen Fällen durch Hinzufügen des Umlautes und Wegstreichen oder -wischen von Buchstaben, durchgeführt werden.

Übungen zur Ableitung
Mit Hilfe von Dominos, Memorys oder Paarkarten können die Kinder erfassen, dass die Schreibung mit *ä* oder *äu* von verwandten Wörtern mit *a* oder *au* hergeleitet werden kann. Gerade für Kinder, die von ihrer sprachlichen Kompetenz her Schwierigkeiten haben, selbst verwandte Wörter schnell zu finden, bieten spielerische Aufgaben ein wichtiges Übungsfeld. Es können

Dominos nur zu einer Wortart oder zu mehreren Wortarten, aber auch zum Wortartenwechsel eingesetzt werden. Um zur Differenzierung unterschiedlich lange Dominos anbieten zu können, bietet es sich an, das Zielfeld, also den Schwanz des Wurms, der Raupe oder der Schlange, noch einmal gesondert aufzumalen. Es kann dann an beliebiger Stelle im Domino unterbrochen und das Üben verkürzt werden. Dafür wird die Zielkarte mit einer Büroklammer aufgeheftet.

Ableitungen, die einen Wortartenwechsel erfordern, machen Kindern eher Schwierigkeiten. Die Kopiervorlagen auf Seite 99 und 100 bieten dazu Wortschatz an.

Während der Arbeit mit Dominos sollten Kinder möglichst sprechen, damit sie das Ableitungsprinzip bewusst erfassen und mit mehreren Lernkanälen sichern, z.B. könnten sie zum Domino der Kopiervorlage auf Seite 100 folgendermaßen sprechen: *sie trägt* mit *ä*, weil *tragen*, *er erklärt* mit *ä*, weil *klar*.

Durch Umdrehen einzelner Dominokarten, deren leere Rückseite nun nur noch zu sehen ist, entsteht eine Schreibübung, bei der die Kinder sowohl von der *ä*- oder *äu*-Form auf die *a*- oder *au*-Form als auch von der *a*- oder *au*-Form auf die *ä*- oder *äu*-Form schließen müssen. Mit solchen Übungen wird Rechtschreibdenken gefordert und gefördert, denn ein Kind muss jetzt selbstständig das jeweilige abgeleitete oder abzuleitende Wort bilden und nennen.

• Übungen zur Groß- und Kleinschreibung
Die Groß- und Kleinschreibung stellt für alle Kinder ein erhebliches Problem dar. Kinder benötigen daher Hilfen, um Nomen sicher bestimmen zu können. Als einzige Wortart werden Nomen im Deutschen großgeschrieben. Daher sollte diese Wortart mit ihren Kennzeichen gezielt erarbeitet werden.

Kennzeichen von Nomen erfassen
Die Prüfung, ob ein Wort einen Artikel führt, ist für Kinder leicht durchführbar. Dazu können immer wieder Ordnungsübungen von Bild- oder Wortkarten zu den Artikeln in Schachteln o. Ä. handelnd mit Wortkarten vorgenommen werden. Für Kinder, die hinsichtlich der Bestimmung des passenden Artikels unsicher sind, sollte er zur

Domino (1) Wörter mit *ä* und *äu*

	die Bäume	der Baum	träumen
der Traum	er fällt	fallen	sie kämpft
der Kampf	die Länder	das Land	sie wählt
die Wahl	der Bäcker	backen	sie läuft
laufen	die Ärztin	der Arzt	die Hände
die Hand	er schlägt	der Schlag	

Domino (2) Wörter mit *ä* und *äu*

START	sie trägt	**tragen**	er erklärt
klar	sie errät	**raten**	die Wäsche
waschen	der Ärmel	**der Arm**	der Verkäufer
kaufen	gefährlich	**die Gefahr**	der Jäger
jagen	er fällt	**fallen**	sie träumt
der Traum	härter als	**hart**	ängstlich
die Angst	die Häuser	**das Haus**	die Bäckerei
backen	die Räume	**der Raum**	er schläft
schlafen	der Händler	**handeln**	täglich
der Tag	die Plätze	**der Platz**	der Läufer
laufen	er fängt	**fangen**	glänzend
der Glanz	die Fäuste	**die Faust**	länger als
lang	nähen	**die Naht**	sie lässt
lassen	sie gräbt	**graben**	er lädt ein
einladen	zählen	**die Zahl**	ZIEL

Selbstkontrolle auf der Rückseite der Wort- oder Bildkarte angegeben sein. Auch das schriftliche Einfügen von Wörtern in eine mit *ein – eine* oder *der – die – das* überschriebene Tabelle sollte mit Hilfe von Wörterlisten oder von Wörterbüchern, die den richtigen Artikel verzeichnen, reihum vorgenommen werden.

Besondere Schwierigkeiten machen Kindern dagegen Zeigewörter wie *ins, ans, zum, zur*, auf die sie hingewiesen werden müssen, sowie Nomen mit vorangestelltem attributiv gebrauchtem Adjektiv trotz angegebenem Artikel. Kinder müssen dazu den Bezug zwischen Artikel und Nomen herstellen können. Mit Erweiterungsübungen zunächst mit nur einem, später auch mit mehreren Adjektiven kann die feste Artikel-Nomengruppe Kindern bewusst gemacht werden. Optisch sollte die räumlich auseinander stehende Artikel-Nomengruppe durch einen Pfeil verdeutlicht werden.

Kinder können sich selbstständig Erweiterungsübungen erstellen, indem sie Nomen mit Artikel aus ihrem Wörterkasten oder aus dem Wörterbuch heraussuchen. In Partnerarbeit erweitern sie abwechselnd mündlich und schriftlich die Artikel-Nomengruppe durch ein oder mehrere Adjektive. Kindern können auch Sätze angeboten werden, in die sie Pfeile wie in der Abbildung oben einzeichnen. Diese Übungsform bietet sich auch gut für Zeigewörter, wie *ins, ans* und für flektierte Artikel an. Die folgenden Sätze seien beispielhaft genannt.

Ich gehe heute ins alte Häuschen am Waldplatz.
Lisa schoss den Ball ins gegnerische Tor.
Wir wandern zum neuen Spielplatz.
Ich renne noch schnell zur nächsten Höhle.
Wir wandern zum alten Schloss.

Von der semantischen Seite her bieten sich zum Erkennen von Nomen Zuordnungen zu den Oberbegriffen *Menschen, Tiere, Pflanzen, Dinge* an. Kinder können aus der Wörterliste oder dem Wörterbuch zu den Oberbegriffen passende Wörter heraussuchen, sie auf Wortkarten schreiben und den einzelnen Kategorien handelnd zuordnen. Dies kann auch in Verbindung mit Bildkarten geschehen.
Übungen zum Erkennen von Nomen mit den Suffixen *ung, heit, keit, nis* werden im Gliederungspunkt „Strukturierung auf der morphematischen Ebene" angeboten (siehe S. 106 ff.).

Das Erfassen der Kennzeichen für die verschiedenen Wortarten[86] kann spielerisch mit einer Detektivaufgabe zum Erstellen eines Steckbriefes durchgeführt werden. Dabei sollen in Form einer Suchanzeige (siehe Kopiervorlage, S. 102) passende Kennzeichen für Nomen, Verben und Adjektive zugeordnet werden. Nach den drei Wortarten benannte Figuren, deren Spitzname jeweils die deutsche Bezeichnung der Wortart ist, werden ausgelegt und zusätzlich auf Streifen zu ihnen passende Kennzeichen und Wortkarten angeboten (siehe Kopiervorlagen, S. 102 und 103).

Die Kinder werden aufgefordert Kennzeichen und Wortkarten den gesuchten Figuren zuzuordnen. Die Rückseiten der Streifen mit den Kennzeichen und der Wortkarten können zuvor mit einem zu der Wortart passenden farbigen Punkt ausgezeichnet werden, damit die Kinder sich selbst kontrollieren können. Als weitere Hilfe kann vorab die Anzahl der jeweiligen Kennzeichen (Nomen: 5, Verb: 3, Adjektiv: 4) angegeben werden. Zusätzlich sollten die Kinder zu den drei Wortarten weitere Beispiele suchen und auf diese Weise selbst die Kennzeichen erproben. Dafür enthält die Kopiervorlage auf Seite 103 Blankokarten bereit.

Des Weiteren kann zur sicheren Einprägung der Wortarten-Bezeichnungen folgendes Merkspiel durchgeführt werden: Zu vielen ausgelegten Wortkarten, zunächst nur in der Grundform, später auch in flektierter Form, werden Aufträge erteilt, z.B. „Nimm das Nomen *Ball* und lege die Wortkarte unter das Waschbecken." – „Hole das Verb *beobachten* und stelle die Wortkarte an die Tafel." – „Nimm das Adjektiv *schnell* und lege die Wortkarte in die Leseecke." Nach sechs bis acht Aufträgen, können die Wortkarten wieder

Wortarten-Suchanzeige

Gesucht werden diese drei:

Ede Nomen
Spitzname: Namenwort

Pia Verb
Spitzname: Tuwort

Paule Adjektiv
Spitzname: Wiewort

Nähere Kennzeichen

Bezeichnet Menschen, Tiere, Pflanzen, Dinge.

Kann in der Gegenwarts- und in der Vergangenheitsform stehen.

Hat einen bestimmten oder einen unbestimmten Artikel (Begleiter).

Gibt an, was jemand tut oder was geschieht.

Kann in der Einzahl und in der Mehrzahl stehen.

Wird immer großgeschrieben.

Gibt an, wie Lebewesen oder Dinge sind.

Besteht aus Stamm und Endung.

Mit diesen Wörtern kann man Lebewesen und Dinge miteinander vergleichen.

Hat manchmal die Endungen **-heit**, **-keit**, **-ung**, **-nis**.

Hat manchmal die Endungen **-ig**, **-lich**, **-isch**.

Wortkarten für die Wortarten-Suchanzeige

Bruder – Hase – Eimer	Onkel – Hund – Tulpe – Stuhl	riesig
er geht – er ging	sie rennt – sie rannte	Wanderung

Körper	bauen	regnen	der Vogel – die Vögel

die Bank – die Bänke	ziehen – sie zieht	holen – du holst
ein Veilchen – das Veilchen	freundlich	ein Brief – der Brief
groß – größer – am größten	lustig	tief – tiefer – am tiefsten

die Gesundheit	ärgerlich	misstrauisch	Sauberkeit

eine Freundin	kurz – kürzer – am kürzesten	spazieren
wir treffen – sie trifft	der Vorname – ein Vorname	ein Erlebnis
sie steht – sie stand	der Fußball – die Fußbälle	stürmisch

Kusine – Nilpferd – Gras – Inliner	wir schützen – er schützt

zurückgeholt werden: „Hole die Wortkarte zum Nomen *Ball*." – „Hole die Karte mit dem Adjektiv *schnell*." Zusätzlich können zu den Wortkarten Suchaufgaben gestellt werden, z.B. „Suche drei Adjektive heraus." – „Suche ein Nomen, das eine Pflanze bezeichnet."

Das Erkennen von Abstrakta als Nomen stellt für viele Kinder ein Problem dar. Deshalb sollten Übungen mit häufig vorkommenden Wörtern für Gefühle, wie *Schreck, Angst, Glück, Wut, Sorge*, immer wieder geübt werden. Dazu bieten sich Einsetzübungen wie die folgende an.

Nichts als Ärger

Beim Fußballspiel rannte ich mit Steffen zusammen. Er stürzte. Ich bekam einen …, weil Steffen nicht mehr auftreten konnte.
Aber zum … war nichts gebrochen.
Mama machte sich mal wieder …, weil ich erst so spät nach Hause kam und schimpfte mit mir.
Ich hatte überhaupt keine … mehr, etwas zu tun.
Darum gab es heute …, denn ich hatte die Aufgaben nicht dabei. Abends kam dann auch noch Tante Anne zu Besuch. Ich ging in mein Zimmer und drehte die Stereoanlage voll auf.
Tante Anne schimpfte über den ….
Da bekam ich schon wieder ….

Setze ein: der Ärger, die Sorgen, der Schreck, der Lärm, das Glück, die Lust.

• **Übungen zu den Pronomen *ihn, ihr, …***
Die orthographisch richtige Schreibung der Pronomen erfordert verschiedene Strategien. Der Vokal muss in der Opposition *in – ihn, im – ihm* als ein langer erfasst werden. Weiter muss wortspezifisch die Ausnahmeschreibung des langen Vokals als *ih*, die nur bei den Pronomen auftritt, wortspezifisch eingeprägt und unbedingt die grammatische Kategorie erfasst werden. Neben Einsetzübungen, wie sie für Francesco auf Seite 41 und bei der Diktatbesprechung auf Seite 29 f. vorgestellt wurden, sollten Kinder immer wieder Gegenstände und Personen mit Hilfe von Pronomen zuordnen, wie auf der Kopiervorlage, Seite 105, angeboten.
Zur weiteren Übung der Pronomen kann im Klassenzimmer eine Leine gespannt werden, an

der viele Kleidungsstücke hängen. Dazu steht für die dann folgende Partnerarbeit die Frage an der Tafel: „Was gehört wem? *ihm* oder *ihr*? Ein Kind sagt, wem das jeweilige Kleidungsstück gehört, z.B. „Die Hose gehört Kemal". Das andere Kind malt die Hose auf, formuliert und schreibt dann dazu: *Sie gehört* ihm.

Um die Gruppe der Pronomen auch in der flektierten Form zu erfassen, schlägt *Hans Glinz* eine Einsetzübung (siehe S. 106) vor.
Solche Übungen sollten zunächst handelnd situativ anhand von Fotos durchgespielt und mündlich erarbeitet werden. Ein Bild der Klasse mit Lehrerin wird auf Folie projiziert und anschließend den Kindern als Kopie in Kleingruppen ausgeteilt. Je nach Sprachvermögen der Klasse oder Gruppe kann zunächst die Lehrerin oder der Lehrer sprechend in die Situation und die Sätze einführen, die die Kinder so richtig im Gebrauch kennen lernen oder gleich mit Zuordnungsübungen durch die Kinder beginnen.
Die Sätze der linken Spalte werden durcheinander angeschrieben oder jeweils auf Wortkarten an Kleingruppen verteilt. Die Lehrerin oder der Lehrer stellt Fragen, auf die die Kinder mit der passenden Karte antworten und zu der sie eine passende Person bzw. Personengruppe auf dem Bild zeigen müssen.

Fragen wären: Wer ist das? Wo stehe ich? Wo ist Marcel? Ist das Mädchen hinter Ömer wirklich Anja? Was rufen Annika, Lisa und Lea? Was sagt Mehmet, als er endlich seine beiden Freunde entdeckt hat? Welche Frage stellt der Fotograf an die Lehrerin?

Zur zweiten Satzgruppe wird jeweils in die Situation eingeführt. Ein Kind kommt nach vorne zur Lehrerin. Die Lehrerin geht mit dem Kind vor das Foto und zeigt zunächst auf dem Bild auf sich und dann auf das Kind. Die anderen müssen die passenden Sätze dazu suchen. Die Lehrerin sagt: „Arne lacht", und deutet fragend auf das Kind neben sich. usw.

In einem nächsten Schritt ist es wichtig, die Sätze von links nach rechts zu lesen, um die zusammen gehörigen Pronomen erfassen zu lernen. Die Kinder arbeiten jetzt in Zweier- oder Dreiergruppen, lesen und ergänzen reihenweise und zeigen dazu die Figuren auf dem Bild.

Was gehört Pippi, was Räuber Hotzenplotz?

1. Wem gehört was?
   Trage zuerst die Zahlen in die Kreise ein.
   Sprich die Sätze und trage **ihr/ihre**
   oder **sein/seine** ein.

Pippi
ihr   ihre

Räuber
Hotzenplotz
sein   seine

(1) Das ist _____ Kleid.

(2) Das ist _____ Hose.

(3) Das sind _____ Schuhe.

(4) Das sind _____ Haarschleifen.

(5) Das sind _____ Strümpfe.

(6) Das sind _____ Augen.

(7) Das sind _____ Zöpfe.

(8) Das ist _____ Hut.

(9) Das ist _____ Hemd.

(10) Das ist _____ Feder.

(11) Das ist _____ Gürtel.

(12) Das sind _____ Augen.

(13) Das ist _____ Gewehr.

(14) Das ist _____ Bart.

Die Pronomen

Zu „*ich, du, er*" usw. gehören auch
„*mich, mir – dich, dir – ihn, ihm*" usw.
Fülle die Lücken aus:

Das bin **ich**.	Hier siehst du **m** _____.	Das ist ein Bild von **m** _____.
Hier stehst **du**.	Ich sehe **d** _____.	Neben **d** _____ steht Marcel.
Da ist **er**.	Siehst du **i** _____?	Hinter **i** _____ ist die Lehrerin.
Das ist **sie**.	Jetzt sehe ich **s** _____ auch.	Du bist genau vor **i** _____.
Hier sind **wir**.	Hier seht ihr **un** _____.	Es ist ein Bild von **un** _____.
Da seid **ihr** zwei.	Man sieht **eu** _____ schlecht.	Es gibt bessere Bilder von **eu** _____.
Was meinen **Sie**?	Wie ist es für **S** _____?	Ist es bei **Ih** _____ anders?

Anschließend schreibt jedes Kind die Sätze von mindestens vier Reihen von links nach rechts auf, wobei das Pronomen jeweils mit farbigem Stift geschrieben und damit hervorgehoben wird. Dazu kann auch gemalt oder auf dem Foto eingekreist werden.

Übungsbereich: Strukturierung auf der morphematischen Ebene

Ein großer Teil von Fehlschreibungen entsteht durch eine unzureichende Strukturierung von Wörtern. Besonders beim Übergang von der alphabetischen zur orthographischen Phase gilt es, verstärkt Anregungen zu geben, auch den Wortaufbau, der einen Teil unserer orthographischen Muster bedingt, zu entdecken und Wortbausteine herauszuarbeiten.

In langen Wörtern vergessen Kinder häufig deshalb Buchstaben, weil sie sich die Wortbildung des Wortes nicht bewusst machen. Besondere Schwierigkeiten entstehen meist dadurch, wenn die Vorsilbe mit dem gleichen Buchstaben endet, mit dem das sich anschließende Wort der Zusammensetzung beginnt, z.B. *Fahrrad, erraten, abbrechen, annehmen.* Eine weitere Schwierigkeit stellt das Fugen-*s* dar: Kinder verschriften häufig entweder *s* als *z* oder lassen den davor stehenden Konsonanten weg. Wird das zusammengesetzte Wort in seine Teile gegliedert, z.B. *Geburt s tag*, dann erfasst ein Kind die Struktur des Wortes, kann dessen Schreibung nachvollziehen und auf weitere Beispiele wie z.B. *Bahnhof s uhr, Weih-nacht s fest* übertragen. Die Schreibung der Wortteile in unterschiedlichen Farben macht Kindern auch optisch die jeweilige Struktur des Wortes deutlich. Motorisch wird durch das Absetzen des Stiftes jeweils am Morphemende die Wortbildung bewusst handelnd erfahren. Arbeitet man mit Wortstreifen, kann durch Knicken an der Morphemgrenze die Strukturierung deutlich gemacht werden.

Außerdem ist eine bewusste Auseinandersetzung mit nachgestellten Wortbausteinen wichtig, weil sie eine entscheidende Hilfe für das Bestimmen der Wortart darstellen. Die nachgestellten Wortbausteine *ung, heit, keit, chen, nis* und *in* weisen auf Nomen hin, die Wortbausteine *lich* und *ig* zeigen Adjektive an. Diese können noch durch die nicht so häufig auftretenden Endungen *isch, bar* und *los* ergänzt werden.

In den Bereich der Strukturierung auf der morphematischen Ebene gehören neben Übungen zum Erfassen von Präfixen und Suffixen und Wortzusammensetzungen auch Übungen zu den Flexionsmorphemen. Hier sollte, wie auch bei den bisherigen Übungsbereichen zum Aufbau des Regelspeichers, zunächst von schon wortspezifisch sicher eingeprägtem Wortschatz ausgegangen werden. *Manfred Wespel*[87] schlägt dazu vor, diese im Sinne einer didaktischen Schleife nochmals neu auf einer abstrakteren Ebene unter morphematischen Gesichtspunkten zusammenzufassen und zu strukturieren (siehe Kopiervorlage, S. 108/109).

- **Übungen zum Entdecken von Wortbausteinen und Gliedern in Morpheme**

Die folgenden Übungsbeispiele zum Entdecken von Wortbausteinen, die in enger Anlehnung an den Vorschlag *Manfred Wespels* erstellt wurden, machen Kinder auf Wortbausteine aufmerksam, bieten ihnen Beispiele dazu an und regen sie zu eigenen Entdeckungen an Wörtern an.

Wörter nach Wortbausteinen ordnen
Aus einer Fülle von Wortkarten oder einer Wörterliste werden Wörter mit gleichen Wortbausteinen bzw. analogen Wortbauprinzipien zusammengetragen, z.B.:

er geht	freundlich	Entschuldigung
vertragen	Haustür	sie trägt
ängstlich	Wanderung	verlieben
Hundehütte	sie bringt	schrecklich
Entdeckung	verlaufen	Rasenmäher

Die gemeinsamen Wortbausteine bzw. Prinzipien sollten die Kinder farbig hervorheben.

Arbeit mit Wörterstreifen
Zur Verdeutlichung der Wortbildung ist handelndes Arbeiten wichtig. Eine grundlegendes Material zum Erfassen der Wortbildung stellen Wortstreifen dar, die gefaltet werden können. Dabei sollten und müssen nicht immer alle Morpheme durch einen Falz gekennzeichnet werden. Man kann gezielt bestimmte Morpheme, z.B. die Endung *in*, abknicken, um diese bewusst zu machen. Gegenüber dem Abschneiden und Zusammenlegen hat das Falten folgenden Vorteil: Das Wort ist als Ganzes immer präsent und ein Kind kann zunächst am Gesamtwort die Gliederung in Morpheme vornehmen.

Geburt	s	tag		
Geburt	s	tag	s	torte

Lehrer	in

Hand	ball	spiel	er

ver	trag	en

Vor	stell	ung

Zunächst sollte mit bereits gefalteten Streifen gearbeitet werden. Die Kinder falten nach und nach die Streifen auf und schließen während des Vorgangs auf die noch verdeckten Wortteile. Die Wörter werden schrittweise gemäß der aufgedeckten Morpheme aufgeschrieben. Um die Wortbildung auch optisch sichtbar zu machen, bietet es sich an, die einzelnen Morpheme jeweils mit unterschiedlichen Farbstiften schreiben zu lassen. In einem zweiten Schritt sollten Kinder selber die Faltstellen in vorgegebenen Wörtern finden, durch Striche kennzeichnen und nach Überprüfung falten. Dabei ist es sinnvoll mit analogen Beispielen zu arbeiten: *Bäcker/in, Lehrer/in, Schneider/in, Mechaniker/in; Handball, Handschuh, Handfeger.*

- **Übungen zu Präfixen und Suffixen**
Mit Hilfe einer Drehscheibe oder eines Würfels können die häufigsten Präfixe bewusst gemacht und Kinder zu Wortbildungen mit diesen Wortbausteinen aufgefordert werden. Um besonders das Problem der doppelten Konsonanten durch die Zusammensetzung zu erarbeiten und zu sichern, sollten auch Wörter für die Zusammensetzung angeboten werden (siehe Kopiervorlage, S. 111).

Zusätzlich zu den vorgegebenen Wörtern können Kinder zu den erdrehten oder erwürfelten Vorsilben selbst Wörter suchen und dazu die Wörterliste oder ein Wörterbuch verwenden. Das Aufschreiben der Wörter sollte anfangs möglichst mit zwei Stiften erfolgen.

Die Übungen mit der Drehscheibe oder dem Würfel lassen sich auch auf nachgestellte Wortbausteine übertragen. Die Kinder suchen dann zum jeweiligen Wortbaustein ein passendes Wort und überprüfen die Schreibweise mit dem Wörterbuch.

Übungen zu den Präfixen ver *und* vor
Die Vorsilben *ver* und *vor* kommen relativ häufig vor und bereiten vielen Kindern wegen der Schreibung mit *v* Schwierigkeiten. Zur Sicherung der Schreibung mit *v* ist es sinnvoll, beide Vorsilben zusammen zu behandeln. Zunächst müssen die Wortbausteine bewusst gemacht werden. Die bedeutungsverändernde Funktion der Vorsilben wird deutlich, wenn in der Gegenüberstellung inhaltlich mit dem Wortschatz gearbeitet

Die Teile eines Wortes entdecken (1)

Die meisten Wörter verändern sich im Satz.
Sie holen Wortbausteine hinzu, verbinden sich
mit anderen Wörtern und verändern ihre Endung.
Wenn du Teile eines Wortes entdeckst,
kannst du das ganze Wort besser erkennen.

1. Entdeckung:

Zusammengesetzte
Wörter

Ich suche beide oder alle Wörter.

Kartoffel|salat   Haus|tür

messer|scharf   blitz|schnell

Geburt|s|tag   Menschen|geschichten

viel|leicht   Schlaf|zimmer|fenster

Fahr|rad   Schreib|tisch|stuhl

2. Entdeckung:

Vorangestellte
Wortbausteine

Ich trenne den Wortbaustein ab.

ab|fahren   ent|gehen

Ge|birge   Un|wetter

un|glücklich   ge|kocht

an|nähen   er|raten

auf|schreiben   zer|brechen

ein|nehmen   Vor|sicht

ver|fahren   ent|decken

Die Teile eines Wortes entdecken (2)

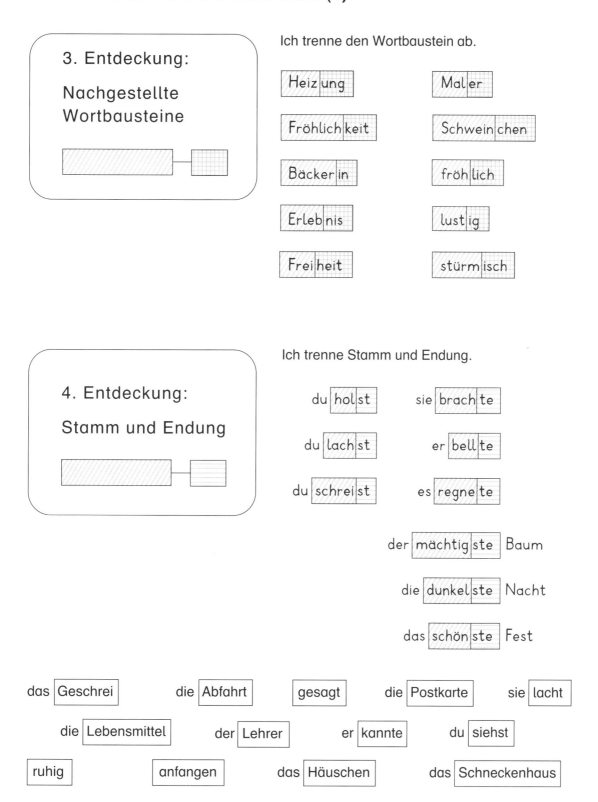

3. Entdeckung:

Nachgestellte Wortbausteine

Ich trenne den Wortbaustein ab.

Heiz	ung	Mal	er
Fröhlich	keit	Schwein	chen
Bäcker	in	fröh	lich
Erleb	nis	lust	ig
Frei	heit	stürm	isch

4. Entdeckung:

Stamm und Endung

Ich trenne Stamm und Endung.

du hol|st   sie brach|te

du lach|st   er bell|te

du schrei|st   es regne|te

der mächtig|ste Baum

die dunkel|ste Nacht

das schön|ste Fest

das Geschrei   die Abfahrt   gesagt   die Postkarte   sie lacht

die Lebensmittel   der Lehrer   er kannte   du siehst

ruhig   anfangen   das Häuschen   das Schneckenhaus

1. Entdeckst du die Teile?

wird und er im Satzkontext angewendet wird. Als Beispiele bieten sich folgende Verben an:

tragen – vertragen – vortragen
laufen – verlaufen – vorlaufen
rechnen – verrechnen – vorrechnen

Die Kinder bilden Sätze mit den Verben und umschreiben ihre jeweilige Bedeutung.

Die Schreibung mit V/v kann in Verbindung mit dem Ver/ver- bzw. Vor/vor-Vogel gesichert werden. Die Kinder erhalten dazu die Silhouette eines Vogels, in die sie aus einer Wörterliste oder dem Wörterbuch gesammelte passende Wörter hineinschreiben.

Anschließend können Kinder in Kleingruppen Sätze mit den Wörtern aus ihrem Vogel bilden und sie vortragen. Da Kinder in selbst gebildeten Sätzen häufig nur die Präsensform verwenden, sollten sie darauf hingewiesen werden, Sätze auch in anderen Zeitformen zu bilden. Eine weitere Übungsform besteht darin, dass ein Kind ein Verb mit ver oder vor nennt und

die Lehrerin oder der Lehrer damit einen Satz oder eine Geschichte beginnt, die das Kind mündlich oder schriftlich fortsetzt. Je nach Sprachvermögen des Kindes können die benötigten Wörter mit dem entsprechenden Wortbaustein vorher auf einer Liste oder auf Wortkarten angeboten werden. Der folgende Dialog zeigt beispielhaft das Vorgehen:

Kind: *verlieren*
Lehrerin: Einmal musste ich einkaufen gehen. Im Laden merkte ich, dass ich meinen Geldbeutel
Kind: *verloren* hatte.
Lehrerin: Was nun? Mit dem Handy
Kind: *versuchte* ich ...
Lehrerin: Mit dem Handy *versuchte* ich meine Mama anzurufen. Aber
Kind: *vergeblich!*
Lehrerin: Niemand nahm ab. Ich erklärte an der Kasse mein Problem. Morgen würde Mama die Sachen bezahlen. Die *Verkäuferin*
Kind: *vertraute* mir
Lehrerin: und hat mir dennoch alle Sachen
Kind: *verkauft.*

Solche Einsetzübungen, die immer auch die inhaltliche und syntaktische Arbeit mit dem Wortschatz erfordern, lassen sich ebenso gut als Würfelspiel konzipieren. Den Kindern liegt ein Spielplan mit verschieden farbigen Feldern vor. Solche Spielpläne lassen sich leicht mit Hilfe von farbigen Klebepunkten herstellen. Weiter liegen vor jedem Kind Zettel und Stift zum Aufschreiben der Wörter. Kommt ein Kind auf ein rotes bzw. blaues Feld, muss es eine Aufgabenkarte ziehen. Diese liegt verdeckt auf einem Stapel unter einer Ver/ver- oder Vor/vor-Vogelkarte. Es liest den Text auf der Karte vor, in dem ein Wort mit der Vorsilbe *ver* oder *vor* durch *plopp-plopp* verschlüsselt ist, z. B. „Hakan geht in die Bäckerei. Die Verkäuferin *plopp-plopp* ihm drei Brötchen." Auf der Rückseite der Karte steht zur Kontrolle das Wort *verkauft*. Weitere Beispielsätze finden sich auf Seite 112 f.. Alle anderen Mitspielerinnen und Mitspieler müssen das Lösungswort auf ihren Zettel schreiben. Die Spielleitung überprüft die Schreibungen und gibt Rechtschreibhilfen, z. B. „Denke an die Vorsilbe *ver* mit Vogel-V" oder „Es heißt *ver-ges-sen*" und macht zusätzlich die passende Handbewegung für den kurzen

Eine Drehscheibe

Dazu brauchst du:
1 Holzperle, 1 Pinnstift, Klebstoff,
1 Drehscheibe, 1 kleine Scheibe mit Pfeil

Schneide die Drehscheibe aus und
klebe in die Mitte die Holzperle.
Schneide die Scheibe mit dem Pfeil aus und
steche in den Mittelpunkt den Pinnstift.
Setze die kleine Scheibe auf die große,
der Pfeil lässt sich jetzt drehen.

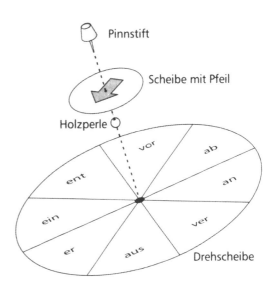

decken

tragen

schließen

nehmen

raten

brechen

stellen

binden

rechnen

laufen

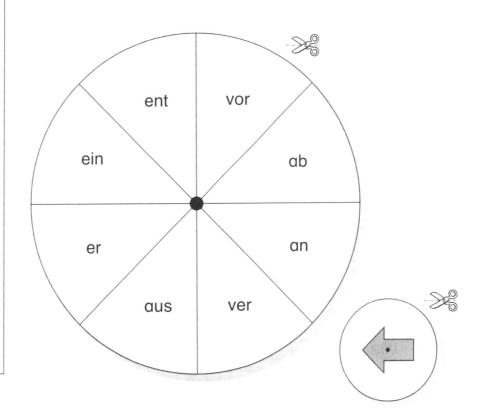

1. Stellt euch eine Drehscheibe her.
2. Dreht den Zeiger.
   Bildet zu den vorgegebenen Verben drei Wörter
   mit dem Wortbaustein.
   Schreibt das Wort mit zwei verschiedenen Stiften auf.
   Beispiel: **ver**raten, **ver**rechnen, **ver**binden

Vokal. Kommt ein Kind auf ein gelbes Feld, muss es zu einem Wort auf seinem Zettel selbst einen *Plopp-plopp*-Satz formulieren, der von den anderen mündlich zu lösen ist.

Darüber hinaus sollten Kinder angeregt werden, selbst Aufgabenkarten für dieses Spiel mit den Vorsilben *vor* oder *ver* zu entwerfen, diese mit Hilfe des Wörterbuches in Kleingruppen zu überprüfen und am Computer aufzuschreiben. Ähnliche Aufgaben können sie auch zu anderen Präfixen entwickeln.

Beispiele für Aufgabenkarten zum Ver/ver-Vogel

Ich soll einkaufen gehen. Im Laden weiß ich nicht mehr genau, was ich einkaufen muss. Ich suche den Einkaufszettel. Oh, nein, ich haben ihn *plopp-plopp!*	Rückseite: vergessen
Hakan war heute Morgen in der Bäckerei. Die Verkäuferin hat ihm fünf Brötchen *plopp-plopp.*	Rückseite: verkauft
Bald sind Ferien. Wir werden *plopp-plopp.*	Rückseite: verreisen
In den Ferien waren wir in Spanien am Meer. Einige Kinder kamen auf mich zu und redeten auf mich ein. Aber ich habe nichts *plopp-plopp.*	Rückseite: verstanden
Auf dem Weg zur Turnhalle hat Sandra gesehen, wie eine Frau ihren Geldbeutel *plopp-plopp* hat. Sie hat ihn der Frau gebracht und einen Euro Belohnung bekommen.	Rückseite: verloren
Alex hat seine Turnschuhe nicht dabei. Die Lehrerin schimpft: „Immer *plopp-plopp* du dein Turnzeug!"	Rückseite: vergisst

Michael ist beim Fußballspiel hingefallen. Er hat sich *plopp-plopp.*	Rückseite: verletzt
„Komm mal her", sagt Marion zu Lea. „Was ist denn?", fragt Lea. „Ich möchte dir ein Geheimnis *plopp-plopp*, das niemand wissen darf."	Rückseite: verraten
Sascha sagt zu seiner Freundin Lisa: „Ich muss dir etwas erzählen. Aber du darfst es nicht weitererzählen." „Du weißt doch, dass du mir *plopp-plopp* kannst", sagt Lisa.	Rückseite: vertrauen
Ostern habe ich für meine kleine Schwester die Eier *plopp-plopp.*	Rückseite: versteckt
Ich bin gestürzt und habe eine große Wunde am Knie. Der Arzt hat mein Knie *plopp-plopp.*	Rückseite: verbunden

Beispiele für Aufgabenkarten zum Vor/vor-Vogel

Am Wochenende war ich bei meiner Oma. Sie hat mir jeden Abend *plopp-plopp.*	Rückseite: vorgelesen
Morgen darf ich aus meinem Lieblingsbuch *plopp-plopp.*	Rückseite: vorlesen
Beim Schulfest haben wir ein lustiges Lied *plopp-plopp.*	Rückseite: vorgesungen
Am Sonntag kommen meine Verwandten. Wir wollen in ein Lokal gehen. Wir müssen einen Tisch *plopp-plopp.*	Rückseite: vorbestellen

Arian muss immer der Erste sein. Wenn alle in einer Schlange warten, muss er sich immer *plopp-plopp*.	Rückseite: vordrängeln

Mit Leonie gibt es beim Spielen immer Streit. Sie will immer allen *plopp-plopp*, was wir machen sollen.	Rückseite: vorschreiben

Verändern der Wortart durch Wortbausteine
Die nachgestellten Wortbausteine *ung, heit, keit, nis*, die Nomen anzeigen, und Adjektive mit den Endungen *lich, ig, isch* können mit Hilfe der Idee einer Spielstraße gesichert werden. Die Kinder sollen selbst die neuen Wörter mit den Endungen bilden und aufschreiben. Kindern macht es viel Spaß, die Aufgaben auf einem großen Spielplan auf dem Boden mit Spielautos auszuführen.

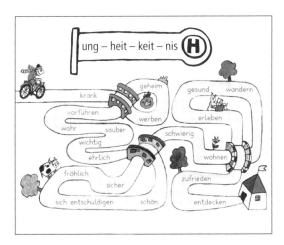

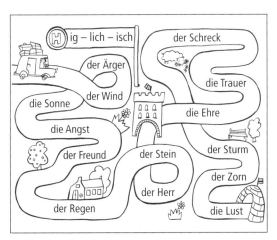

Folgende Spielregeln bieten sich an:
1. Haltestellen aufschreiben: Die Kinder fahren mit ihren *heit*-Autos auf der Straße. Sobald sie ein Nomen mit der Endung *heit* bilden können, müssen sie anhalten und dieses aufschreiben. Ebenso kann mit *keit*- und *nis*-Autos gefahren werden. Zur Überprüfung kann die Anzahl der Haltestellen angegeben werden oder ein Haltestellenblatt liegt zur Kontrolle bereit.
2. Haltestellen würfeln: Die Kinder würfeln abwechselnd, setzen auf ihr erwürfeltes Wort und schreiben das dazu passende Nomen oder Adjektiv auf.
3. Haltestellen benennen und merken: Die Kinder fahren auf der Spielstraße entlang und nennen ein passendes Nomen oder Adjektiv. Danach schreiben sie auswendig mindestens zehn Haltestellen auf und vergleichen ihre Schreibweisen.

• **Übungen zu Flexionsendungen**
Gerade zu Beginn des zweiten Schuljahres, wenn viele Kinder entdecken oder entdeckt haben, dass das Phonem *t* auch als *d* geschrieben auftritt, werden die Kinder beim Schreiben des Flexionsmorphems *t* in der dritten Person Singular unsicher und schreiben z. B. sie *fragd*. Um diese Verunsicherung auszuräumen, sind zunächst Übungen zu Stamm und Endung (siehe Seite 95) notwendig. Kinder können darüber hinaus gemeinsam Tätigkeiten sammeln, die sie gern tun: *schwimmen, tauchen, spielen, Rad fahren, basteln* usw. In Kleingruppen nennt jeweils ein Kind, was es gern tut: „Ich schwimme gern." Zu denen, die aus der Gruppe auch gern schwimmen, wird aufgeschrieben. „Kemal schwimmt gern, Lisa schwimmt auch gern." Die Wörter werden untersucht und die Flexionsmorpheme *e* und *t* farbig hervorgehoben.

Ausgehend von dem witzigen Gedicht von *Robert Gernhardt* „Ich weiß ein Schweinchen wundersam" (siehe S. 114) können Kinder die verschiedenen Flexionsendungen erfassen.

Im ersten Schritt ergänzen sie jeweils die Grundform des fehlenden Verbs und tragen anschließend zusammen, was sie selbst für Künste können, z. B. „Ich kann Rad fahr*en*." „Ich kann Spagetti koch*en*." In einem zweiten Schritt erhalten sie die Bilder des Schweinchens und schreiben auf, was es tut: *es hört, es sieht durchs Fernrohr,*

Ich weiß ein Schweinchen wundersam,
das tausend seltne Künste kann:

Kann stehen

und laufen,

kann fr...

und s... ,

kann hören

und sehen,

kann spr...

und g... .

Das kannst du auch? Das kann nicht sein!
Seit wann bist du ein Wunderschwein?

es säuft Milch. Wegen der Veränderungen in *läuft, frisst, säuft* und *sieht* sollte die Aufgabe zunächst mündlich durchgeführt werden und ein Wörterbuch oder eine Wörterliste zur Verfügung stehen.

In einem dritten Schritt können die Kinder folgendes Spiel durchführen: „Was das Schweinchen kann, kannst du auch." Eine Bildkarte wird gezeigt oder ein Kind stellt das Schweinchen auf der Bildkarte dar und die anderen Kinder führen die Handlung aus. Anschließend schreiben alle die Handlungen, die sie sich in der richtigen Reihenfolge merken mussten, auf: „Das Schweinchen hört - du hörst auch, es geht - du gehst auch, ...".

Verknüpfung von wortspezifischem Speicher und Regelspeicher anhand der Arbeit mit einem Wörterkasten

Im Laufe des Erlernens der Rechtschreibung erarbeiten sich die Kinder einen Grund- bzw. auch Interessenwortschatz[88], den sie in ihren eigenen Texten verwenden. Es gilt, ein Rechtschreibbewusstsein und damit auch Rechtschreibverantwortung aufzubauen, einen Grund- und Interessenwortschatz zu sichern und auf dieser Basis Rechtschreibregelungen entdecken und in die bisherigen Rechtschreibstrategien integrieren zu lernen. Dazu müssen häufig auftretende und vom Kind verwendete Wörter sicher eingeprägt werden, wobei Strukturwörter wie Präpositionen, Pronomen und Adverbien besonders zu beachten sind.[89] Durch das Ordnen dieses Wortschatzes nach Rechtschreibphänomenen können Analogien entdeckt, darauf aufbauend Regelungen abgeleitet und diese auf neue Wörter angewendet werden.

Eine intensive, vielfältige Beschäftigung des Kindes mit dem zu erlernenden Wortschatz ist notwendig, um diesen zu sichern und ein Regelverständnis aufzubauen. Von der Motivation her muss der Wortschatz in seinem Umfang überschaubar sein und der Lernzuwachs an schon automatisiert abrufbaren Wörtern sichtbar werden. Gleichzeitig muss das Einprägen der Wörter einerseits und das Erfassen und Anwenden von orthographischen Regelungen andererseits mit einem individuellen und handlungsorientierten Lernen verknüpft werden.

Alle genannten Bedingungen lassen sich besonders gut durch die Arbeit mit einem Wörterkasten erfüllen. Dabei ist nicht an den in der Fachliteratur häufig vorgestellten Wörterkasten mit fünf Fächern gedacht, in den nacheinander die Einzelwortkarten wandern.[90] Dabei gilt die Schreibung eines Wortes als gesichert, wenn es fünfmal richtig auswendig geschrieben und die Wortkarte dabei von Fach zu Fach bis zum letzten Fach angekommen ist. Mit diesem Verfahren wird ein Wort in erster Linie wortspezifisch eingeprägt. Zu wenig Beachtung finden die Wortbedeutung und die Verwendung in verschiedenen Zusammenhängen, in denen das Wort abrufbar sein soll, sowie Regelungen, mit denen das Wort verbunden ist. Mit der hier dargestellten Arbeit mit einem Wörterkasten wird wiederholt handelnd der Wortschatz nach verschiedenen Gesichtspunkten zusammengestellt und sortiert. Dabei arbeitet ein Kind den Wortschatz auf vielfältige Weise immer wieder unter anderen Aspekten durch. Durch phänomenorientierte Zusammenstellungen von Wörtern wird u. a. das Entdecken von Regelungen unterstützt. Der Lernzuwachs an schon sicher eingeprägten Wörtern lässt sich durch „Aussortieren" von Wortkarten, die dabei allerdings nicht verloren gehen, sichtbar machen. Mit einem Wörterkasten erhält jedes Kind ein Arbeitsmittel, mit dem es handlungsorientiert selbstständig Rechtschreibung sichern kann. Schon das Beschriften der Wortkarten für den Wörterkasten ist eine ernst zu nehmende Schreibsituation und ermöglicht eine intensive Beschäftigung mit dem Wort, meist auch mit abgeleiteten Wortformen. Allerdings muss das Beschriften der Wortkarten mit den vier grundlegenden Schritten beim Abschreiben unbedingt verknüpft werden (siehe Kopiervorlage, S. 66). Besonders gilt es dabei, auf den zweiten Schritt *merken* und auf den vierten Schritt *prüfen* hinzuweisen, da beide oft von Kindern übersprungen werden.

Viele Lehrerinnen und Lehrer scheuen aus Sorge vor organisatorischen Problemen vor der Einführung und dem Einsatz eines Wörterkastens im Unterricht zurück. Im Folgenden werden die schrittweise Einführung eines Wörterkastens in Form einer Arbeitstechnik (siehe Kopiervorlage, S. 116) für Kinder und Ergebnisse aus Erprobungen in verschiedenen Klassen[91] aufgezeigt.

Einführung in die Arbeit mit einem Wörterkasten

• Materialien
Grundsätzlich eignet sich jeder Karteikasten als Wörterkasten (*1. Schritt: Wörterkasten einrichten*). Besonders günstig sind Kästen, die sicher verschließbar sind und durch das Aufklappen ein oder zwei Ablagefächer mit Rillen zur Verfügung stellen, sodass die Karten sicher stehen.[92] Solche Kästen sind meist aus relativ bruchsicherem Kunststoff gefertigt. Sie können mehreren Schülergenerationen als Arbeitsmaterial dienen. Auf die Unterseite wird mit einem einfachen Blanko-Adressaufkleber der Name des Kindes angebracht. Diese Kästen können gut gestapelt

in einem Regal, auf der Fensterbank oder andernorts im Klassenzimmer ohne großen Raumbedarf aufbewahrt werden.

Es ist sinnvoll, für die einzelnen Wortarten farbige Karten zu verwenden. Die Kinder sichern so sehr schnell die Wortarten. Da im Deutschen die Großschreibung der Nomen das rechtschriftliche Problem mit der höchsten Fehlerquote darstellt, sollten diese mit Hilfe einer Signalfarbe z. B. Rot deutlich hervorgehoben werden.
Die in der Arbeitstechnik für die Wortkarten vorgeschlagenen und verwendeten Farben Rot für Nomen, Blau für Verben, Grün für Adjektive und Weiß für andere Wörter sollten zur Festigung der Wortarten durchgängig für die jeweilige Wortart zur optischen Unterstützung verwendet werden. Durch die verschiedenfarbigen Karten lassen sich problemlos gezielt Übungen zu den einzelnen Wortarten anbieten.
Als Format für die Karten hat sich DIN-A 7 bewährt. Diese Kartengröße bietet genügend Platz für zusätzliche Eintragungen zum Wort und lässt sich gut beschriften. Unlinierte Karten haben sich als sinnvoll herausgestellt. Kinder mit erheblichen Problemen bei der Raumaufteilung können mit dem Lineal eine Standlinie ziehen.
Mitte des 2. Schuljahres bietet es sich an, ein Abc-Register hinzuzufügen. Wegen der festen Zuordnung der Wortarten zu Farben sollte für das Register eine neutrale Farbe, z. B. Gelb oder Schwarz, gewählt werden.

• Beschriftung durch die Kinder
Das Namenkürzel (*2. Schritt: Kürzel eintragen*), mit dem immer begonnen werden sollte, dient der sicheren Zuordnung der Karten zum jeweiligen Besitzer.

Damit Kindern das Stammerhaltungsprinzip und auch Endungsmorpheme von Verben deutlich werden, werden folgende Eintragungen auf den Karten (*3. Schritt: Karten beschriften*) bezogen auf bestimmte Schuljahre vorgeschlagen:

Einen Wörterkasten einrichten

1. Schritt:

Wörterkasten einrichten

Ich brauche einen Kasten und rote, blaue, grüne und weiße Karten.

2. Schritt:

Kürzel eintragen

Ich schreibe auf jede Karte oben rechts die Anfangsbuchstaben von meinem Namen.
Das ist mein Kürzel.

3. Schritt:

Karten beschriften

Ich schreibe jedes Übungswort auf eine passende Karte.

Nomen (rote Karten)   in der Einzahl und in der Mehrzahl

Verben (blaue Karten)   in der Grundform und mit **er** oder **sie**

Adjektive (grüne Karten)

andere Wörter (weiße Karten)

4. Schritt:

Wörter üben

Ich übe nach der Regel:

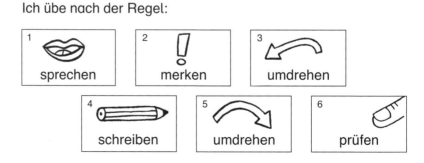

1 sprechen   2 merken   3 umdrehen

4 schreiben   5 umdrehen   6 prüfen

Nomen:
mit Artikel, Einzahl und Mehrzahl,
ab Klasse 3 auch Zusammensetzungen
Beispiel: der Baum
die Bäume
der Tannenbaum

Verben:
Grundform, Er- oder Sie-Form,
ab Klasse 3 auch Vergangenheitsform
und je nach Verb Befehlsform
Beispiel: essen
sie isst
er aß
Iss!

Adjektive:
Grundform, ab Klasse 3
auch flektierte Form oder Steigerungsform
Beispiel: kalt
kalte Füße
kälter

andere Wörter:
Grundform, veränderte Form
Beispiel: viel
viele

Vor dem Beschriften der Wortkarten schreibt die Lehrerin oder der Lehrer die Wörter nach Wortarten geordnet auf ein Blatt oder an die Tafel. Dabei kann schon die Zuordnung der Wörter zu den Wortarten gemeinsam geübt werden. Die benötigten farbigen Karten werden für die ersten Eintragungen zunächst an den Gruppentischen verteilt. Später holen sich die Kinder die benötigten Karten selbst aus farbigen Kartons mit den Karten. Die Karten müssen dann nicht einzeln abgezählt werden. Nicht benötigte Karten werden einfach in den Kasten zurückgelegt. Vor dem Beschriften sollten die vier Schritte der Arbeitstechnik „Abschreiben lernen" (siehe S. 66) nochmals wiederholt und ausgehängt werden. Die Beschriftung wird mit Bleistift vorgenommen. So kann leicht korrigiert werden. Zusätzlich können die Kinder noch zu merkende Buchstaben farbig überfahren. Zur Durchführung von Bild-

diktaten können die Rückseiten geeigneter Wortkarten mit einem Bild versehen werden. Individuell für ein Kind wichtige Wörter können zum gemeinsam erarbeiteten Klassenwortschatz leicht hinzugefügt werden.

• **Überprüfung der Wortkarten**
Während des Beschriftens legen die Kinder bereits beschriebene Wortkarten am Rand ihres Tisches aus. Die Lehrerin geht von Tisch zu Tisch. Richtig beschriftete Karten schiebt sie zusammen und legt sie vorn in den Wörterkasten des jeweiligen Kindes. Entdeckt sie einen Fehler, legt sie die Wortkarte dem Kind zum Korrigieren wieder hin. Erprobungen zeigten, dass sich mit diesem Vorgehen ohne großen Zeitaufwand die Karten sicher überprüfen lassen. In den Erprobungsklassen machten jeweils nur zwei bis drei Kinder Fehler beim Beschriften ihrer Wortkarten; diese geringe Fehlerquote kann vermutlich damit erklärt werden, dass das richtige Beschriften für den eigenen Wörterkasten hoch motiviert ist. Anschließend sortieren die Kinder die überprüften Wortkarten in ihren Wörterkasten ein und beginnen mit Übungen. Im zweiten Schuljahr werden die Karten zunächst nur nach Farben geordnet einsortiert. Nachdem das Abc eingeführt ist, werden die Wortkarten nach dem ersten Buchstaben abgelegt.

• **Kennzeichnung des Lernzuwachses**
In bestimmten Abständen erhalten die Kinder die Aufgabe zehn, gute Rechtschreiber fünfzehn, Wörter herauszusuchen, die sie sicher auswendig richtig schreiben können. Diese Wörter werden mit einem Gummiband zusammengefasst und nach hinten in den Wörterkasten gesteckt. Sie heißen fortan „Gummibandwörter". Bevor sie dorthin wandern, werden sie in Form eines Partnerdiktats überprüft. Während der Erprobung zeigte sich, dass sich einige wenige Kinder überschätzt hatten. Sie mussten einzelne Karten in den Korpus zurückordnen und durch andere austauschen. Im zweiten Schuljahr ist es hilfreich, schwache Schülerinnen und Schüler weiße und rote Karten für diese Übung auswählen zu lassen. Kinder sehen, wie ihr Stapel mit „Gummibandwörtern" nach und nach wächst. Zwischendurch können sie selbst durch blindes Ziehen einzelner Karten aus diesem Stapel Stichproben zum gesicherten Wortschatz machen.

Übungen zur Arbeit mit dem Wörterkasten

Das Beschriften der Wortkarten und das selbstständige Üben damit (*4. Schritt: Wörter üben*) sind nach kurzer Zeit automatisiert, weil die Lehrerin oder der Lehrer nicht erst in Aufgaben einführen oder diese erklären muss.

Übungen zur Auswahl können auf Folie, an der Seitentafel, auf einem Blatt, im Sprachbuch[93] oder an einer Wäscheleine hängend angeboten werden. Farbige Wäscheklammern beispielsweise kennzeichnen Aufgaben für die einzelnen Wortarten. Neben einer Auswahl vorgegebener Aufgaben können sich Kinder auch eigene Aufgaben zu ihren Karten ausdenken. Grundsätzlich sind verschiedene Übungs- und Sozialformen, wie Einzel- und Partnerarbeit, anzubieten. Um das selbstständige Arbeiten zu unterstützen und zu sichern, sollte zu jeder Aufgabe ein Lösungsbeispiel angegeben werden.

Im Folgenden werden unterschiedliche, nach Rechtschreibstrategien geordnete Übungen vorgestellt. Eine zunehmende Sicherheit in der Großschreibung von Nomen wird durch die feste Verbindung mit den roten Karten unterstützt. Die Übungen sollten bezogen auf den jeweiligen Klassen- und individuellen Wortschatz der Kinder ausgewählt und/oder ergänzt werden. Jedes Kind sollte zu jeder Aufgabe mindestens drei Wörter in seinem Wörterkasten finden können.

• **Übungen, die die Bedeutung in den Mittelpunkt rücken**

Zur Sicherung der Bedeutung und damit des Sinnzusammenhangs, in dem die Wörter stehen, eignen sich inhaltlich orientierte Aufgaben. Da der Aufbau eines emotionalen Bezuges und die Berücksichtigung von Interessenwortschatz für das Einprägen von Wörtern wichtig sind, sollte dieser Aspekt bei der Aufgabenstellung berücksichtigt werden. Aufgaben dazu können folgendermaßen lauten.

Übungen, die die Bedeutung in den Mittelpunkt rücken

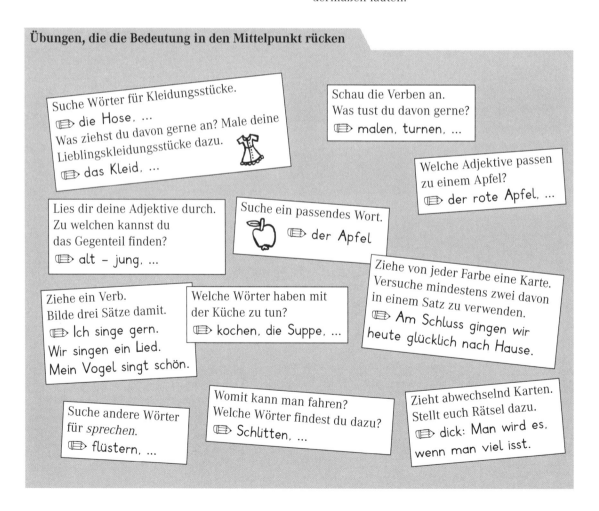

Suche Wörter für Kleidungsstücke.
✐ die Hose, …
Was ziehst du davon gerne an? Male deine Lieblingskleidungsstücke dazu.
✐ das Kleid, …

Schau die Verben an.
Was tust du davon gerne?
✐ malen, turnen, …

Welche Adjektive passen zu einem Apfel?
✐ der rote Apfel, …

Lies dir deine Adjektive durch.
Zu welchen kannst du das Gegenteil finden?
✐ alt – jung, …

Suche ein passendes Wort.
✐ der Apfel

Ziehe von jeder Farbe eine Karte.
Versuche mindestens zwei davon in einem Satz zu verwenden.
✐ Am Schluss gingen wir heute glücklich nach Hause.

Ziehe ein Verb.
Bilde drei Sätze damit.
✐ Ich singe gern.
Wir singen ein Lied.
Mein Vogel singt schön.

Welche Wörter haben mit der Küche zu tun?
✐ kochen, die Suppe, …

Suche andere Wörter für *sprechen*.
✐ flüstern, …

Womit kann man fahren?
Welche Wörter findest du dazu?
✐ Schlitten, …

Zieht abwechselnd Karten.
Stellt euch Rätsel dazu.
✐ dick: Man wird es, wenn man viel isst.

- **Übungen zu einzelnen Rechtschreibphänomenen**

Neben inhaltlich ausgerichteten Aufgaben sollten unbedingt auch Aufgaben zu einzelnen Rechtschreibphänomenen (siehe unten) stehen. Diese Übungen fördern die orthographische und morphematische Strategie. Zum Entdecken von Regelungen bietet sich beispielsweise das Zusammenstellen von Wörtern mit gleichen Phänomenen an. Übungen zu phänomenorientiert zusammengestellten Wörtern helfen darüber hinaus,

Ähnlichkeitshemmungen zu vermeiden. Des Weiteren können Übungen zur Auslautverhärtung und zur Stammerhaltung sowie zur Ableitung angeboten werden.

- **Übungen zum Erfassen von Wortbausteinen**

Übungen wie unten angeboten unterstützen die Strukturierung von Wörtern auf der morphematischen Ebene. Das Kind erfasst damit Wortbausteine und bei Suffixen deren Bedeutung für die jeweilige Wortart.

Übungen zu einzelnen Rechtschreibphänomenen

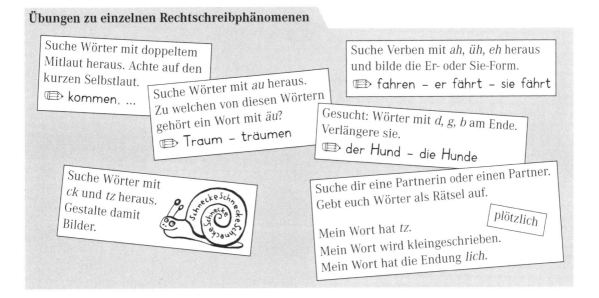

Übungen zum Erfassen von Wortbausteinen

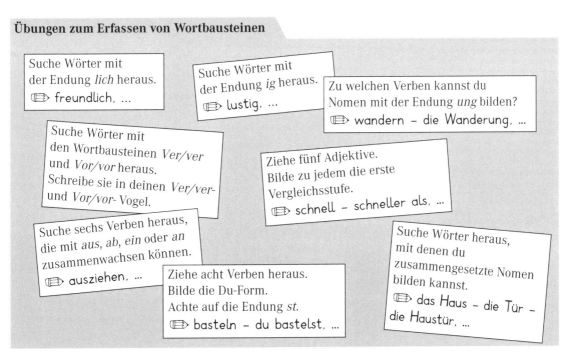

- **Übungen zur Durchgliederung der Wörter**

Übungen wie unten unterstützen die alphabetische Strategie und damit das Durchgliedern von Wörtern und die Sicherung von ähnlich klingenden Konsonanten wie *g/k, b/p, d/t, m/n, f/w*.

- **Übungen zum Ordnen nach dem Abc**

Das Ordnen von Wörtern nach dem Abc und das Nachschlagen im Wörterbuch unterstützen die grundlegende Arbeitstechnik „Im Wörterbuch nachschlagen". Übungen dazu finden sich unten auf der Seite.

Übungen zur Durchgliederung der Wörter

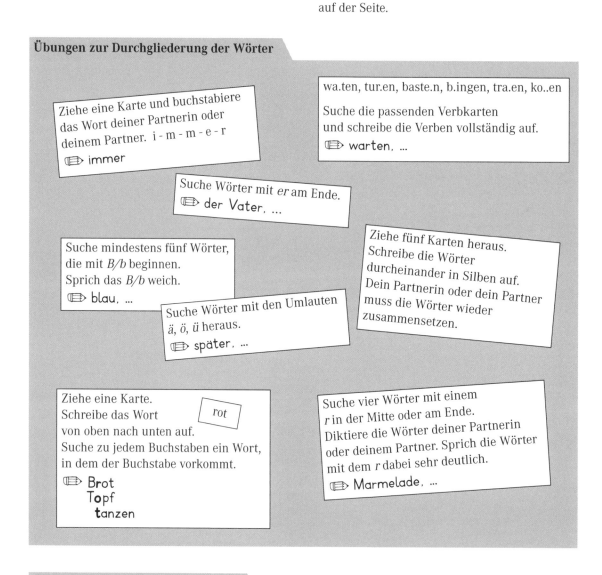

Ziehe eine Karte und buchstabiere das Wort deiner Partnerin oder deinem Partner. i - m - m - e - r

✏ immer

wa.ten, tur.en, baste.n, b.ingen, tra.en, ko..en

Suche die passenden Verbkarten und schreibe die Verben vollständig auf.

✏ warten, ...

Suche Wörter mit *er* am Ende.

✏ der Vater, ...

Suche mindestens fünf Wörter, die mit *B/b* beginnen. Sprich das *B/b* weich.

✏ blau, ...

Ziehe fünf Karten heraus. Schreibe die Wörter durcheinander in Silben auf. Dein Partnerin oder dein Partner muss die Wörter wieder zusammensetzen.

Suche Wörter mit den Umlauten *ä, ö, ü* heraus.

✏ später, ...

Ziehe eine Karte. Schreibe das Wort von oben nach unten auf. Suche zu jedem Buchstaben ein Wort, in dem der Buchstabe vorkommt.

rot

✏ Brot
Topf
tanzen

Suche vier Wörter mit einem *r* in der Mitte oder am Ende. Diktiere die Wörter deiner Partnerin oder deinem Partner. Sprich die Wörter mit dem *r* dabei sehr deutlich.

✏ Marmelade, ...

Übungen zum Ordnen nach dem Abc

Ziehe zehn Nomen. Ordne sie nach dem Abc. Überprüfe mit dem Wörterbuch.

Suche fünf Wörter mit gleichem Anfangsbuchstaben heraus. Ordne sie nach dem Abc. Überprüfe mit dem Wörterbuch.

Ziehe eine Karte heraus. Schlage das Wort im Wörterbuch nach. Was steht in deinem Wörterbuch hinter diesem Wort?

• Übungen zu den Wortarten

Um die Wortarten und ihre Bezeichnungen zu sichern, ist es zusätzlich zur farblichen Unterstützung hilfreich, diese in den Aufgabenstellungen (siehe Beispiele, S. 121 f.) öfter zu wiederholen.

Übungen zur Überprüfung
Zur Überprüfung, ob der Wortschatz schon sicher beherrscht wird, können Kinder verschiedene Diktatformen wie Laufdiktat (siehe S. 35), Partnerdiktat (siehe S. 37) oder Würfeldiktat (siehe S. 35) durchführen. Für ein Würfeldiktat sollten jeweils drei Wortkarten einem Würfelbild auf einem Blatt zugeordnet werden. Alternativ kann auch folgende Übung durchgeführt werden: Ziehe fünf Karten heraus. Übe sie. Lass sie dir diktieren.

Übungen zu den Wortarten: Nomen

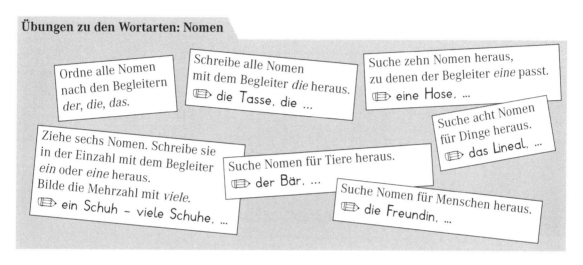

Übungen zu den Wortarten: Verben

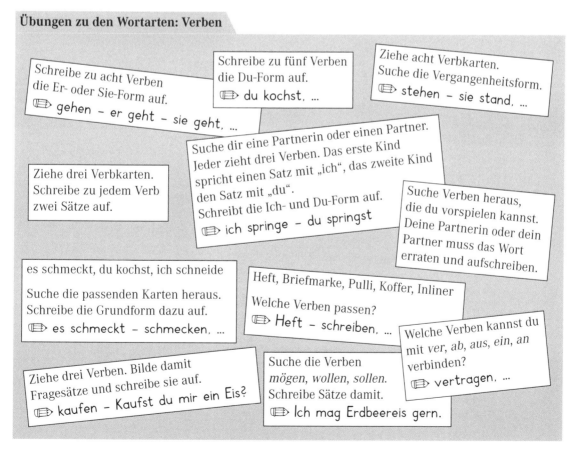

Übungen zu den Wortarten: Adjektive

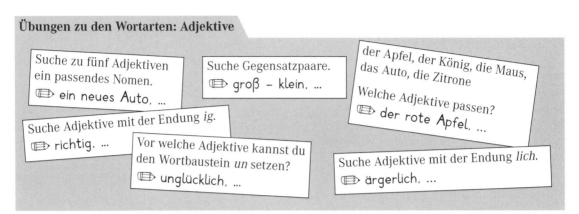

Suche zu fünf Adjektiven ein passendes Nomen.
☞ ein neues Auto, ...

Suche Gegensatzpaare.
☞ groß – klein, ...

der Apfel, der König, die Maus, das Auto, die Zitrone
Welche Adjektive passen?
☞ der rote Apfel, ...

Suche Adjektive mit der Endung *ig*.
☞ richtig, ...

Vor welche Adjektive kannst du den Wortbaustein *un* setzen?
☞ unglücklich, ...

Suche Adjektive mit der Endung *lich*.
☞ ärgerlich, ...

Übungen zu den Wortarten: Strukturwörter (Artikel, Pronomen, Adverbien, Präpositionen)

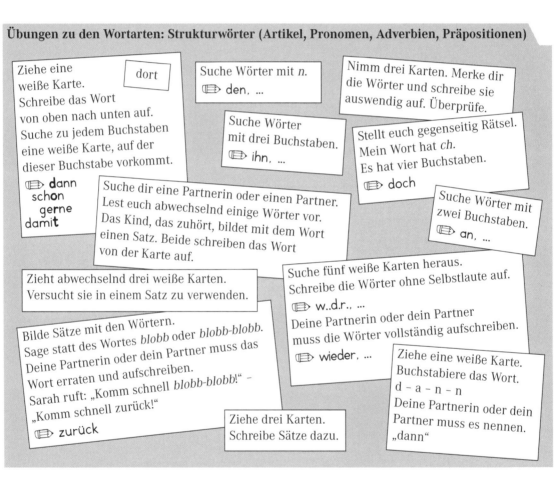

Ziehe eine weiße Karte.
dort
Schreibe das Wort von oben nach unten auf. Suche zu jedem Buchstaben eine weiße Karte, auf der dieser Buchstabe vorkommt.
☞ dann
schon
gerne
damit

Suche Wörter mit *n*.
☞ den, ...

Nimm drei Karten. Merke dir die Wörter und schreibe sie auswendig auf. Überprüfe.

Suche Wörter mit drei Buchstaben.
☞ ihn, ...

Stellt euch gegenseitig Rätsel. Mein Wort hat *ch*. Es hat vier Buchstaben.
☞ doch

Suche dir eine Partnerin oder einen Partner. Lest euch abwechselnd einige Wörter vor. Das Kind, das zuhört, bildet mit dem Wort einen Satz. Beide schreiben das Wort von der Karte auf.

Suche Wörter mit zwei Buchstaben.
☞ an, ...

Zieht abwechselnd drei weiße Karten. Versucht sie in einem Satz zu verwenden.

Suche fünf weiße Karten heraus. Schreibe die Wörter ohne Selbstlaute auf.
☞ w..d.r., ...
Deine Partnerin oder dein Partner muss die Wörter vollständig aufschreiben.
☞ wieder, ...

Bilde Sätze mit den Wörtern. Sage statt des Wortes *blobb* oder *blobb-blobb*. Deine Partnerin oder dein Partner muss das Wort erraten und aufschreiben. Sarah ruft: „Komm schnell *blobb-blobb*!" – „Komm schnell zurück!"
☞ zurück

Ziehe eine weiße Karte. Buchstabiere das Wort.
d – a – n – n
Deine Partnerin oder dein Partner muss es nennen.
„dann"

Ziehe drei Karten. Schreibe Sätze dazu.

Übungen für alle Wortarten

Zieht von jeder Farbe eine Karte. Versucht mindestens zwei davon in einem Satz zu verwenden.

Eins, zwei, drei, vier – kleine Wörter auf Papier. Suche Wörter mit vier Buchstaben heraus.
☞ lang, Berg, toll, ...

Zieht fünf Karten. Merke dir schwierige Buchstaben. Diktiert euch gegenseitig die Wörter.

Schreibe Reimpaare heraus.
☞ singen – bringen, ...

Übungen zum selbstständigen Nachschlagen

Für jede Form des Schreibens gehört die Arbeit mit dem Wörterbuch zu den grundlegenden Arbeitstechniken, die Schülerinnen und Schülern Selbstständigkeit und Sicherheit im Rechtschreiben vermitteln kann. Deshalb sollten Kinder so häufig wie möglich dazu angeregt werden, die Schreibung eines Wortes nachzuschlagen oder zu überprüfen. Dafür muss Kindern ausreichend Zeit eingeräumt werden. In allen Schreibsituationen sollten Wörterbuch und/oder Wörterliste zur Verfügung stehen und deren Gebrauch angeregt und unterstützt werden. Das gilt ebenso für das stille Durchlesen und Überprüfen eigener Diktattexte wie für das Schreiben und Überarbeiten von freien und angeleiteten Texten.

Nach einführenden Übungen zum Abc führen nur der ständige Umgang mit einem Wörterbuch und das damit verbundene Nachschlagen zur Routine und erst dann ist ein ökonomisches und motiviertes Benutzen des Wörterbuchs zu erwarten. Steht kein geeignetes Wörterbuch für die Grundschule zur Verfügung, können die Übungen auch anhand der Wörterliste zum eingeführten Sprachbuch oder anhand der alphabetischen Auflistung des Klassenwortschatzes durchgeführt werden.

Zum selbstständigen Nachschlagen gehören Übungen zur Einführung in die Arbeit mit dem Wörterbuch und zum Nachschlagen im Wörterbuch. Zum Auffinden von flektierten Formen und Zusammensetzungen ist das Bilden von Grundformen und das Gliedern von Wörtern in Wortbausteine Voraussetzung. Daher können Übungen dazu auch in die Übungsbereiche zum Aufbau des Regelspeichers (siehe S. 85 ff.) aufgenommen werden. Das Kind schult dabei die grundlegenden Operationen für die rechtschriftliche Lösung der Auslautverhärtung und für die Ableitungen sowie die Wortbildung bei Zusammensetzungen.

Einführung in die Arbeit mit dem Wörterbuch

Um Schülerinnen und Schüler mit dem Wörterbuch als Buch bekannt zu machen, sollten sie zunächst Zeit haben, darin zu schmökern. Mit folgender Aufgabenstellung tasten sich Kinder von der inhaltlichen Seite an die Arbeit mit dem Wörterbuch heran: „Blättere und lies im Wörterbuch. Suche Wörter heraus, die dir wichtig sind.

Ich bin gespannt auf deine Auswahl." Kinder wählen dabei sowohl Wörter, die sie persönlich betreffen, als auch neue Wörter, die sie erst durch das Wörterbuch kennen lernen, sowie für sie rechtschriftlich schwierige Wörter aus. Stefan hat z.B. in der dritten Klasse folgende Wörter aufgeschrieben: *Regierung, Omnibus, Mikroskop, waagerecht, Flut, Frieden, Echo, einfach, U-Bahn, Typ, Trumpf, Traktor.* Eine Vorleserunde mit Erläuterungen zu den ausgewählten Wörtern, die in Kleingruppen stattfinden kann, schließt sich an. Darüber hinaus sollten sich die Kinder über ihre im Wörterbuch gemachten Entdeckungen austauschen. Sie erfassen dabei, dass zu dem gesuchten Wort noch weitere Informationen angeboten werden, z.B. zum Nomen der Artikel und meistens die Mehrzahlform. Vor der Einführung in das Nachschlagen muss jede Lehrerin oder jeder Lehrer das jeweils eingeführte Wörterbuch selbst bezüglich des Aufbaus und der Hilfen für den Benutzer untersucht haben. Im zweiten Schuljahr beginnt die Wörterbucharbeit mit dem Einprägen des Alphabets durch vielfältige Übungen. Die Kinder erfahren dabei, dass das Abc eine Reihe ist und jeder Buchstabe einen bestimmten Platz innerhalb dieser Reihe hat.

Die Kopiervorlage „Im Wörterbuch nachschlagen (1)" (siehe S. 124) bietet den Kindern eine Arbeitstechnik dazu an. Die Arbeitstechnik sollte schrittweise mit den Kindern durchgeführt und jeder Schritt gemeinsam in Handlung umgesetzt werden. Dazu bieten sich z.B. die sechs oben auf der Seite angegebenen Wörter an. Im Folgenden werden die einzelnen Schritte kurz erläutert und Übungen zu jedem Schritt aufgezeigt.

1. Schritt: sprechen

Das deutliche Artikulieren des Anlauts bzw. des Anfangsbuchstabens macht den ersten Buchstaben bewusst, nach dem das Wort zu suchen ist. Das wiederholte leise Sprechen hilft, den Buchstaben während des Suchvorgangs nicht zu vergessen.

Übungen zum 1. Schritt:

Kinder erhalten Bildkarten, für deren Bezeichnung sie den ersten Buchstaben bestimmen müssen.

2. Schritt: suchen

Für das Nachschlagen ist ein Gefühl für die Platzierung des Buchstabens innerhalb des Alphabets (eher vorne/in der Mitte/am Ende) hilfreich.

Im Wörterbuch nachschlagen (1)

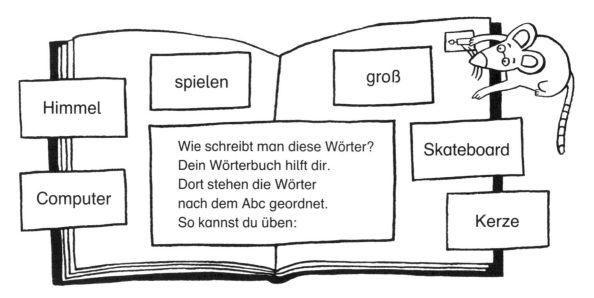

| spielen | groß |

Himmel

Wie schreibt man diese Wörter?
Dein Wörterbuch hilft dir.
Dort stehen die Wörter
nach dem Abc geordnet.
So kannst du üben:

Computer

Skateboard

Kerze

1. Schritt:

sprechen

Ich spreche das Wort deutlich.
Ich merke mir den Anfangsbuchstaben.
Ich spreche ihn leise.

Himmel
H
H – H – H

2. Schritt:

suchen

Wo steht der Buchstabe im Abc?
Am Anfang? In der Mitte? Am Ende?
Ich schlage die Seiten mit dem
Anfangsbuchstaben auf.
Jetzt schaue ich nach dem zweiten Buchstaben
und suche das Wort.

Ha – He – Hi

3. Schritt:

merken

Ich lese das Wort.
Worauf muss ich achten?
Ich lasse das Wörterbuch offen.

Himmel
Himmel

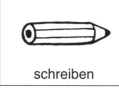

4. Schritt:

schreiben

Ich schreibe das Wort auf
und vergleiche.

Himmel

Übungen zum 2. Schritt:

Den Kindern wird ein Abc-Streifen ausgeteilt, der das Alphabet in drei Blöcke unterteilt (*A* bis *I, J* bis *R, S* bis *Z*).[94] In Partnerarbeit kann geübt werden, die Position eines Buchstabens zu bestimmen: Er wird eher dem Anfang (1. Teil), eher der Mitte (2. Teil) oder eher dem Ende (3. Teil) zugeordnet. Zunächst verwenden beide Kinder den Abc-Streifen offen und stellen sich abwechselnd Fragen, wie z.B.: „Wo steht das *H*?" Ein Kind sucht den Buchstaben und antwortet: „Eher am Anfang." bzw. „Im 1. Teil." Anschließend hat nur noch das fragende Kind den Abc-Streifen. Im Anschluss daran sollte unbedingt das schnelle Aufschlagen eines Buchstabens im Wörterbuch bzw. in der Wörterliste geübt werden. Jede Schülerin oder jeder Schüler hat ein Wörterbuch vor sich. Sie stellen sich gegenseitig Aufgaben: „Ich suche Wörter mit … ." Wichtig ist der Verweis auf die Regel: „Zunächst überlegen, wo der Buchstabe ungefähr stehen könnte, dann erst aufschlagen." So wird ein zielloses Blättern im Wörterbuch verhindert. Nachschlageübungen nach dem ersten Buchstaben lassen sich besonders gut mit der Wörterliste durchführen, weil sie überschaubar ist und leichter Erfolgserlebnisse beim Nachschlagen ermöglicht. Zum Einlesen in die Wörterliste können Suchübungen in Partnerarbeit gestellt werden: Ein Kind sucht sich ein Wort heraus und nennt es dem anderen. Dieses muss zunächst den Anfangsbuchstaben bestimmen, der vom Partner bestätigt werden muss. Nun wird der Buchstabe aufgeschlagen und das Wort gesucht. Für Kinder mit Leseschwierigkeiten sollte die Menge der Wörter, die es zu überblicken gilt, begrenzt werden. Für solche Kinder bieten sich Suchaufgaben zu Buchstaben an, die meistens nur wenige Einträge aufweisen, z.B. *I, J, N, O, P, U, V, Z*.

In der auf der Kopiervorlage (siehe S. 129) angebotenen Wörterkette gilt das Prinzip, dass der letzte Buchstabe eines Wortes der erste Buchstabe des folgenden Wortes ist. Auf spielerische Weise wird damit das schnelle Aufschlagen des jeweiligen Anfangsbuchstabens kreuz und quer durchs Wörterbuch geübt. Die Auswahl des jeweiligen Wortes ist dem Kind freigestellt. Für schwächere Leserinnen und Leser ist zunächst als Regel hilfreich, dass das Wort auf der Seite stehen muss, auf der der jeweilige Buchstabe anfängt, und die Übung allein oder in Partnerarbeit

als mündliche durchzuführen. Wegen der Auslautverhärtung und möglicher Probleme bei mehrgliedrigen Graphemen am Wortende sollte das Kind, das gerade das Wort aufgeschlagen und herausgesucht hat, dem anderen den letzten Buchstaben angeben.

Das Auffinden von Wörtern nach dem zweiten Buchstaben stellt erhöhte Anforderungen an die Kinder und wird in den Lehrplänen ab dem dritten Schuljahr verlangt. Um das handelnd zu üben, bietet es sich an, Wortkarten zu erstellen, auf denen Wörter mit gleichem Anfangsbuchstaben stehen. Die Kinder ordnen sie zunächst nach dem ersten Buchstaben, markieren anschließend den zweiten farbig und ordnen sie danach gemäß der Reihenfolge im Wörterbuch. Dazu können sie das Abc leise sprechen. Zum Thema Nahrungsmittel bieten sich beispielsweise zur Beschriftung der Wortkarten folgende Wortgruppen an:

| Kartoffel | Kekse | Kirsche |
| Kohl | Kraut | Kuchen |

| Brot | Banane | Butter | Bohnen |
| Beeren | Birnen | Blumenkohl |

| Reis | Rosinen | Risotto | Ravioli |

| Milch | Marmelade |
| Mehl | Margarine |

| Soße | Salat | Spargel | Schokolade |
| Senf | Suppe | Stachelbeeren |

| Pudding | Pfannekuchen | Paprika |
| Pellkartoffeln | Pilze |

Anschließend können Kinder selbst mit Hilfe des Wörterbuches ähnliche Wortstreifen erstellen, die nicht unbedingt an ein Thema gebunden sein müssen. Diese bieten sie anderen Kindern zum Sortieren nach dem Abc an.

3. Schritt: merken

Dieser Schritt zielt auf das rechtschriftlich richtige Abschreiben aus dem Wörterbuch und auf das Einprägen orthographischer Muster. Er nimmt das *Merken* aus der Arbeitstechnik *Abschreiben lernen* (siehe Kopiervorlage, S. 66) wieder auf. Das Wörterbuch muss offen bleiben, damit ein Kind nach dem Abschreiben das Wort mit dem Wörterbuch überprüfen kann.

Übungen zum 3. Schritt:

Die Kinder lesen im Wörterbuch und achten dabei auf Wörter, für deren Schreibung sie sich etwas merken müssen. Sie stellen sich diese Wörter gegenseitig vor und formulieren dabei explizit, was sie sich merken müssen, und begründen dabei teilweise auch schon die Schreibung, z.B. „*Spagetti* mit *Sp.* Wir sprechen *schp*, wir schreiben *sp*." „*Hand* mit *d*, weil *Hände*" oder „*Teller* mit *ll*, weil kurzer Selbstlaut".

4. Schritt: schreiben

Nach dem Herausschreiben wird das anschließende Vergleichen mit der Vorlage häufig vergessen oder nur von der Lehrerin oder dem Lehrer durchgeführt. Das Vergleichen mit der Vorlage sollte daher explizit geübt werden, um selbstständiges, eigenverantwortliches Lernen zu ermöglichen.

Übungen zum 4. Schritt:

Jedes Kind einer Kleingruppe schreibt beispielsweise drei Wörter aus dem Wörterbuch bzw. der Wörterliste auf einen Zettel und überprüft sie zunächst selbst. Danach geht der Zettel in der Gruppe weiter. Jedes Kind muss nun das erste Wort suchen und dessen Schreibung überprüfen, anschließend geht der Zettel wieder weiter und das zweite Wort wird überprüft usw.

Die Kinder merken während der Arbeit mit dem Wörterbuch sehr schnell, dass nicht jede Wortform als Stichwort im Wörterbuch zu finden ist und dass sie deshalb die Grundform bilden müssen. Um dieses Phänomen allen Kindern bewusst zu machen, sollten zum Einstieg Wörter nachgeschlagen werden, die sich in dieser Form im Wörterbuch finden.
Erst danach sollten mit ihnen in Form einer weiteren Arbeitstechnik zum Nachschlagen (siehe Kopiervorlage, S. 127) vier Regeln erarbeitet werden, wie sie Wörter und Wortformen finden,

die sie zuvor umformen müssen. Beispielsweise wird ihnen das Wort *Wälder* zum Nachschlagen vorgegeben. Die Kinder suchen es und entdecken, dass es in dieser Form nicht als fett gedrucktes Wort zu finden ist, sondern hinter der Einzahlform als dünn gedrucktes. Als Fazit kann eine erste Regel erarbeitet werden: „Nomen in der Mehrzahl: Einzahl bilden".
Das Wort *Futterstelle* werden alle Kinder vergeblich im Wörterbuch oder in der Wörterliste suchen. Daher wird die dazugehörige Regel „Zusammengesetzte Nomen: zerlegen" angeboten und diese am Beispielwort durchgeführt.
Eine flektierte Verbform im Präsens z.B. *du lachst* oder eine Vergangenheitsform wie *er blieb* werden die Kinder nicht im Wörterbuch finden. Es kann die Regel formuliert werden: „Verben: Grundform bilden".
Auch Adjektive können in flektierter Form, z.B. *schwache Tiere*, oder im Superlativ wie *das größte Reh* vorgegeben werden. Die Kinder erfassen schnell die Regel „Adjektive: Grundform bilden" und schreiben sie dazu.
Diese vier Regeln sollten auf Merk-Karten im Klassenzimmer ausgehängt werden. Damit Kinder sich ihrer Vorgehensweise selbst sicher werden, ist es hilfreich, sie nach der Anwendung an weiteren Wortbeispielen jeweils zu fragen: „Was hast du gemacht? Wie bist du vorgegangen?"

Zur weiteren Vertiefung und um die Anordnung der Wörter in einer Wörterliste oder einem Wörterbuch besser erfassen zu können, bietet sich folgende Partnerübung an: Jedes Kind hat seine Wörterliste oder sein Wörterbuch zur Hand. Das erste Kind liest ein dünn gedrucktes Wort vor. Das andere Kind spricht die dazugehörige Grundform, sucht das passende fett gedruckte Wort und liest es noch einmal vor. Danach werden die Rollen gewechselt.

Übungen zum Nachschlagen im Wörterbuch
Nur häufiges Nachschlagen führt zur Routine. Darum muss regelmäßig das Wörterbuch eingesetzt werden und es müssen wiederholt gezielt Übungen durchgeführt werden, damit die Kinder so viel Sicherheit und Schnelligkeit im Nachschlagen entwickeln, dass sie ihre Schreibungen auch beim freien Schreiben und Überarbeiten von Texten von sich aus überprüfen.

Im Wörterbuch nachschlagen (2)

Viele Wörter findest du im Wörterbuch nur in der Grundform.
Du musst die Wörter erst umformen.

Nomen in der Mehrzahl: Wälder – Wald Einzahl bilden	**Wälder – Wald** Häuser Blitze Äpfel Fabriken Gräser Räder Wälder Väter Wünsche Bilde die Einzahl und schlage nach.
Zusammengesetzte Nomen: Futterstelle – Futter, Stelle zerlegen	**Futterstelle – Futter, Stelle** die Apfelkiste der Kartoffelsalat der Vogelkäfig das Schrankschloss Suche zu jedem Nomen beide Teile und schlage sie im Wörterbuch nach.
Verben: liegt – liegen Grundform bilden	**liegt – liegen** er backt es blüht du spülst es vergräbt sie lachte er gab wir holten ich lag er hat gesagt sie ist gegangen sie begannen Bilde die Grundform und schlage nach.
Adjektive: schwache Tiere – schwach Grundform bilden	**schwache Tiere – schwach** ein dichtes Winterkleid das schnellste Schiff das ältere Haus der dunkle Wald Bilde zu jedem Adjektiv die Grundform und schlage nach.

• Sammeln von Wörtern zum Nachschlagen

In einem Unterrichtsgespräch sammeln Kinder in einer Groß- oder Kleingruppe gemeinsam Wörter, die sie gern richtig schreiben können wollen. Die Lehrerin oder der Lehrer schreibt diese Wörter auf Karten oder stellt deren Bedeutung bildlich dar. Anschließend werden die Wort- oder Bildkarten zum Üben des Nachschlagens im Rahmen der Freiarbeit in einer Schachtel aufbewahrt, sodass sie immer zur Verfügung stehen. In dieser Schachtel können natürlich auch für Kinder gängige Fremdwörter zu finden sein, wie *Computer, Skateboard, Inliner, Jeans, Sweat-Shirt*.

• Wörterketten

Die Arbeit mit Wörterketten kann sowohl in Einzel- als auch in Kleingruppenarbeit in unterschiedlichem Zeitrahmen durchgeführt werden. Sie hat den Vorteil, dass sie jederzeit abgebrochen werden kann: Eine Wörterkette kann aus fünf oder aus zwanzig Wörtern bestehen, immer wieder neu begonnen oder auch als Endlosschlange weitergeführt werden.

Übungen mit Wörterketten können nach verschiedenen Prinzipien gebildet werden. Die Wörterkette (1) nach der Regel „Der letzte Buchstabe ist der erste Buchstabe" (siehe Kopiervorlage, S. 129) fordert ein schnelles Auffinden des jeweiligen Buchstabens und führt zum Herausschreiben von Wörtern aller Wortarten.

Die Wörterkette (2) auf Seite 130 hilft Nomen anhand des ausgerückten Artikels schnell zu finden. Für Kinder mit Deutsch als Zweitsprache festigt sich dabei gut der jeweilige Artikel.

Die Wörterkette (3) „Nomen, Verb, Adjektiv" (siehe S. 131) stellt höhere Anforderungen: Die Kinder müssen beim jeweiligen Buchstaben länger suchen und die Wortarten sicher bestimmen können. Daher sollte die Aufgabe eher in Kleingruppenarbeit zur gegenseitigen Stützung bei der Bestimmung der Wortart durchgeführt werden. Außerdem kann die Aufgabenkarte reihum weitergereicht werden, sodass jedes Kind aus dem Wörterbuch ein Wort heraussuchen und -schreiben muss.

Kinder können Wörterketten natürlich auch ohne Wörterbuch in Kleingruppen und in Einzelarbeit erstellen, sollten aber animiert werden, bei Unsicherheiten in der Rechtschreibung im Wörterbuch nachzuschlagen. Sie machen sich mit diesem Vorgehen den von ihnen schon sicher beherrschten Wortschatz klar und lernen zugleich, bei Unsicherheiten in der Schreibweise mit dem Wörterbuch zu überprüfen.

• Umformen von Wörtern

In Form eines Stationenlaufs können Kinder wiederholt das Umformen und Nachschlagen von Wörtern üben. Die Aufgaben (siehe Kopiervorlagen, S. 132–135) können mündlich oder schriftlich durchgeführt werden. Dabei ist es hilfreich, wenn die Aufgabenkarten gemäß der den Wortarten zugeteilten Farbe gekennzeichnet oder in entsprechende Schachteln gestellt werden.

Eine andere, wenig aufwändige Form, wie Kinder kurze Phasen lang das Bilden der Grundform üben können, besteht darin, dass ein Kind eine Wortform aufschreibt (aus dem Gedächtnis, aus dem Wörterbuch, aus einem Text) und das andere dazu die Grundform im Wörterbuch sucht und daneben schreibt.

Wörterkette (1)

Der letzte Buchstabe ist der erste Buchstabe.

Eis – Sonne – essen – nicht – Traum – Mantel – _____

_____

_____

_____

_____

1. Nehmt eure Wörterbücher.
   Schreibt die Wörterkette reihum weiter.

2. Malt eine Wörterkette.
   Verwendet das Wörterbuch. Die Nachbargruppe
   muss die Wörter nachher aufschreiben.

Wörterkette (2)

der   –   die   –   das

der Hund   –   die Mutter   –   das Bett

der Garten   –   die Schale   –   das Holz

der _____

_____

_____

_____

1. Nehmt eure Wörterbücher.
   Schreibt die Wörterkette reihum weiter.

der Esel   –   die Ente   –   das Eis

der Sohn   –   die Sahne   –   das Salz

der Zaun   –   die Zahl   –   das Ziel

der L _____

_____

_____

2. Jede Reihe hat den gleichen Anfangsbuchstaben.

Wörterkette (3)

Nomen	Verb	Adjektiv
(Namenwort)	(Tuwort)	(Wiewort)
der Hund	trinken	blau
die Schule	singen	nett
die Blume	blühen	rot

_____

_____

_____

_____

1. Nehmt eure Wörterbücher.
   Schreibt die Wörterkette reihum weiter.

der Faden	finden	fein
die Nase	nehmen	nett
die Tante	tauschen	traurig
der G ...	g ...	g ...

2. Jede Reihe hat den gleichen Anfangsbuchstaben.

westermann®

Nomen in der Mehrzahl nachschlagen

die Knöpfe   die Häuser
die Abfälle   die Busse
die Tische   die Schuhe
 	
1. Bilde die Einzahl
   und schlage die Wörter
   im Wörterbuch nach.
2. Schreibe zu jedem Wort
   Seitenzahl und Spalte
   aus dem Wörterbuch dazu.
	die Bücher die Nüsse
	die Geburtstage die Städte
	die Vorführungen die Hüte
	
	1. Bilde die Einzahl
	   und schlage die Wörter
	   im Wörterbuch nach.
	2. Schreibe zu jedem Wort
	   Seitenzahl und Spalte
	   aus dem Wörterbuch dazu.

die Kartoffeln   die Schätze
die Äpfel   die Wälder
die Töpfe   die Stühle
 	
1. Bilde die Einzahl
   und schlage die Wörter
   im Wörterbuch nach.
2. Schreibe zu jedem Wort
   Seitenzahl und Spalte
   aus dem Wörterbuch dazu.
	die Nächte die Flugzeuge
	die Häfen die Mäntel
	die Schränke die Lehrerinnen
	
	1. Bilde die Einzahl
	   und schlage die Wörter
	   im Wörterbuch nach.
	2. Schreibe zu jedem Wort
	   Seitenzahl und Spalte
	   aus dem Wörterbuch dazu.

die Zäune   die Pflanzen
die Späße   die Räuber
die Grüße   die Löffel
 	
1. Bilde die Einzahl
   und schlage die Wörter
   im Wörterbuch nach.
2. Schreibe zu jedem Wort
   Seitenzahl und Spalte
   aus dem Wörterbuch dazu.
	_____ _____
	_____ _____
	_____ _____
	
	1. Bilde die Einzahl
	   und schlage die Wörter
	   im Wörterbuch nach.
	2. Schreibe zu jedem Wort
	   Seitenzahl und Spalte
	   aus dem Wörterbuch dazu.

westermann®

Zusammengesetzte Nomen nachschlagen

Vogelnest   Englischunterricht

Winterpullover   Gespensterbahn

Märchenbuch   Lieblingsfilm

1. Suche zu jedem Nomen
   beide Teile und schreibe sie auf. ✏
2. Schlage sie im Wörterbuch nach
   und schreibe Seite und Spalte
   dahinter. ✏

Kinokarte   Lackschuhe

Festessen   Urwaldexpedition

Burgfräulein   Herbstregen

1. Suche zu jedem Nomen
   beide Teile und schreibe sie auf. ✏
2. Schlage sie im Wörterbuch nach
   und schreibe Seite und Spalte
   dahinter. ✏

Schattenplatz   Chefsekretärin

Butterdose   Gewitterwolken

Schranktür   Autowerkstatt

1. Suche zu jedem Nomen
   beide Teile und schreibe sie auf. ✏
2. Schlage sie im Wörterbuch nach
   und schreibe Seite und Spalte
   dahinter. ✏

Himbeerkuchen   Kahnfahrt

Marzipankugel   Orgelspieler

Tannenzapfen   Klassenlehrerin

1. Suche zu jedem Nomen
   beide Teile und schreibe sie auf. ✏
2. Schlage sie im Wörterbuch nach
   und schreibe Seite und Spalte
   dahinter. ✏

Kindergeburtstag

Eishockeymannschaft

Weihnachtsbaumkerze

1. Suche zu jedem Nomen
   beide Teile und schreibe sie auf. ✏
2. Schlage sie im Wörterbuch nach
   und schreibe Seite und Spalte
   dahinter. ✏

_____

_____

_____

1. Suche zu jedem Nomen
   beide Teile und schreibe sie auf. ✏
2. Schlage sie im Wörterbuch nach
   und schreibe Seite und Spalte
   dahinter. ✏

Verben nachschlagen

du lächelst	sie bat
er hat gekämpft	ich heiße
sie schlägt	sie hat gerufen

1. Bilde die Grundform zum Verb.
2. Schlage im Wörterbuch nach und trage Seitenzahl und Spalte ein.

sie hieß	er sprach
du liegst	es regnet
sie kam	sie rief

1. Bilde die Grundform zum Verb.
2. Schlage im Wörterbuch nach und trage Seitenzahl und Spalte ein.

er pfiff	sie sprach
es schneit	er denkt
du bittest	sie kommt

1. Bilde die Grundform zum Verb.
2. Schlage im Wörterbuch nach und trage Seitenzahl und Spalte ein.

es gelang	es klingt
sie trifft	er stand
sie zog	er blieb

1. Bilde die Grundform zum Verb.
2. Schlage im Wörterbuch nach und trage Seitenzahl und Spalte ein.

sie bekommt	sie half
er ist gekommen	sie hat versteckt
ich vergesse	er lag

1. Bilde die Grundform zum Verb.
2. Schlage im Wörterbuch nach und trage Seitenzahl und Spalte ein.

_____

_____

_____

1. Bilde die Grundform zum Verb.
2. Schlage im Wörterbuch nach und trage Seitenzahl und Spalte ein.

Adjektive nachschlagen

der teuerste Bleistift

der alte Topf

der stärkste Boxer

die wilden Kerle

das kleine Kind

1. Bilde zu jedem Adjektiv
   die Grundform.
2. Schlage das Adjektiv im Wörterbuch
   nach und schreibe Seitenzahl und
   Spalte dazu.

---

der traurige Zwerg

mein jüngerer Bruder

das leiseste Geräusch

das längere Lineal

das stille Kind

1. Bilde zu jedem Adjektiv
   die Grundform.
2. Schlage das Adjektiv im Wörterbuch
   nach und schreibe Seitenzahl und
   Spalte dazu.

---

meine ältere Schwester

die dickste Kartoffel

das riesige Haus

das schreckliche Monster

die schönste Prinzessin

1. Bilde zu jedem Adjektiv
   die Grundform.
2. Schlage das Adjektiv im Wörterbuch
   nach und schreibe Seitenzahl und
   Spalte dazu.

---

die süßesten Trauben

ein wichtiger Termin

altes steinhartes Brot

der schnellste Läufer

Opas größter Wunsch

1. Bilde zu jedem Adjektiv
   die Grundform.
2. Schlage das Adjektiv im Wörterbuch
   nach und schreibe Seitenzahl und
   Spalte dazu.

_____

_____

_____

1. Bilde zu jedem Adjektiv
   die Grundform.
2. Schlage das Adjektiv im Wörterbuch
   nach und schreibe Seitenzahl und
   Spalte dazu.

_____

_____

_____

1. Bilde zu jedem Adjektiv
   die Grundform.
2. Schlage das Adjektiv im Wörterbuch
   nach und schreibe Seitenzahl und
   Spalte dazu.

Fehleranalyse als Voraussetzung für eine gezielte Förderung

Lernstandsdiagnosen sollten der Lehrerin oder dem Lehrer Hinweise geben, durch gezielte Unterrichts- und Übungsangebote den Lernweg eines Kindes zu unterstützen und zu begleiten. Dazu sind Formen der Lernstandsanalyse zu wählen, die Hinweise auf die Förderung eines Kindes geben.
Das Zwei-Komponenten-Modell von *Gerheid Scheerer-Neumann* macht deutlich, dass für das Rechtschreiblernen sowohl wortspezifisches Wissen und damit das wortspezifische Einprägen über mehrere Lernkanäle als auch implizites und explizites Regelwissen und damit das Konstruieren von Wörtern notwendig sind. Daher müssen mit Hilfe einer Fehleranalyse analysierte Schreibproben Hinweise auf beide Speicherarten geben.

Die Analyse von Fehlschreibungen in Diktaten gibt keinen Aufschluss darüber, welche der beiden Speicherarten verwendet wurden. Fehlschreibungen in Diktaten zeigen nicht auf, ob ein Wort vom Kind konstruiert oder wortspezifisch eingeprägt und abgerufen wurde. Bei wiederholt geübten Diktaten kann eher von einer wortspezifischen Speicherung ausgegangen werden. Das Schreiben von wiederholt geübten Diktaten birgt die Gefahr, dass die Kinder übersehen werden, die die grundlegende Fähigkeit, Wörter selbstständig zu konstruieren, noch nicht ausgebildet haben. Daher sollten zur Lernstandsbestimmung unbedingt immer auch freie Texte von Kindern verwendet werden. Diese zeigen zum einen das spontane Konstruieren von Wörtern und zum anderen, welche Wörter schon automatisiert abrufbar sind, ohne dass ein Kind über die Schreibung, wie z. B. im Diktat oder einem anderen Rechtschreibtest, nachdenken muss. *Gerheid Scheerer-Neumann* hebt hervor, dass bereits in Diktaten richtig geschriebene Lernwörter in freien Texten häufig von Kindern neu konstruiert und dabei orthographische oder morphematische Besonderheiten nicht beachtet werden. Diktate und die Hamburger Schreibprobe von *Peter May*[95] zeigen rechtschriftliche Leistungen in einer Situation, in der ein Kind gezielt auf Rechtschreibung achtet. Ob richtig geschriebene Wörter auf Dauer automatisiert abrufbar sind, belegen sie nicht. Daher sollten für eine Fehleranalyse sowohl freie

Texte als auch diktierte ungeübte Wörter oder Texte, für deren Schreibung sich ein Kind bewusst auf Rechtschreibung konzentriert, verwendet werden.

Fördermaßnahmen sollten auf einer qualitativen Lernstandsbestimmung fußen, die die Annäherung an die rechtschriftliche Norm und die Ausbildung und Anwendung grundlegender Rechtschreibstrategien erfasst. Entscheidend ist dabei nicht die Fehleranzahl, sondern die Art der Fehlschreibung, die Hinweise auf die verwendeten Rechtschreibstrategien gibt. Eine qualitative Analyse der Fehlschreibungen sollte einer Lehrerin oder einem Lehrer gleichzeitig Hinweise für eine gezielte individuelle Förderung geben.

Von einem entwicklungsorientierten Ansatz ausgehend wird für eine Lernstandsbestimmung nicht mehr von richtig oder falsch ausgegangen, vielmehr wird untersucht, mit welchen Strategien Kinder das Problem Schrift lösen und welche Annäherungsgrade sie schon erreicht haben. Der Blick wird dabei also nicht mehr auf das Endprodukt, das richtig geschriebene Wort gerichtet, sondern auf den Lernprozess während der Annäherung an die Schrift. Rechtschreibfehler sind daher eine diagnostische Herausforderung, um den Lernweg eines Kindes zu rekonstruieren und auf der Basis seiner schon erfassten Strategien individuelle Förderangebote zu machen. Die Hamburger Schreibprobe von *Peter May* setzt hier an. Sie ist auf das Können des Kindes gerichtet, erfasst mit den Graphemtreffern auch die Annäherung an das richtig geschriebene Wort und untersucht mit den Lupenstellen gezielt die Rechtschreibstrategien der Kinder, denen direkt sinnvolle Fördermaßnahmen zuzuordnen sind.

Um regelmäßig mit einem informellen Verfahren den Lernstand von Kindern erfassen zu können, soll hier eine qualitative Fehleranalyse vorgestellt werden, die leicht durchführbar ist. Diese Fehleranalyse versucht die Fehlschreibung eines Kindes bezogen auf das jeweilige rechtschriftliche Phänomen zu beschreiben und bestimmten Strategien zuzuordnen, deren Nichtanwendung als Fehler bedingender Faktor angesehen werden kann. Folgende Grundfrage liegt dieser Fehleranalyse zu Grunde: Durch welches Können und damit durch welche Strategien können diese Fehlschreibung und weitere Fehlschreibungen

Qualitative Fehleranalyse

Probleme bei der wortspezifischen Einprägung	Probleme bei der artikulatorisch-akustischen Durchgliederung	Probleme beim Entdecken und Anwenden von Regelmäßigkeiten	Probleme bei der Strukturierung von Wörtern auf der morphematischen Ebene
1. Schreibung von Phonemen, denen mehrere Grapheme zugeordnet werden können: *foll* (voll), *Wase* (Vase), *alz* (als), *Buss* (Bus), *spet* (spät), *mitt* (mit), *Fuks* (Fuchs), *ausen* (außen) 2. Schreibung langer Vokale: *Schuhle* (Schule), *Schaal* (Schal), *faren* (fahren) 3. i-Schreibung: *Tieger* (Tiger), *iehn* (ihn), *wier* (wir)	1. Schreibung ähnlicher Konsonanten: *Trachen* (Drachen), *Tulbe* (Tulpe), *Kras* (Gras), *Wrau* (Frau), *koren* (kochen) 2. Schreibung ähnlicher Vokale: *dorch* (durch), *würd* (wird), *Honech* (Honig) 3. Weglassen oder Hinzufügen von Lauten: *Mamelade* (Marmelade), *Gaten* (Garten), *nich* (nicht), *wir ginen* (wir gingen), *sie bieben* (sie blieben), *abens* (abends), *wir ärgernten* (wir ärgerten) 4. falsche Reihenfolge: *flasch* (falsch), *Graten* (Garten)	1. Phonem-Graphem-Korrespondenzen: *schpielen* (spielen), *Schtock* (Stock), *kwer* (quer), *ainen* (einen), *lib* (lieb), *Kobf* (Kopf), *Froinde* (Freunde) 2. Groß- und Kleinschreibung: *schrank* (Schrank), *wir Laufen* (wir laufen), *das Dicke buch* (das dicke Buch), *Mama kommt. sie …* (Mama kommt. Sie …) 3. Unterscheidung langer/kurzer betonter Vokal: *wohlen* (wollen), *sie wiel* (sie will), *Somer* (Sommer), *müßen* (müssen), *sie blieckte* (sie blickte) 4. Verlängerung bei *g/k, d/t, b/p* im Auslaut und Inlaut: *Korp* (Korb), *Zeld* (Zelt), *Berk* (Berg), *sie steikt* (sie steigt), *er brinkt* (er bringt) 5. Ableitungen: *a – ä, au – äu*: *Hende* (Hände), *er leuft* (er läuft)	1. Flexionsmorpheme: *wir gehn* (wir gehen), *er kommd* (er kommt), *du holsd* (du holst), *abens* (abends) 2. häufige Präfixe: *gehtragen* (getragen), *abkeschrieben* (abgeschrieben), *ferlieren* (verlieren), *forlesen* (vorlesen), *eraten* (erraten), *zerissen* (zerrissen), *endecken* (entdecken), *endscheiden* (entscheiden), *hinnein* (hinein), *herrüber* (herüber) 3. häufige Suffixe: *Baur* (Bauer), *steinich* (steinig), *Freundlich* (freundlich), *Stürmisch* (stürmisch), *gesundheit* (Gesundheit), *wohnung* (Wohnung), *einsamkeit* (Einsamkeit) 4. zusammengesetzte Wörter: *Fahrad* (Fahrrad), *Geburstag* (Geburtstag), *vieleicht* (vielleicht), *Abenbrot* (Abendbrot)

Qualitative Fehleranalyse: Beispiele

Name des Kindes	wort-spezifische Einprägung	artikulatorisch-akustische Durchgliederung	Anwenden von Regelmäßigkeiten	Strukturierung auf der morphe-matischen Ebene
Günther	*lährt* (leert) voll–leer leeren ausleeren	*ihn* (ihm)	*in* (ihn) *Brieftreger* (Briefträger) a – ä	
Antje	*giehng* (ging) *Tauh* (Tau) ging	*dürfte* (durfte) *besuch* (besuchen)	*im* (ihm) ihm, ihn, ihnen, ihr, …	
Claudia		*duch* (durch), *heut* (heute), *gebe* (gelbe), *Bamstumpf* (Baumstumpf), *erglärt* (erklärt), *vrschwunden* (ver…), *Tier* (Tiere), *Pflanen* (Pflanzen) genau durchlesen	*umschlak* (Umschlag) *schwiriger* (schwieriger) Verlängerung bei *g/k, d/t, b/p*	
Bianca	*iren* (ihren) *dan* (dann) *iern* (ihren)	*freuzisch* (freut sich), *gomd* (kommt), *Freute* (Freunde), *einlaten* (einladen), *gibtes* (gibt es), *Guchen* (Kuchen), *Schreid* (schreibt), *Einladug* (Einladung), *mat* (macht) - *g/k, d/t* - lautweise durchgliedern	*wiell* (will) *Schreid* (schreibt) *Schöner* (schöner) *ire* (ihre) *iern* (ihren) ihm, ihn, …	*gomd* (kommt) *Schreid* (schreibt) *iern* (ihren) *Geburßtag* (Geburtstag) Flexionsendung *t*
Francesco	*ligen* (liegen) *dan* (dann) dann	*gegommen* (gekommen), *betankt* (bedankt), *trin* (drin), *den* (dem), *taft* (darfst) *g/k, d/t*	*im* (ihm) *inen* (ihnen) ihm, ihn, ihnen, ihr, …	
Dominik	*nuhn* (nun) *ligen* (liegen) *siend* (sind) sind nun	*trin* (drin), *eingapackt* (eingepackt) *Freune* (Freunde)	*brinkt* (bringt) *ng*: bri*ng*en – bri*ng*t si*ng*en – si*ng*t	*eingapackt* (eingepackt) *gehkommen* (gekommen) ge-

Guiseppe	*ligen* (liegen)
	dan (dann)
	bedanckt (bedankt)
	
	dann
		trien (drin)
		wisen (wissen)
		den (dem)
			bedanckt (bedankt), *sacht* (sagt), *Gepacktt* (gepackt), *geschenk* (Geschenk), *Gekommen* (gekommen), *im* (ihm), *innen* (ihnen), *wisen* (wissen)
			
			- lang – kurz
			- ihn, ihm, ihr, ihnen, …
			- Groß- und Kleinschreibung
			- pack*t* – gepack*t*
			   lach*t* – gelach*t*
			   spiel*t* – gespiel*t*
				Gepacktt

Fiana	*mer* (mehr)	*ihren* (ihrem)	*stelle* (die Stelle) *bahld* (bald) *gehstern* (gestern) lang – kurz	*stehn* (stehen) *gehsehen* (gesehen) ge-

ähnlicher Art eher vermieden werden? Dazu gilt es im Sinne der Förderung zu klären, welches notwendige orthographische Wissen ist einem Kind zu vermitteln bzw. sollte durch gezielte Aufgaben gefördert werden, da die innere Regelbildung allein nicht durch Lehrgänge gesteuert, wohl aber gezielt angeregt, in Gang gesetzt und unterstützt werden kann. Fehlschreibungen werden den in diesem Buch vorgestellten Übungsbereichen (siehe S. 137) zugeordnet und damit nach der Frage zusammengestellt, mit welchen Verfahren ein Kind das jeweilige Rechtschreibproblem bewältigen kann. Den jeweiligen Rechtschreibproblemen lassen sich so direkt Übungen zuordnen.

Die erste Gruppe „Probleme bei der wortspezifischen Einprägung" greift zu drei Rechtschreibproblemen Wörter auf, die allein durch wortspezifische Einprägung richtig geschrieben werden können. Dazu bieten sich Übungen an, wie sie am Beispiel „Wörter mit Doppelvokalen" (siehe S. 8 ff.) dargestellt wurden, sowie Übungen zur wortspezifischen Einprägung (siehe S. 59 ff.).
Die zweite Gruppe „Probleme bei der artikulatorisch-akustischen Durchgliederung" bezieht sich auf die alphabetische Strategie. Diese wird durch eine enge Verknüpfung von Artikulation und akustischer Durchgliederung gesichert. Übungen zur Durchgliederung von Wörtern bzw. zur Unterscheidung von harten und weichen Konsonanten können Kindern hier weiterhelfen (siehe S. 85 ff.). Die dritte Gruppe „Probleme beim Entdecken und Anwenden von Regelmäßigkeiten" greift Schreibungen auf, die durch orthographisches Wissen und morphematisches Regelwissen gelöst werden können. Durch das Entdecken und Erfassen von Regelungen können Fehler in dieser Gruppe verhindert werden. Übungen zu den Regelungen finden sich auf den Seiten 94 bis 106.
Die vierte Gruppe „Probleme bei der Strukturierung von Wörtern auf der morphematischen Ebene" fasst Schreibungen zusammen, die durch das Erfassen der Wortbildung richtig gelöst werden können (siehe Übungen auf S. 106 ff.).

An einzelnen Beispielen wird die Fehleranalyse im Folgenden näher erläutert (siehe S. 138). Zunächst sind aus Texten von Kindern die Wörter in der jeweiligen Fehlschreibung herauszuschreiben und dem jeweiligen Rechtschreibproblem zuzuordnen. Das Eintragen mit der Fehlerstelle ist

deshalb wichtig, weil je nach Fehler in dem Wort unterschiedliche Zuordnungen möglich und Übungen notwendig werden können, z.B. schreibt Dominik statt *gekommen gehkommen* – er muss die Vorsilbe *ge* erfassen lernen (Zuordnung zur vierten Gruppe); Guiseppe schreibt *Gekommen* – er muss sich mit Groß- und Kleinschreibung befassen (Zuordnung zur dritten Gruppe); Francesco schreibt *gegommen* – er muss die Unterscheidung von harten und weichen Konsonanten üben (Zuordnung zur zweiten Gruppe).

Die Beispiele machen deutlich, dass Kinder unterschiedliche Strategien differenziert ausbilden müssen und somit unterschiedliche Übungen zur Förderung benötigen. Übungsbereiche und wichtige Lernwörter für das jeweilige Kind sind jeweils eingerahmt. Nicht alle Fehlerschwerpunkte müssen zeitgleich von einem Kind bearbeitet werden. Die Lehrerin oder der Lehrer sollte eine Auswahl treffen und nach und nach die Übungsbereiche bearbeiten lassen. Außerdem lohnt es sich, die Fehleranalysen hinsichtlich der für alle Kinder schwierigen Rechtschreibprobleme auszuwerten. In den für Seite 138 ausgewerteten Texten bereitet sechs von acht Kindern die Schreibung der Pronomen *ihr, ihn, ...* Schwierigkeiten, sodass es sinnvoll ist, für alle Kinder Übungen dazu anzubieten.

Eine ausführliche Fehleranalyse wird auf Seite 140 beispielhaft an drei von Kuno geschriebenen Texten vorgenommen. Es sind ein freier Text, ein Diktat und ein Auszug aus der Hamburger Schreib-Probe:

Freier Text von Kuno, November 1998, Klasse 3:
Ain wunderschones tihr märchen
Es war ein wunderschoner tag in schanghei. Ein Pferd lif über die eger und ein Hasse hobelte über die wiesen ein Reegitz mit seiner Familie liefen durch die wäldern. Ein Drachen flog am himel und wer hielt den Drachen naturlich Sira und ir Vater. Sira sagte schau Vater da ein eichhornchen. Wo den Sira? Da der Vater holt eine Drachen dan hol ich das eichhornchen. Es ist gans fon aleine drauf gegangen sie hat es iren Vater gegeben und hat ihren Drachen wieder kenomen

Probleme bei der wortspezifischen Einprägung	Probleme bei der artikulatorisch-akustischen Durchgliederung	Probleme beim Entdecken und Anwenden von Regelmäßigkeiten	Probleme bei der Strukturierung von Wörtern auf der morphematischen Ebene
1. Schreibung von Phonemen, denen mehrere Grapheme zugeordnet werden können: *fon* (von), *fiel* (viel), *gans* (ganz)	1. Schreibung ähnlicher Konsonanten: *eger* (Äcker), *hobelt* (hoppelt), *Reegitz* (Rehkitz), *kenomen* (genommen), *Kinter* (Kinder), *kefunden* (gefunden), *khen* (gehen), *gugten* (guckten), *aufmerksan* (aufmerksam)	1. Phonem-Graphem-Korrespondenzen: *ain* (ein), *schtaunten* (staunten), *lif* (lief), *fil* (viel), *dise* (diese)	1. Flexionsmorpheme: --- 2. häufige Präfixe: *kenomen* (genommen), *kefunden* (gefunden), *fersuchte* (versuchte) 3. häufige Suffixe: --- 4. zusammengesetzte Wörter: *tihr märchen* (Tiermärchen)
2. Schreibung langer Vokale: *Reegitz* (Rehkitz), *Selöwen* (Seelöwen), *ir* (ihr), *iren* (ihren), *tihr* (Tier), *wier* (wir), *Juliea* (Julia)	2. Schreibung ähnlicher Vokale: --- 3. Weglassen oder Hinzufügen von Lauten: *Leherin* (Lehrerin), *drauf* (darauf), *khen* (gehen), *ärgernten* (ärgerten)	2. Groß- und Kleinschreibung: *tihr* (Tier), *tag* (Tag), *schanghei* (Schanghei), *wiesen* (Wiesen), *wälder* (Wälder), *himel* (Himmel), *eichhornchen* (Eichhörnchen), *zum schlus* (zum Schluss), *spielplatz* (Spielplatz) (vornehmlich im freien Text, im Diktat und in der HSP nur zwei fehlende Großschreibungen)	
3. *i*-Schreibung: *ir* (ihr), *iren* (ihren), *tihr* (Tier), *wier* (wir), *Juliea* (Julia)	4. falsche Reihenfolge: --- viele Oberzeichenfehler im freien Text, z. B.: *wunderschones* (wunderschönes), *naturlich* (natürlich)	3. Unterscheidung langer/kurzer betonter Vokal: *eger* (Äcker), *hobelte* (hoppelte), *himel* (Himmel), *den* (denn), *dan* (dann), *aleine* (alleine), *kenomen* (genommen), *fresen* (fressen), *gugten* (guckten), *füterte* (fütterte), *zusamen* (zusammen), *schlus* (Schluss), *bischen* (bisschen), *Kofer* (Koffer), *öfnen* (öffnen), *schaft* (schafft), *Hasse* (Hase), *Käffig* (Käfig)	
		4. Verlängerung bei *g/k, d/t, b/p* im Auslaut und Inlaut: *teklich* (täglich)	
		5. Ableitungen: *a – ä, au – äu*: *teklich* (täglich), *eger* (Äcker)	

Diktat von Kuno, Dezember 1998, Klasse 3:

Im Zoo

Gestern machte die Klasse einen Ausflug in den Zoo. Bei den Elefanten schtaunten die Kinder wie fil dise Tiere teklich fresen. Aufmerksan gugten die Leherin und die Kinter zu, wie der Wärter die Selöwen füterte. Ein Selöwe fersuchte immer wieder, sich einen Fisch aus dem Eimer zu holen. Am lustigsten waren die Affen. Sie turnten im Käffig herum, spielten zusamen und ärgernten sich manchmal. Zum schlus durften die Schüler noch ein bischen auf den spielplatz gehen.

Auszug aus der Hamburger-Schreib-Probe von Kuno, Dezember 1998, Klasse 3:

Die Kinder haben einen Kofer kefunten.

Juliea fersucht in zu öfnen. Aber sie schaft es nicht

Jan fragt: Wollen wier zur Polizei khen?

Fehlende Interpunktion und grammatische Unsicherheiten z.B. (*durch die wäldern, eine Drachen* usw.) werden hier nicht in Bezug auf die Rechtschreibung berücksichtigt, da in den beiden anderen, spezifisch auf Rechtschreiben ausgerichteten Texten keinerlei Fehler dieser Art auftauchen.

Die Fehleranalyse zeigt, dass Kuno bei bewusstem rechtschriftlichem Schreiben schon sehr sicher in der Groß- und Kleinschreibung ist. Unsicherheiten treten nur bei Abstrakta auf. Wahrscheinlich würde ihm ein Merkblatt (siehe S. 82) helfen, auch in seinen freien Texten bewusster auf die Groß- und Kleinschreibung zu achten. Die Fehleranalyse zeigt weiter, dass der Schwerpunkt in der Förderung in den Bereichen „Unterscheidung langer/kurzer betonter Vokal" und „Schreibung ähnlicher Konsonanten" liegen sollte. Kuno experimentiert gerade mit Abbildungsmöglichkeiten des langen *i*. Zunächst sollte er zur Sicherheit Wörter mit *ie* als regelgeleitete Schreibungen sichern und erfassen lernen. Statt der Kommentare: „Übe! Schreibe den Text noch einmal ab! Schau dir die Wörter genau an!", die Kuno unter seinen Texten vorfand, benötigt er gezielt Angebote zum Entdecken und Erfassen der Regelungen bei kurzen betonten Vokalen, die ihm ermög-

lichen, die Schreibung auch unbekannter Wörter in diesem Bereich selbstständig zu konstruieren und zu überprüfen (siehe Übungen, S. 94 ff.). Die Schreibung der Pronomen *ihr, ihn, ihm, ihnen* (Ausnahmewörter bei der i-Schreibung) sollte erst zu einem späteren Zeitpunkt anhand kombinierter wortspezifischer Einprägungsübungen und grammatischer Übungen (siehe S. 104 ff.) durchgeführt werden.

Es ist zu erwarten, dass Kuno mit systematischen Übungen zum Erfassen kurzer Vokale und zur Unterscheidung ähnlicher Konsonanten (siehe S. 88 ff.), die seine speziellen Rechtschreibprobleme aufgrund der qualitativen Fehleranalyse aufgreifen und ihm auch im Rechtschreiben soziales Lernen ermöglichen, Übungserfolg erfährt und einen Regelspeicher aufbaut.

Anmerkungen

[1] *Speichert, Horst:* Richtig üben macht den Meister, Reinbek 1985

[2] vgl. *v. Wedel-Wolff, Annegret:* Üben im Lese-unterricht der Grundschule, Braunschweig 1997, bes. S. 5–17. Hier werden ausführlich alle Übungs-prinzipien entwickelt und erläutert.

[3] vgl. *Sandfuchs, Uwe/Frotscher, Jutta:* Lern-schwache Kinder fördern, in: Grundschule 4/2002, S. 28 ff.

[4] *Menzel, Wolfgang:* Arbeitstechniken 2, in: Praxis Deutsch 104/1990, S. 17

[5] vgl. *Richter, Sigrun:* Interessenbezogenes Rechtschreiblernen, Braunschweig 1998; *dies.:* Mädchen- und Jungeninteressen beim Schreiben und Lesen, in: Grundschule 12/1999, S. 38 ff.

[6] vgl. *May, Peter:* Lernförderlicher Unterricht. 2 Bände, Frankfurt/M./Berlin/Bern/Bruxelles/ New York/Oxford/Wien 2002

[7] *Scheerer-Neumann, Gerheid:* Wortspezifisch: JA – Wortbild: NEIN, in: *Brügelmann, Hans (Hrsg.):* ABC und Schriftsprache: Rätsel für Kinder, Lehrer und Forscher, Konstanz 1986, S. 171–185

[8] Die Übungsgesetze werden hier nach der leicht überarbeiteten Fassung durch *Wolfgang Hinrichs* wiedergegeben. *Odenbach, Karl:* Die Übung im Unterricht, überarbeitete Neuausgabe von *Wolf-gang Hinrichs*, 7. Auflage, Braunschweig 1981, Anhang, S. 197 ff.

[9] vgl. dazu die Übersicht in: *Augst, Gerhard/Dehn, Mechthild:* Rechtschreibung und Rechtschreib-unterricht, Stuttgart/Düsseldorf/Leipzig 1998, S. 116/117, wobei zu beachten ist, dass Kindern in der Grundschule Fremdwörter mit *i* auch als Ausnahmewortschatz zu vermitteln sind, da sie diese nicht als Fremdwörter erkennen können, z.B. *Benzin.*

[10] Die von *Hans-Joachim Neumann* aufgestellten Regeln weisen so viele Ausnahmen auf und sind außerdem so kompliziert, dass sie von Kindern nicht angewendet werden können. Vgl. *Neumann, Hans-Joachim/Hofer, Adolf:* Sprachwissenschaft-liche und didaktische Grundlagen des Recht-schreibunterrichts, in: *Neumann, Hans-Joachim (Hrsg.):* Der Deutschunterricht in der Grund-schule, Bd. 3, 3. neu bearbeitete Auflage, Freiburg/ Basel/Wien 1979, S. 89 ff., bes. S. 102 f. und 113

[11] vgl. *Weiden, Hildegard:* Sicher lesen und recht-schreiben, Braunschweig 1989, S. 97 ff.

[12] vgl. dazu *Speichert, Horst:* Richtig üben macht den Meister, Reinbek 1985, bes. Kapitel 1 und Kapitel 14

[13] *Naumann, Carl Ludwig:* Rechtschreibwörter und Rechtschreibregelungen, Landesinstitut für Schule und Weiterbildung (Hrsg.), Soest 1986. Die Liste häufiger Rechtschreibwörter wurde aus der Analyse der Häufigkeit in der Kindersprache im mündlichen, schriftlichen und von fehler-trächtigen Wörtern sowie aus der Erwachsenen-sprache im mündlichen und schriftlichen Bereich gewonnen.

[14] *Odenbach, Karl:* Die Übung im Unterricht, über-arbeitete Neuausgabe von *Wolfgang Hinrichs*, 7. Auflage, Braunschweig 1981, Anhang, S. 198

[15] *Ebd.,* Anhang, S. 198

[16] *Ebd.,* Anhang, S. 199

[17] *Ebd.,* Anhang, S. 199

[18] Ein Fülle von Vorschlägen zur Arbeit mit Karten-paaren findet sich in: *v. Wedel-Wolff, Annegret:* Kartenpaare im Unterricht. Ein Arbeitsmittel – viele Einsatzmöglichkeiten, in: Grundschule 7–8/ 1991, S. 58 ff.

[19] *Odenbach, Karl:* Die Übung im Unterricht, überarbeitete Neuausgabe von *Wolfgang Hinrichs*, 7. Auflage, Braunschweig 1981, Anhang, S. 202 Die Forschungen zum Schriftspracherwerb haben ergeben, dass „Fehler" ein Fenster in die Denk-welt und in die Zugriffsweise der Kinder auf die Schriftsprache sind. Sie sind nicht als Fehler im Sinne von „falsch" einzustufen, sondern als ein notwendiger Entwicklungsschritt auf dem Weg vom Unvollkommenen zum Vollkommeneren. Gerade die Entwicklungsmodelle zeigen, dass alle Kinder Schwierigkeiten beim Aneignen der Schrift haben und Fehler dabei normal sind.

Fehler werden im Rahmen dieses Ansatzes nicht in erster Linie als Defizite und Minderleistungen eines Kindes angesehen und damit nicht mehr krampfhaft verhindert, sondern als sinnvolles Anzeichen für die Annäherung an den Lerngegenstand Schriftsprache und als konstruktive Versuche eines Kindes, Wörter zu verschriften und zu entschlüsseln (vgl. dazu: *Brügelmann, Hans/ Richter, Sigrun (Hrsg.):* Wie wir recht schreiben lernen, Lengwil 1994).

[20] *Beisner, Monika:* Das Buch der hundert Rätsel, Frankfurt 1983

[21] vgl. dazu auch „Problemfall: Klassenarbeit", in: *Krichbaum, Gabriele u.a.:* Praxisbuch Grundschule, Braunschweig 1997, S. 104 ff.

[22] vgl. dazu: *Breuninger, Helga/Betz, Dieter:* Note 5 und 6: Die ermutigende Wirkung gezielter Kommentare, in: *Dummer, Lisa (Hrsg.):* Legasthenie. Bericht über den Fachkongreß 1986, Bundesverband Legasthenie e.V., Hannover 1987, S. 69–78; *Krampen, Günter:* Effekte von Lehrerkommentaren zu Noten bei Schülern, in: *Olechowski, Richard/Persy, Elisabeth (Hrsg.):* Fördernde Leistungsbeurteilung, Wien/München 1987, S. 207 ff.

[23] Der Name des Kindes wurde geändert und die Diktattexte des Kindes, die Kommentare des Lehrers und der Eltern wurden wortwörtlich nach dem Original neu geschrieben.

[24] vgl. *Breuninger, Helga/Betz, Dieter:* Note 5 und 6: Die ermutigende Wirkung gezielter Kommentare, in: *Dummer, Lisa (Hrsg.):* Legasthenie. Bericht über den Fachkongreß 1986, Bundesverband Legasthenie e.V., Hannover 1987, S. 69–78

[25] *Krampen, Günter:* Effekte von Lehrerkommentaren zu Noten bei Schülern, in: *Olechowski, Richard/Persy, Elisabeth (Hrsg.):* Fördernde Leistungsbeurteilung, Wien/München 1987, S. 224

[26] *Lichtenstein-Rother, Ilse:* Grundlegendes Lernen im Rechtschreibunterricht, in: Grundschule 3/1987, S. 12

[27] vgl. im Folgenden: *Weinert, Franz/Helmke, Andreas (Hrsg.):* Entwicklungen im Grundschulalter, Weinheim 1997, SCHOLASTIK-Studie, darin

Kapitel X: Selbstkonzept und Leistung – Dynamik ihres Zusammenspiels, Literaturüberblick: *A. Krapp*, Ergebnisse: *M. van Aken/A. Helmke/ W. Schneider*, Kommentar: *R. Pekrun*, S. 323 ff.; Kapitel XI: Schulleistung und Fähigkeitsselbstbild – Universelle Beziehungen oder kontextspezifische Zusammenhänge?, Literaturüberblick: *H. Fend*, Ergebnisse: *A. Renkl/A. Helmke/F.-W. Schrader*, Kommentar: *K. U. Schnabel*, S. 359 ff.; Kapitel VIII: Das Stereotyp des schlechten Schülers, Literaturüberblick: *E. Sander*, Ergebnisse: *A. Helmke*, Kommentar: *Ch. Spiel*, S. 259 ff.; Kapitel VI: Individuelle Bedingungsfaktoren der Schulleistung, Literaturüberblick: *K. A. Heller*, Ergebnisse: *A. Helmke*, Kommentar: *F. Rheinberg*, S. 181 ff.; Kapitel II: Entwicklung lern- und leistungsbezogener Motive und Einstellungen, Literaturüberblick: *U. Geppert*, Ergebnisse: *A. Helmke*, Kommentar: *F. Halisch*, S. 45 ff.; vgl. *Knörzer, Wolfgang:* Die psychischen Auswirkungen auf Misserfolge in einem zentralen Schulfach, in: *Dummer, Lisa (Hrsg.):* Legasthenie. Bericht über den Fachkongreß 1984, Hannover 1985, S. 50 f.; vgl. auch: *Persy, Elisabeth:* Leistungsbeurteilung, Motivation und Selbstbild, in: Grundschule 2/1996, S. 18 ff.

[28] Die Grafik lehnt sich an die von *Breuninger/ Betz* an: *Breuninger, Helga/Betz, Dieter:* Note 5 und 6: Die ermutigende Wirkung gezielter Kommentare, in: *Dummer, Lisa (Hrsg.):* Legasthe-nie. Bericht über den Fachkongreß 1986, Hannover 1987, S. 69–78 und *Breuninger, Helga/Betz, Dieter:* Jedes Kind kann schreiben lernen. Ein Ratgeber für Leserechtschreibschwäche, Weinheim/ Basel 1982

[29] vgl. *Strittmatter, Peter:* Schulangstreduktion, Neuwied 1993. Strittmatter kommt zu folgendem Ergebnis: Angstreduktion ergibt sich, wenn Misserfolg keine gravierenden Konsequenzen nach sich zieht, wenn Kinder glauben, dass ihre Fähigkeiten ausreichen, wenn sie das Kriterium für den Erfolg nicht zu hoch ansetzen.

[30] vgl. *Scheerer-Neumann, Gerheid:* Schriftspracherwerb: „The State of the Art" aus psychologischer Sicht, in: *Huber, Ludowika/Kegel, Gerd/Speck-Hamdan, Angelika (Hrsg.):* Einblicke in den Schriftspracherwerb, Braunschweig 1998, S. 31 ff.

[31] vgl. *Weinert, Franz/Helmke, Andreas (Hrsg.):* Entwicklungen im Grundschulalter, Weinheim

1997, SCHOLASTIK-Studie, darin Kapitel VII: Unterrichtsqualität und Leistungsentwicklung: Literaturüberblick: *W. Einsiedler*, Ergebnisse: *A. Helmke/F. Weinert*, Kommentar: *J. Lompscher*, S. 223 ff.

[32] *Flitner, Andreas:* Für das Leben – Oder für die Schule?, Weinheim 1987, S. 39

[33] vgl. dazu *Süselbeck, Gisela:* Alternative Diktatformen, in: Grundschule 2/1987, S. 50 ff. und Grundschule 3/1987, S. 36 ff.

[34] vgl. *Süselbeck, Gisela:* Differenzierte Diktate. In: Grundschule, 7–8/1995; *dies.:* Sachgerechte Leistungsmessung beim Rechtschreiben, in: Grundschule, 7–8/1995; *dies.:* Alternativen zum herkömmlichen Diktat. In: Grundschule, 4/1996; *Adams, Rebekka:* Wie aus einem Projekt differenzierte Diktate entstehen können, in: Grundschule 7–8/1995; *Gräser, Hannelore:* Differenzierte Diktate, in: *Bartnitzky, Horst (Hrsg.):* Umgang mit Zensuren in allen Fächern, Frankfurt/Main 1989; *Bartnitzky, Horst/Christiani, Reinhold/Gräser, Hannelore:* Differenzierte Diktate, Frankfurt/Main 1987; *Naegele, Ingrid/Valtin, Renate (Hrsg.):* Rechtschreibunterricht in den Klassen 1-6, (Beiträge zur Reform der Grundschule, Bd. 56/57), Arbeitskreis Grundschule, Frankfurt/Main 1984, 3. neu bearbeitete Auflage 1994

[35] *Bartnitzky, Horst/Fluck, Christa/Gräser, Hannelore:* Differenzierte Diktate: Klassen 3 und 4. Klassendiktate. Tägliche Übungen. Beurteilungen, 2. Auflage, Frankfurt/Main 1987, S. 21 und S. 38

[36] Diesen Vorschlag verdanke ich *Karin Brust* aus Aalen.

[37] vgl. Arbeitstechnik „Abschreiben lernen", S. 66

[38] vgl. dazu den Vorschlag von *Wolfgang Menzel*, der mit folgendem Satz gearbeitet hat: Die fertenen Wolken tü:len über das Land. Es bläkst der Sturm im Gebälk. In: *Menzel, Wolfgang:* Rechtschreibunterricht. Praxis und Theorie, „Aus Fehlern lernen", Seelze 1985, S. 26

[39] *Füssenich, Iris:* Analphabetismus aus der Sicht der Sonderpädagogik, in: *Huber, Ludowika/Kegel, Gerd/Speck-Hamdan, Angelika (Hrsg.):* Einblicke in den Schriftspracherwerb, Braunschweig 1998, S. 75 ff., Text S. 77

[40] vgl. *Scheerer-Neumann, Gerheid:* Schriftspracherwerb: „The State of the Art" aus psychologischer Sicht, in: *Huber, Ludowika/Kegel, Gerd/Speck-Hamdan, Angelika (Hrsg.):* Einblicke in den Schriftspracherwerb, Braunschweig 1998, S. 31 ff.

[41] vgl. im Folgenden: *Valtin, Renate:* Stufen des Lesen- und Schreibenlernens, in: *Haarmann, Dieter (Hrsg.):* Handbuch Grundschule, Bd. 2, Weinheim/Basel 1993, S. 68 ff., insbes. S. 75 ff.

[42] vgl. *Dehn, Mechthild:* Die Zugriffsweisen „fortgeschrittener" und „langsamer" Lese- und Schreibanfänger: Kritik am Konzept der Entwicklungsstufen, in: *Sandhaas, Bernd/Schneck, Peter (Hrsg.):* Lesen lernen – Schreiben lernen. Beiträge zu einer interdisziplinären Wissenschaftagung aus Anlass des Internationalen Alphabetisierungsjahres, Österreichische Unesco-Kommission, Bregenz 1990, S. 97 ff.; *Scheerer-Neumann, Gerheid:* Stufenmodelle des Schriftspracherwerbs – Wo stehen wir heute?, in: *Balhorn, Heiko/Bartnitzky, Horst/Büchner, Inge/Speck-Hamdan, Angelika (Hrsg.):* Schatzkiste Sprache 1. Von den Wegen der Kinder in die Schrift, Beiträge zur Reform der Grundschule, Bd. 104, Frankfurt/Main 1998, S. 54 ff.

[43] vgl. *Scheerer-Neumann, Gerheid:* Schriftspracherwerb: „The State of the Art" aus psychologischer Sicht, in: *Huber, Ludowika/Kegel, Gerd/ Speck-Hamdan, Angelika (Hrsg.):* Einblicke in den Schriftspracherwerb, Braunschweig 1998, S. 31 ff.

[44] vgl. *Dehn, Mechthild:* Die Zugriffsweisen „fortgeschrittener" und „langsamer" Lese- und Schreibanfänger: Kritik am Konzept der Entwicklungsstufen, in: *Sandhaas, Bernd/Schneck, Peter (Hrsg.):* Lesen lernen – Schreiben lernen. Beiträge zu einer interdisziplinären Wissenschaftagung aus Anlass des Internationalen Alphabetisierungsjahres, Österreichische Unesco-Kommission, Bregenz 1990, S. 97 ff.

[45] vgl. *Scheerer-Neumann, Gerheid:* Schriftspracherwerb: „The State of the Art" aus psychologischer Sicht, in: *Huber, Ludowika/Kegel, Gerd/ Speck-Hamdan, Angelika (Hrsg.):* Einblicke in den Schriftspracherwerb, Braunschweig 1998, S. 31 ff.

[46] vgl. *Günther, Klaus B.:* Ein Stufenmodell der Entwicklung kindlicher Lese- und Schreibstrategien: Kritik am Konzept der Entwicklungsstufen, in: *Brügelmann, Hans (Hrsg.):* ABC und Schriftsprache: Rätsel für Kinder, Lehrer und Forscher, Konstanz 1986, S. 32 ff.

[47] vgl. *Scheerer-Neumann, Gerheid:* Stufenmodell des Rechtschreibens, in: *Scheerer-Neumann, Gerheid:* Stufenmodell des Schriftspracherwerbs – Wo stehen wir heute?, in: *Balhorn, Heiko/Bartnitzky, Horst/Büchner, Inge/Speck-Hamdan, Angelika (Hrsg):* Schatzkiste Sprache 1, Frankfurt/Main 1998, S. 55/ 56 (Beiträge zur Reform der Grundschule, Bd.104)

[48] Die auf den Seiten 48, 50 und 51 abgedruckten Schreibvorlagen hat *Mechthild Dehn* entwickelt. In: *Dehn, Mechthild:* Zeit für die Schrift. Lesenlernen und Schreibenkönnen, 4. Aufl., Bochum 1994

[49] *May, Peter u. a.:* Diagnose orthographischer Kompetenz. Zur Erfassung der grundlegenden Rechtschreibstrategien mit der Hamburger Schreib-Probe, 4. Auflage, Hamburg 1998

[50] *Scheerer-Neumann, Gerheid:* Rechtschreibschwäche im Kontext der Entwicklung, in: *Naegele, Ingrid/Valtin, Renate (Hrsg.):* LRS in den Klassen 1–10, Bd. 1, 4. erweiterte Auflage, Weinheim 1997, S. 58–77

[51] vgl. das Beispiel „Markus", in: *Füssenich, Iris:* Analphabetismus aus der Sicht der Sonderpädagogik. In: *Huber, Ludowika/Kegel, Gerd/Speck-Hamdan, Angelika (Hrsg.):* Einblicke in den Schriftspracherwerb. Braunschweig 1998, S. 75 ff.

[52] *Bergk, Marion:* Richtig schreiben. Textverfassen und Rechtschreiberkundungen, in: Die Grundschulzeitschrift 89/1995, S. 7

[53] *Hanke, Petra:* Textschreiben und Rechtschreiben in der Grundschule, in: Grundschule 3/2002, S. 33

[54] *Fässler, Sonja:* Christoph lernt (recht)schreiben, in: Grundschule 3/2002, S. 45 ff.

[55] vgl. dazu: *Richter Sigrun:* Interessenbezogenes Rechtschreiblernen, Braunschweig 1998; *dies.:* Mädchen- und Jungeninteressen beim Schreiben und Lesen, in: Grundschule 12/99, S. 38 ff.

[56] vgl. im Folgenden: *Scheerer-Neumann, Gerheid:* Wortspezifisch: JA – Wortbild: NEIN, in: *Brügelmann, Hans (Hrsg.):* ABC und Schriftsprache: Rätsel für Kinder, Lehrer und Forscher, Konstanz 1986, S. 171–185

[57] *Scheerer-Neumann, Gerheid:* Wortspezifisch: JA – Wortbild: NEIN, in: *Brügelmann, Hans (Hrsg.):* ABC und Schriftsprache: Rätsel für Kinder, Lehrer und Forscher, Konstanz 1986, S. 171–185

[58] *Richter, Sigrun:* Interessenbezogenes Rechtschreiblernen, Braunschweig 1998, S. 8 ff.; *Richter, Sigrun/Brügelmann, Hans (Hrsg.):* Mädchen lernen anders – anders lernen Jungen, Bottighofen 1994; *Fässler, Sonja:* Christoph lernt (recht)schreiben, in: Grundschule 3/2002, S. 45 ff.

[59] vgl. *Füssenich, Iris:* Analphabetismus aus der Sicht der Sonderpädagogik, in: *Huber, Ludowika/Kegel, Gerd/Speck-Hamdan, Angelika (Hrsg.):* Einblicke in den Schriftspracherwerb, Braunschweig 1998, vgl. bes. Abb. 3 und 4, S. 77

[60] vgl. *Schmid-Barkow, Ingrid:* Vom didaktischen Nährwert der Silbe, in: Didaktik Deutsch, 3/1997, S. 53 ff. *Ingrid Schmid-Barkow* setzt sich darin differenziert mit der Silbe aus linguistischer Sicht und dem fragwürdigen silbenorientierten Ansatz im Rechtschreiben von *Christa Röber-Siekmeyer* auseinander. Sie kommt zu dem Schluss, dass die Silbe vornehmlich im frühen Stadium des Schriftspracherwerbs als Wegbereiter für die alphabetische Strategie hilfreich ist.

[61] *Scheerer-Neumann, Gerheid:* Lese-Rechtschreibschwäche und Legasthenie, in: Grundschule 12/ 1988, S. 11

[62] vgl. *Kossow, Hans-Joachim:* Zur Therapie der Lese-Rechtschreibschwäche, Berlin 1975, S. 58 ff., der das „Syllabieren" als grundlegende Grobgliederungsübung für leserechtschreibschwache Kinder vorschlägt.

[63] vgl. dazu Vorschläge in: *v. Wedel-Wolff, Annegret:* Üben im Leseunterricht der Grundschule, Braunschweig 1997, S. 73 ff.

[64] vgl. *Bartnitzky, Horst/Fluck, Christa/Gräser, Hannelore:* Differenzierte Diktate: Klassen 3 und 4,

Klassendiktate, Tägliche Übungen, Beurteilungen, 2. Auflage, Frankfurt/Main 1987, S. 29 f.

[65] *Wespel, Manfred:* Alle Kinder mit Rechtschreibschwierigkeiten fördern, Teil 1, in: Grundschule 12/1992, S. 26–31

[66] m.beenen-Lehrmittel, Alpen; *Claus Claussen:* Ein Übungsschieber zum selbstständigen Trainieren normgerechten Schreibens, in: Grundschule 5/1993, S. 48 ff.

[67] *Menzel, Wolfgang:* Arbeitstechniken: Abschreiben und Partnerdiktat, in: Praxis Deutsch 104/1990, S. 24

[68] vgl. *Bergk, Marion:* Ratespiele mit Texten. Auch ein Anlass, richtig zu schreiben, in: Die Grundschulzeitschrift 89/1995, S. 44–45

[69] *Augst, Gerhard/Dehn, Mechthild:* Rechtschreibung und Rechtschreibunterricht, Stuttgart/Düsseldorf/Leipzig 1998, S. 100

[70] Die Idee der „Kopfwörter" verdanke ich *Angelika Maier* von der Grundschule Dalkingen.

[71] vgl. im Folgenden *Scheerer-Neumann, Gerheid:* Rechtschreibschwäche im Kontext der Entwicklung, in: *Naegele, Ingrid/Valtin, Renate (Hrsg.):* LRS in den Klassen 1–10, Bd. 1, 4. erweiterte Auflage, Weinheim 1997, S. 58

[72] vgl. dazu die Ergebnisse der Dissertation von *Brinkmann, Erika:* Rechtschreibgeschichten. Zur Entwicklung einzelner Wörter und orthographischer Muster im Grundschulalter, Bericht Nr. 33, Projekt OASE „Offene Arbeits- und Sozialformen entwickeln", Siegen 1997

[73] *Brinkmann, Erika:* Rechtschreibgeschichten. Zur Entwicklung einzelner Wörter und orthographischer Muster im Grundschulalter, Bericht Nr. 33, Projekt OASE „Offene Arbeits- und Sozialformen entwickeln", Siegen 1997, S. 347

[74] vgl. *Eichler, Wolfgang/Thomé, Günther:* Bericht aus dem DFG-Forschungsprojekt „Innere Regelbildung im Orthographieerwerb im Schulalter", in: *Brügelmann, Hans/Balhorn, Heiko/ Füssenich, Iris (Hrsg.):* Am Rande der Schrift, Lengwil 1995, S. 35–42; vgl. auch: *dies.:* Über unterschiedliche

Lernwege im Orthographieerwerb, in: Grundschule 5/2000, S. 12 ff.

[75] vgl. *Bergk, Marion:* Richtig schreiben. Textverfassen und Rechtschreiberkundungen, in: Die Grundschulzeitschrift, Heft 89/1995, S. 6–13

[76] vgl. *Osburg, Claudia:* Gesprochene und geschriebene Sprache. Aussprachestörungen und Schriftspracherwerb, Hohengehren 1997

[77] *Arp, Dörte/Wolf-Weber, Ingeborg:* Schreiben, Lesen, Selbertun. Fibelunabhängige Materialien für lehrgangsbezogenes und offenes Lernen, Hamburg 1988

[78] *Arp, Dörte/Wolf-Weber, Ingeborg:* Schreiben, Lesen, Selbertun. Fibelunabhängige Materialien für lehrgangsbezogenes und offenes Lernen, Hamburg 1988, S. 10

[79] Vielfältige Vorschläge besonders für das 1. und 2. Schuljahr finden sich u. a. in: *Dehn, Mechthild:* Texte und Kontexte. Schreiben als kulturelle Tätigkeit in der Grundschule, Berlin/Düsseldorf 1999; *Hogh, Edda/Wespel, Manfred:* Ein halbes Jahr später ..., in: Grundschule 11/1997, S. 26/27; *Hogh, Edda/Wespel, Manfred:* Mit Bild und Text erzählen, in: Grundschule 4/1999, S. 8–10; *Koenen, Marlies:* Geschichten für die Hosentasche. Schreibideen und Erfahrungen aus dem Anfangsunterricht, in: Grundschule 9/1998, S. 40–43; *Spitta, Gudrun:* Kinder schreiben eigene Texte: Klasse 1 und 2. Lesen und Schreiben im Zusammenhang. Spontanes Schreiben. Schreibprojekte, Bielefeld 1985

[80] Leseturm, Beenen Lehrmittel, Alpen. Es gibt Turmfüllungen mit zwei- und dreisilbigen Wörtern sowie Blankokarten zum Beschriften.

[81] *Röbe, Edeltraut:* Das BEDEGE/Das PEKATE, in: Praxis Grundschule 1/1987, S. 3 f.

[82] Die Art, wie dies zu geschehen hat, ist fachdidaktisch umstritten. Zur fachdidaktischen Diskussion vgl.: *Fix, Martin:* Orthographische Fehler interpretieren – gegenstands- und/oder lernerorientiert? In: *Rosebrock, Cornelia /Fix, Martin (Hrsg.):* Tumulte – Deutschdidaktik zwischen den Stühlen, Baltmannsweiler 2001, S. 70–84; *Fix* vertritt ein jeweils lernerorientiertes Vorgehen; für Kinder

mit Deutsch als Muttersprache schlägt er den Ansatz über die Vokallänge vor. Der Weg allein über Silbieren vorzugehen, ist aufgrund eigener Erfahrungen in der Arbeit mit Kindern nicht sinnvoll. Da Kinder beim Konstruieren von Wörtern meist überdeutlich und langsam sprechen, formulieren sie nach Übungen im Silbieren zum Erfassen des Doppelkonsonanten nun auch *Taf-fel*, *Schul-le* jeweils mit langem Vokal.

[83] vgl. „Richtig schreiben: Tipps und Übungen", in: *v. Wedel-Wolff, Annegret/Wespel, Manfred:* Mobile 4. Sprachbuch, Neubearbeitung, Braunschweig 2000, S. 101–113. Kindern werden zum selbstständigen Üben systematisch aufgebaute Tipps und Übungsvorschläge zu einzelnen rechtschriftlichen Strategien angeboten.

[84] vgl. „Lange und kurze Selbstlaute", Kopiervorlage, in: Praxis Grundschule 4/2000, S. 27

[85] Vielfältige Übungsvorschläge dazu finden sich als Kopiervorlagen in: *v. Wedel-Wolff, Annegret* unter Mitarbeit von *Jutta Trautmann-Böhm:* Im Schloss und auf der Straße, in: Praxis Grundschule 3/1997, S. 4 ff.

[86] vgl. dazu auch Kopiervorlagen von *Manfred Wespel* im „Sprachbaukasten für Wortarten", in: Praxis Grundschule 1/1996, S. 4–17

[87] *Wespel, Manfred:* Alle Kinder mit Rechtschreibschwierigkeiten fördern, in: Grundschule 12/1992 (1. Teil), S. 26–31 und Grundschule 1/1993 (2. Teil), S. 42–45

[88] vgl. *Richter, Sigrun:* Interessenbezogenes Rechtschreiblernen, Braunschweig 1998

[89] vgl. *Brügelmann, Hans u. a.:* Häufigkeit vs. Bedeutsamkeit. Oder: Was macht eine Wortauswahl zum Grundwortschatz?, in: *Brügelmann, Hans/Richter, Sigrun (Hrsg.):* Wie wir recht schreiben lernen, Lengwil 1994

[90] vgl. *Portmann, Rosemarie:* Wir üben zu Hause – Hinweise für Eltern, in: *Naegele, Ingrid/Valtin, Renate (Hrsg.):* Rechtschreibunterricht in den Klassen 1–6. Beiträge zur Reform der Grundschule 56/57, Frankfurt/Main 1984, S. 72 ff.; *Naegele, Ingrid:* Lehrer(innen) beraten Eltern – Lernen mit der Rechtschreibkartei, in: *Naegele, Ingrid/Valtin, Renate (Hrsg.):* Rechtschreibunterricht in den Klassen 1–6. Beiträge zur Reform der Grundschule 56/57, 3. völlig neu bearbeitete Auflage, Frankfurt/Main 1994, S. 80 ff.; *Richter, Sigrun:* Interessenbezogenes Rechtschreiblernen, Braunschweig 1998, S. 49 ff., wobei *Sigrun Richter* nur individuellen Interessenwortschatz aufgenommen hat.

[91] Ich danke *Marlene Frank* aus Göggingen und *Andrea Steck* aus Heidenheim für viele Anregungen im Rahmen der Erprobung.

[92] In der Erprobungsphase hat sich ein nach zwei Seiten aufklappbarer Karteikasten, der in verschiedenen Farben erhältlich ist, bewährt.

[93] Das Mobile Sprachbuch bietet zu dem jeweiligen Übungswortschatz in Klasse 2 und Klasse 3 Übungen zum Wörterkasten an, in: *v. Wedel-Wolff, Annegret/Wespel, Manfred:* Mobile 2. Sprachbuch, Neubearbeitung, Braunschweig 1999; *dies.:* Mobile 3. Sprachbuch, Neubearbeitung, Braunschweig 2000

[94] Diesen Vorschlag verdanke ich *Andrea Steck*, Heidenheim.

[95] *May, Peter:* Diagnose orthographischer Kompetenz. Zur Erfassung der grundlegenden Rechtschreibstrategien mit der HSP, 4. Auflage, Hamburg 1998

Literatur

Adams, Rebekka:
Wie aus einem Projekt differenzierte Diktate entstehen können, in: Grundschule 7–8/1995

Arp, Dörte/Wolf-Weber, Ingeborg:
Schreiben, Lesen, Selbertun. Fibelunabhängige Materialien für lehrgangsbezogenes und offenes Lernen, Hamburg 1988

Augst, Gerhard/Dehn, Mechthild:
Rechtschreibung und Rechtschreibunterricht. Können – Lehren – Lernen, Stuttgart/Düsseldorf/Leipzig 1998

Balhorn, Heiko:
Rechtschreibwissen in Kinderköpfen,
1. und 2. Teil, in: Grundschule 1 und 2/1995

Balhorn, Heiko/Bartnitzky, Horst/Büchner, Inge/Speck-Hamdan, Angelika (Hrsg.):
Schatzkiste Sprache 1 – Von den Wegen der Kinder in die Schrift, Arbeitskreis Grundschule e.V., Frankfurt/Main 1998 (Beiträge zur Reform der Grundschule, Bd. 104)

Bartnitzky, Horst/Fluck, Christa/Gräser, Hannelore:
Differenzierte Diktate: Klassen 3 und 4,
2. Auflage, Frankfurt/Main 1987

Bartnitzky, Horst (Hrsg.):
Umgang mit Zensuren in allen Fächern, Frankfurt/Main 1989

Beisner, Monika:
Das Buch der hundert Rätsel, Frankfurt/M. 1983

Bergk, Marion:
Ratespiele mit Texten. Auch ein Anlass, richtig zu schreiben, in: Die Grundschulzeitschrift 89/1995

Bergk, Marion:
Rechtschreiblernen von Anfang an.
Kinder schreiben ihre ersten Lesetexte selbst, Frankfurt/Main 1987

Bergk, Marion:
Richtig schreiben. Textverfassen und Rechtschreiberkundungen, in:
Die Grundschulzeitschrift 89/1995

Breuninger, Helga/Betz, Dieter:
Note 5 und 6: Die ermutigende Wirkung gezielter Kommentare, in: Dummer, Lisa (Hrsg.): Legasthenie. Bericht über den Fachkongreß 1986, Hannover 1987

Breuninger, Helga/Betz, Dieter:
Jedes Kind kann schreiben lernen. Ein Ratgeber für Leserechtschreibschwäche, Weinheim/Basel 1982

Brinkmann, Erika:
Rechtschreibgeschichten. Zur Entwicklung einzelner Wörter und orthographischer Muster im Grundschulalter. Dissertation Bremen, Projekt OASE. Bericht Nr. 33, Siegen 1997 (Bestellanschrift: P. Ulmer, FB 2 der Universität, Postfach 101240, D-57068 Siegen)

Brinkmann, Erika:
Vier Säulen des Rechtschreibunterrichts als Organisations- und Strukturierungshilfe im Deutschunterricht, in: Valtin, Renate (Hrsg): Rechtschreiben lernen in den Klassen 1–6, Frankfurt/Main 2000

Brügelmann, Hans (Hrsg.):
ABC und Schriftsprache: Rätsel für Kinder, Lehrer und Forscher, Konstanz 1986

Brügelmann, Hans/Sigrun Richter (Hrsg.):
Wie wir recht schreiben lernen, Lengwil 1994

Brügelmann, Hans/Balhorn, Heiko/Füssenich, Iris (Hrsg.):
Am Rande der Schrift, Lengwil 1995

Bullerdiek, Amrei:
Methodenkompetenz für eine veränderte Diktatpraxis, in: Praxis Grundschule 5/1998

Claussen, Claus:
Ein Übungsschieber zum selbstständigen Trainieren normgerechten Schreibens, in: Grundschule 5/1993

Dehn, Mechthild:
Texte und Kontexte. Schreiben als kulturelle Tätigkeit in der Grundschule, Berlin/Düsseldorf 1999

Dehn, Mechthild:
Die Zugriffsweisen „fortgeschrittener" und „langsamer" Lese- und Schreibanfänger: Kritik am Konzept der Entwicklungsstufen, in: Sandhaas, Bernd/Schneck, Peter (Hrsg.): Lesen lernen – Schreiben lernen. Beiträge zu einer interdisziplinären Wissenschaftstagung aus Anlaß des Internationalen Alphabetisierungsjahres, Österreichische Unesco-Kommission, Bregenz 1990

Dehn, Mechthild:
Zeit für die Schrift, Lesenlernen und Schreibenkönnen, 4. Auflage, Bochum 1994

Dummer, Lisa (Hrsg.):
Legasthenie. Bericht über den Fachkongreß 1986, Bundesverband Legasthenie e.V., Hannover 1987

Eichler, Wolfgang:
Nachdenken über das richtige Schreiben. Innere Regelbildung und Regelfehlbildung im Orthographieerwerb, in: Diskussion Deutsch 117/1991

Eichler, Wolfgang/Thomé, Günther:
Bericht aus dem DFG-Forschungsprojekt „Innere Regelbildung im Orthographieerwerb im Schulalter", in: Brügelmann, Hans/Balhorn, Heiko/Füssenich, Iris (Hrsg.): Am Rande der Schrift, Lengwil 1995

Eichler, Wolfgang/Thomé, Günther:
Über unterschiedliche Lernwege im Orthographieerwerb, in: Grundschule 5/2000

Fässler, Sonja:
Christoph lernt (recht)schreiben, in: Grundschule 3/2002

Fix, Martin:
Orthographische Fehler interpretieren – gegenstands- und/oder lernerorientiert? In: Rosebrock, Cornelia/Fix, Martin (Hrsg.): Tumulte – Deutschdidaktik zwischen den Stühlen, Baltmannsweiler 2001

Flitner, Andreas:
Für das Leben – Oder für die Schule?, Weinheim 1987

Füssenich, Iris:
Analphabetismus aus der Sicht der Sonderpädagogik. In: Huber, Ludowika/Kegel, Gerd/Speck-Hamdan, Angelika (Hrsg.): Einblicke in den Schriftspracherwerb, Braunschweig 1998

Ganser, Bernd (Hrsg.):
Damit hab ich es gelernt! Materialien und Kopiervorlagen zum Schriftspracherwerb, Donauwörth 1999

Glinz, Hans:
Die Pronomen, in: Grundschule 1/1996, S. 33

Gräser, Hannelore:
Differenzierte Diktate, in: Bartnitzky, Horst (Hrsg.): Umgang mit Zensuren in allen Fächern, Frankfurt/Main 1989

Haarmann, Dieter (Hrsg.):
Handbuch Grundschule, Bd. 2, Weinheim/Basel 1993

Hanke, Petra:
Textschreiben und Rechtschreiben in der Grundschule, in: Grundschule 3/2002

Hogh, Edda/Wespel, Manfred:
Ein halbes Jahr später ..., in: Grundschule 11/1997

Hogh, Edda/Wespel, Manfred:
Mit Bild und Text erzählen, in: Grundschule 4/1999

Huber, Ludowika/Kegel, Gerd/Speck-Hamdan, Angelika (Hrsg.):
Einblicke in den Schriftspracherwerb, Braunschweig 1998

Koenen, Marlies:
Geschichten für die Hosentasche. Schreibideen und Erfahrungen aus dem Anfangsunterricht, in: Grundschule 9/1998

Knörzer, Wolfgang:
Die psychischen Auswirkungen von Mißerfolgen in einem zentralen Schulfach, in: Dummer, Lisa (Hrsg.): Legasthenie. Bericht über den Fachkongreß 1984, Hannover 1985

Kossow, Hans-Joachim:
Zur Therapie der Lese-Rechtschreibschwäche,
Berlin 1975

Krichbaum, Gabriele u. a.:
Praxisbuch Grundschule, Braunschweig 1997

Lichtenstein-Rother, Ilse:
Grundlegendes Lernen im Rechtschreibunterricht, in: Grundschule 3/1987

Mann, Christine:
Selbstbestimmtes Rechtschreiblernen,
Weinheim/Basel 1993

May, Peter u. a.:
Diagnose orthografischer Kompetenz. Zur Erfassung der grundlegenden Rechtschreibstrategien
mit der HSP, 6. Auflage, Hamburg 2002, S. 148

May, Peter:
Lernförderlicher Unterricht. 2 Bände, Frankfurt/
Main/Berlin/Bern/Bruxelles/New York/Oxford/
Wien 2002

Menzel, Wolfgang:
Arbeitstechniken, in: Praxis Deutsch
104/1990, S. 24

Menzel, Wolfgang:
Diktieren und Diktiertes aufschreiben, in:
Praxis Deutsch 142/1997

Menzel, Wolfgang:
Rechtschreibunterricht. Praxis und Theorie,
„Aus Fehlern lernen", Seelze 1985

Menzel, Wolfgang:
Wie kann man die Rechtschreibfähigkeit
ermitteln?, in: Praxis Schule 5-10, 6/1997

Menzel, Wolfgang/Sandfuchs, Uwe:
Im Wörterbuch nachschlagen, in: Grundschule
1/1992, dazu Praxismaterial in:
Praxis Grundschule 5/1999

Naegele, Ingrid:
Eltern fördern die Rechtschreibung ihres Kindes,
in: Grundschule 4/1995

Naegele, Ingrid:
Welche schulrechtlichen Bestimmungen gelten
bei LRS?, in: Grundschule 4/1995

Naegele, Ingrid/Valtin, Renate:
Kinder mit Lese-und Rechtschreib-Schwierigkeiten
fördern, in: Grundschule 4/1995

Naegele, Ingrid/Valtin, Renate (Hrsg.):
LRS in den Klassen 1-10. Handbuch der Lese-
und Rechtschreibschwierigkeiten, 4. erweiterte
Auflage, Weinheim 1997

Naegele, Ingrid/Valtin, Renate (Hrsg.):
Rechtschreibunterricht in den Klassen 1-6,
Arbeitskreis Grundschule, Frankfurt/Main 1984
(Beiträge zur Reform der Grundschule 56/57),
3. völlig neu überarbeitete Auflage, Arbeitskreis
Grundschule – Der Grundschulverband,
Frankfurt/Main 1994

Naumann, Carl Ludwig:
Rechtschreibwörter und Rechtschreibregelungen,
hrsg. vom Landesinstitut für Schule und Weiterbildung, 2. Auflage, Soest 1987

Neumann, Hans-Joachim (Hrsg.):
Der Deutschunterricht in der Grundschule, Bd. 3,
3. neu bearbeitete Auflage, Freiburg/Basel/Wien
1979

Odenbach, Carl:
Die Übung im Unterricht, überarbeitete
Neuausgabe von Wolfgang Hinrichs, 7. Auflage,
Braunschweig 1981

Olechowski, Richard/Persy, Elisabeth (Hrsg.):
Fördernde Leistungsbeurteilung, Wien/München
1987

Osburg, Claudia:
Gesprochene und geschriebene Sprache. Aus-
sprachestörungen und Schriftspracherwerb,
Hohengehren 1997

Persy, Elisabeth:
Leistungsbeurteilung, Motivation und Selbstbild,
in: Grundschule 2/1996

Portmann, Rosemarie:
Förderdiagnostik beim Lesen und Rechtschreiben, in: Naegele, Ingrid/Valtin, Renate (Hrsg.): LRS in den Klassen 1–10. Handbuch der Lese- und Rechtschreibschwierigkeiten, 4. erweiterte Auflage, Weinheim 1997

Richter, Sigrun:
Interessenbezogenes Rechtschreiblernen, Braunschweig 1998

Richter, Sigrun:
Mädchen- und Jungeninteressen beim Schreiben und Lesen, in: Grundschule 12/1999

Richter, Sigrun/Brügelmann, Hans (Hrsg.):
Mädchen lernen anders – anders lernen Jungen, Bottighofen 1994

Risel, Heinz:
Bestandsaufnahme: Rechtschreibdidaktik, Bühl 1997

Röbe, Edeltraut:
Das BEDEGE/Das PEKATE, in: Praxis Grundschule 1/1987, S. 3–4

Sandfuchs, Uwe/Frotscher, Jutta:
Lernschwache Kinder fördern, in: Grundschule 4/2002

Sandhaas, Bernd/Schneck, Peter (Hrsg.):
Lesen lernen – Schreiben lernen. Beiträge zu einer interdisziplinären Wissenschaftstagung aus Anlaß des Internationalen Alphabetisierungsjahres, Österreichische Unesco-Kommission, Bregenz 1990

Schauer, Elke:
Erfahrungen mit der Rechtschreibkartei, in: Grundschule 12/1996

Scheerer-Neumann, Gerheid:
Kognitive Prozesse beim Rechtschreiben. Eine Entwicklungsstudie, in: Eberle, G./Reiß, G. (Hrsg): Probleme beim Schriftspracherwerb. Möglichkeiten ihrer Vermeidung und Überwindung, Heidelberg 1987

Scheerer-Neumann, Gerheid:
Lese-Rechtschreibschwäche und Legasthenie, in: Grundschule 12/1988

Scheerer-Neumann, Gerheid:
Rechtschreibschwäche im Kontext der Entwicklung, in: Naegele, Ingrid/Valtin, Renate (Hrsg.): LRS-Legasthenie in den Klassen 1–10. Bd. 1, 6. Auflage, Weinheim/Basel 2003

Scheerer-Neumann, Gerheid:
Stufenmodelle des Schriftspracherwerbs – wo stehen wir heute?, in: Balhorn, Heiko/Bartnitzky, Horst/Büchner, Inge/Speck-Hamdan, Angelika (Hrsg.): Schatzkiste Sprache 1 – Von den Wegen der Kinder in die Schrift, Arbeitskreis Grundschule e.V., Frankfurt/Main 1998, S. 55–56 (aus der Reihe: Beiträge zur Reform der Grundschule, Bd. 104)

Scheerer-Neumann, Gerheid:
Sprechen, Denken und Rechtschreiben, in: Grundschule 6/1986

Scheerer- Neumann, Gerheid:
Wortspezifisch: JA – Wortbild: NEIN, in: Brügelmann, Hans (Hrsg.): ABC und Schriftsprache: Rätsel für Kinder, Lehrer und Forscher, Konstanz 1986

Schmid-Barkow, Ingrid:
Vom didaktischen Nährwert der Silbe, in: Didaktik Deutsch 3/1997

So lernen Kinder Rechtschreiben,
hrsg. vom Landesinstitut für Schule und Weiterbildung, 2. Auflage, Soest 1996

Sommer-Stumpenhorst, Norbert:
Rechtschreibfehler gibt es nicht, in: Grundschule 10/1993

Speichert, Horst:
Richtig üben macht den Meister, Reinbek 1985

Spitta, Gudrun:
Kinder schreiben eigene Texte: Klasse 1 und 2. Lesen und Schreiben im Zusammenhang. Spontanes Schreiben. Schreibprojekte, Bielefeld 1985

Strittmatter, Peter:
Schulangstreduktion, Neuwied 1993

Süselbeck, Gisela:
Alternativen zum herkömmlichen Diktat, in: Grundschule 4/1996

Süselbeck, Gisela:
Alternative Diktatformen, Teil 1, in: Grundschule 2/1987; Teil 2, in: Grundschule 3/1987

Süselbeck, Gisela:
Das Diktat wird abgeschafft – was nun? Rechtschreibunterricht ohne Diktate,
1. Teil, in: Grundschule 7–8/1991;
2. Teil, in: Grundschule 10/1991;
3. Teil, in: Grundschule 12/1991;
4. Teil, in: Grundschule 2/1992;
5. Teil, in: Grundschule 4/1992

Süselbeck, Gisela:
Differenzierte Diktate, in: Grundschule 7–8/1995

Süselbeck, Gisela:
Sachgerechte Leistungsmessung, in: Grundschule 7–8/1995

Üben & Wiederholen.
Sinn schaffen – Können entwickeln, Friedrich Jahresheft XVIII/2000

Valtin, Renate (Hrsg.):
Rechtschreiben lernen in den Klassen 1– 6, Frankfurt/Main 2000 (aus der Reihe: Beiträge zur Reform der Grundschule, Bd. 109)

Valtin, Renate:
Stufen des Lesen- und Schreibenlernens. Schriftspracherwerb als Entwicklungsprozess, in: Haarmann, Dieter (Hrsg): Handbuch Grundschule, Bd. 2, Weinheim/Basel 1993

v. Wedel-Wolff, Annegret:
Rechtschreibübungen/Wörterketten, in: Praxis Grundschule 4/1989, S. 12–15, 18–20

v. Wedel-Wolff, Annegret:
Kartenpaare im Unterricht. Ein Arbeitsmittel – viele Einsatzmöglichkeiten, in: Grundschule 7–8/1991

v. Wedel-Wolff, Annegret:
Im Schloss und auf der Straße. Aufgaben und Spiele zum Lernen der neuen Rechtschreibung (unter Mitarbeit von Jutta Trautmann-Böhm), in: Praxis Grundschule 3/1997

v. Wedel-Wolff, Annegret:
Für einen Blickrichtungswechsel im Lesen und Schreiben, in: Grundschule 7–8/2000

v. Wedel-Wolff, Annegret:
Förderung von Kindern mit Rechtschreibschwierigkeiten, in: Praxis Grundschule 4/2000, S. 22, 25, 31, 32

v. Wedel-Wolff, Annegret:
Üben im Leseunterricht der Grundschule, Braunschweig 1997

v. Wedel-Wolff, Annegret/Wespel, Manfred:
Mobile 2–4. Sprachbuch, Neubearbeitung Baden-Württemberg, Braunschweig 2000. Darin bes.: Übungen mit dem Wörterkasten (Bd. 2 u. 3) und Richtig schreiben (Bd. 4)

Weiden, Hildegard:
Lernentwicklung von Kindern und Kontinuität beim Lesen und Schreibenlernen,
1. Teil, in: Grundschule 4/1992;
2. Teil, in: Grundschule 6/1992

Weinert, Franz/Helmke, Andreas (Hrsg.):
Entwicklungen im Grundschulalter, SCHOLASTIK-Studie, Weinheim 1997

Wespel, Manfred:
Alle Kinder mit Rechtschreibschwierigkeiten fördern, Teil 1, in: Grundschule 12/1992; Teil 2, in: Grundschule 1/1993

Wespel, Manfred:
Sprachbaukasten für Wortarten, in: Praxis Grundschule 1/1996